我们的民族产业正身陷一场可怕的

产业链阴谋III

新帝国主义并购中国企业的真相

郎咸平　等著

東方出版社

目录

前言
谁在掏空中国企业

由于我们传统劳力密集产业利润率低，因此产业升级（或是叫产业转型）以提高利润率就成了政府重要的产业政策。举例而言，我们看不起出口玩具业，因为它是传统劳力密集产业，毛利率几乎为零，因此希望升级为高科技和资本密集产业，例如芯片，其毛利率超过 40% 以上。这就是政府推行产业升级的目的——全面提高产业利润率。

但是请各位读者想一想，为什么我们的政策推出之后总是被诟病为“一放就乱，一乱就收，一收就死，一死又放”。过去这么多年来从没有人可以给出解答，现在我告诉各位读者原因。那就是因为我们的决策一向是“根据表面现象做决策”。那么这个产业升级的政策是不是又是根据表面现象做的决策呢？我必须清楚地告诉各位读者，我个人从不反对产业升级，因为我们确实需要高科技和资本密集产业，但是我反对根据表面现象做成的决策。目前推行的产业升级政策就是根据表面现象做成的决策。

我为什么这么说呢？首先，我想请问各位读者，是谁告诉你传统劳力密集产业的毛利率一定是低的？这是胡说八道，而且是全国性的胡说八道。我就以美国的玩具公司美泰为例，它的毛利率在前两年也是超过 40%，和高科技的芯片是一样的。为什么呢？因为他们不做制造，他们做玩具产业链上的其他环节，包括产品设计、原料采购、仓库运输、订单处理、批发经营及终端零售等六大环节。而这六大环节加上玩具的制造，就叫做 6 +1 的产业链。就是因为美泰控制了 6 +1 的 6，所以他们控制了玩具的定价权，从而把我们玩具制造的利润完全吸干了。这才是为什么美泰的毛利率高，而我们玩具的毛利率为零的真正原因。谁是美泰？他是旧帝国主义时期东印度公司的现代版，也可以理解为新帝国主义的产业资本。

以图 1 的微笑曲线为例，过去我们只是知道微笑曲线的底端就是制造，因此制造的价值就是最低的，但是我们从来不知道为什么。现在我告诉各位读者答案——那就是因为新帝国主义的产业资本掌控了产业链的六大环节之后，把我们制造业的利润完全吸干了，所以制造才沦为微笑曲线的底部，也就是说，微笑曲线就是新帝国主义的杰作。

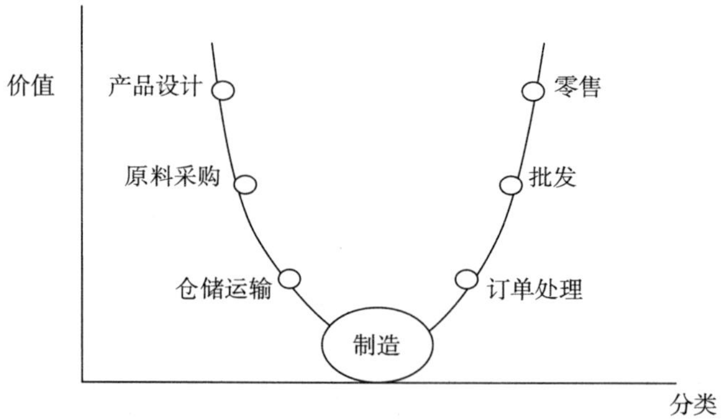

图 1　产业链微笑曲线

可是新帝国主义不只以产业资本的形态出现，它们也以金融资本的形态出现，控制着农矿产品的定价权，有兴趣的读者可以阅读我的另外一本书《新帝国主义在中国》。该书详细描述了金融资本如何操纵中国的大豆、玉米、棉花、蔬菜、大米、小麦等，以控制中国农业产品的定价权。该书也描述了金融资本如何操纵石油、天然气、铁矿石等，以控制中国矿产品的定价权。金融资本透过掌控农和矿两大资源的定价权，从而掌控了中国制造业的原材料成本。

图 2 显示了新帝国主义透过金融资本控制农矿产品定价权，再透过产业资本所掌控的 6，控制了销售定价权，从而把我国制造业的利润全部吸干了，这才是我国传统制造业毛利率低的原因。我以玩具为例，制造玩具需要购买塑胶粒等化工原材料，而化工产品的定价权是金融资本控制。玩具需要销售，而销售的定价权又是由产业资本透过 6 +1 的 6 所控制。而美国等新帝国主义国家所谓的“国际分工”就是把制造放在中国——“破坏我们的环境，浪费我们的资源，剥削我们的劳工”——而后透过金融资本控制原材料定价权，再透过产业资本控制销售定价权，把我们中国人的骨髓都吸干了。你不觉得这比旧帝国主义时期帝国主义毒害我们百姓的鸦片还可怕吗？

最后的结论就是，我们改革开放取得了亮丽耀眼的 GDP，而新帝国主义透过金融资本和产业资本取得了所有的利润。因此中国越发展，新帝国主义就越富裕。

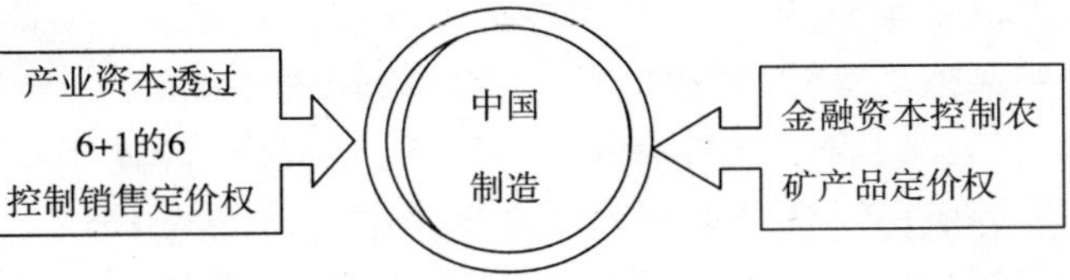

图2　现代东印度公司透过金融资本和产业资本剥削中国制造业

根据我的另外一本著作《谁在拯救中国经济》的数据显示，我们中国以制造业为主的企业家目前面临着两大困境：第一个是投资经营环境的恶化；第二个是产能过剩。因此他们不想干了，大量制造业资金开始炒楼炒股，从而造成了2009年的楼市和股市泡沫。而政府救市贷给企业的信贷资金也同样由于两个困境没解决，企业不敢投实体经济，反而流入了楼市股市，使得泡沫现象更严重。

我想请问各位读者，我们假设一个最极端的状况，如果中国的制造业都不干的话，都去炒楼炒股，那么新帝国主义的金融资本掌控定价权的原材料卖给谁呢？都没产品了，产业资本掌控销售定价权又有什么意义呢？所以中国制造业的衰退就是新帝国主义的丧钟。那么我再请读者想一想，就连郎教授这两把刷子都能想到的事，你们觉得新帝国主义这批比郎教授聪明得多得多的人会想不到吗？如果他们也想到了，我请问各位读者，他们应该做什么呢？答案很简单，那就是以金融资本和产业资本收购中国的制造业。

请看我在另外一本书《新帝国主义在中国》所列举的摘要数据，不看不知道，看了吓一跳：

第一，中国进出口贸易中55%是外资，其中高科技出口的87%是外资。

第二，根据国务院发展研究中心的报告，在中国已经开放的产业当中，每个产业排名前五名的企业都是外资企业，这意味着什么？举例来说，玻璃行业，最大的五家企业全部是合资企业；电梯行业，占全国产量80%以上的最大的五家厂商全部是外资控股；家电行业，18家国家级定点企业中有11家与外资合作；医药行业，20%掌握在外资手中。渠道就不用说了，国内市场汽车销售额的90%来自于国外品牌。更可怕的是中国28个主要产业中有21个被外资控制多数资产，也就是说外资是最大的股东。

第三，根据工商总局的数据，轮胎行业的80%是外资，汽车零部件行业75%是外资，整车品牌的80%和销量的90%是外资或者合资。平板电视行业60%～70%是外资，电视机的利润大部分都来自于平板，那是最重要的利润来源。外资合资药业占27%，但是在高端市场，外资在医院和零售市场分别占据了47%和52%的份额。其中，降低高血压药的前10名中数量过半、销售额7成左右是外资。再看啤酒行业，中国有多少家啤酒厂？到处都是啤酒厂，只有两个品牌没有外资注入，其他你能想象到的品牌都有外资注入。外资保险业开业三年便占据了中国市场的10%。在上海，外资银行开业三年便占据了17%的市场。计算机操作系统95%是外资，英特尔的CPU占据了85%的市场份额，思科占据了企业无线网络60%的市场份额。快递行业20%是外资。水泥行业30%是外资。高端酒店中30%是外资。外资还控股了没有什么高科技含量的食用油，占了85%。高档胶印机70%～80%是外资，装载机的三四成、工程机械的一半是外资。

不知道各位读者看到这些数据心中是什么感觉，我相信和我一样——痛心疾首。下一个问题就是外资收购的手法是什么？金融资本收购中国制造业的手法比较简单，就是收购了之后，分拆卖掉从中渔利，包括上市。而产业资本收购的手法非常复杂，本书的目的就是解析产业资本的收购手法。产业资本收购的手法可以分解成三大武器：

(1) 掌控产业链6+1的6（也叫供应链），利用ISC的手法优化每个节点，并拉紧供应链；

(2) 掌控产业链6+1的1，利用IPD的手法优化生产程序，提高效率；

(3) 对于B2C的消费品而言，优化行业本质。

其中第一个武器最重要，这是每一个外资企业必须掌控的环节，因为掌控了第一个武器就掌控了销售的定价权。

我想利用几个案例，详细说明这三大武器的功能。但是我想提醒各位读者，由于专业化的要求，因此我们必须详细讨论生产研发的技术环节，这对于专业人士和学习案例的学生极有必要。但是对于一般读者就太过深奥了。为了协助一般读者阅读，我们每一章，每一节都作了详细的导读，只要阅读了导读就足够了。

案例一：在我讨论这三大武器之前，我想透过新帝国主义收购中国矿业的案例和旧帝国主义时期外资收购我开平煤矿的对比来解释新帝国主义的本质。其实新帝国主义和旧帝国主义掠夺的本质从来没变过，只是新帝国主义收购中国企业的手法又多了三个武器，因此对我们的危害就越大。

我和各位读者说个小故事，由于义和团之乱，英国驻天津领事亲自带兵冲进张翼宅，以张家养有大量鸽子为由，认定“疑与拳匪相通”，逮捕了张翼，把他关在太古洋行的一个旧厨房里。张翼是谁？这可了不得，你今天不知道可以，可是那年头在北京地界混的人要是连张大人的威名都没听过，这辈子就只能刷马桶了。当年中国唯一的煤矿央企，全球范围内前五名的煤炭出口商，中国第一家股份制企业——开平煤矿，就是张大人直接领导的。按今天的说法，那是绝对的世界五百强企业，要知道那时候力拓什么的矿业巨头还远没成立呢。而开平煤矿，本来是由李鸿章决策、唐廷枢一手创办。到1895年之后，它跟招商局一样，落入了佩着顶戴的官商之手，张大人因为是恭亲王的亲信，所以才能出任督办一职。

张大人这下是彻底慌了，他想保命的结果就是他被他的好朋友——一个德国人德璀琳给坑害了。德璀琳事先拟好一份“护矿手据”，内容是“委派德璀琳为开平煤矿公司经纪产业、综理事宜之总办，并予以便宜行事之权。听凭用其所筹最善之法，以保全矿产股东利益”。张大人文化比较低，读了半天没弄明白，这时候德璀琳补充了一句：“张大人，你签了以后，你身份可就变了，以前你是满清官员，现在你可就是我们外国公司下面的高级雇员了，所以，援引条例，我可以担保您性命无虞，当然了，我的总办权既然是你给的，等这阵风暴过去了，你当然有权再收回去嘛。”张大人一听连称：“妙妙妙。”于是破涕为笑，当场就签了，还连连道谢。

1890年的7月30日，得到“便宜行事之权”的德璀琳代表开平矿务局，而胡佛代表墨林公司，签订了出售合约，价格是8英镑。根据这份合约，“开平矿务局所有之地产、码头、铁路、房屋、机器、货物，并所属、所受、执掌或应享有之权力、利益，一并允准、转付、移交、过割于胡佛……胡佛有权将其由此约所得的一切权力、数据、利益，转付、移交于开平有限公司”。胡佛把合约带回墨林公司后，得到了5 000美元的奖赏，这在当年是一笔不菲的报酬。接着，墨林公司又转手将开平卖给一个名为“东方辛迪加”的英国财团。同年12月28日，新组成的开平矿务有限公司在伦敦注册。次年2月下旬，英军进驻矿区，升起米字旗，胡佛被任命为新公司的总办，并得到8 000股的公司股票。他搞了半年的接管工作，在写给董事会的报告中称：“我们的任务完成得令人满意，而留给我们后任的乃是一个前程远大的企业。”

读者有没有觉得胡佛这个名字很耳熟，对的，他就是美国第31任总统赫伯特·克拉克·胡佛（Herbert Clark Hoover）。他就是那位在年轻的时候坑害开平煤矿的首恶之一。他和威廉·贝鲁（William Baillieu）等人合伙创建了“锌公司”（Zinc Corporation）。这家公司日后几经合并成为力拓集团的一部分，如今的力拓成为“侵华”的急先锋，各位读者还记得2009年的力拓间谍案的故事吗？历史的巧合实在太有意思了。

胡佛这样品德的一个人，最后却成了为人称道的英雄，因为第一次世界大战爆发后，胡佛在伦敦每天工作 14 个小时，为 900 万战争受害者管理分派了约 250 万吨食物。作为一种早期的“穿梭外交”，他 40 次横渡北海与德国当局接触，恳请他们允许食品运输。所以在欧洲和美国，他俨然成了一个国际英雄。比利时的勒芬市还把一座重要的广场以他的名字命名。这就是我经常告诉各位读者的美国人的虚伪面。连总统都是打着国际英雄的幌子，而背地干着坑害中国开平煤矿的人，其他人更不用说了。我希望读者能永远记住这就是美国人的嘴脸和本质。

我看今天的新帝国主义更是有过之而无不及，开平煤矿的事继续在今天的中国悲惨重演。新帝国主义是很聪明狡猾的，他们深谙中国对矿业的政策监管，因此不会与政策硬碰，而是采取合作和间接的形式，绕过政策监管。透过上述手法，外资成功地减少了并购矿业公司政策上的风险，规避了舆论的压力，从而加快了收购的速度。外资成功进来以后，就可以大肆整合资源产业链，掠夺中国矿产资源。愚昧的地方政府还以为可以借助外资的技术、管理人才和资金与大型国企匹敌，殊不知，矿权已拱手相让。不单如此，外资们乘虚而入之后，还大肆透过“代理人收购”等曲线收购的手段贪婪地掠夺中国的矿产。他们看准中国在矿业产业链上的诟病，并巧妙地避过政策的规管，违规进行行业整合。简单来说，就是你不让我收购，我就合资之名而实际控制，你不让我直接收购，我就曲线代理人收购。

但是，新帝国主义又比大清王朝时期的旧帝国主义高明多了，他们还有着三大武器，我们透过下面几个案例一一做分析。

案例二：有些企业在我们中国人手中是经营不善的，而到了外国人手里就焕发出了经济效益。我们看看中国西南地区一家水泥公司“四川双马”，2000 年初，还是一家乡镇规模的中小企业，无论生产技术或综合产能都比较落后。然而踏入 2008 年，毛利率却爬升到 29%，比我国第一大的水泥企业“安徽海螺水泥”还要高出 4 个百分点。转折点在哪里呢？就是拉法基 2005 年入主“四川双马”。

拉法基是怎么做的呢？首先使用第一个武器 ISC（集成化供应链管理）。我想利用前面讲的开平煤矿的故事说明什么是 ISC。开办开平煤矿的唐廷枢在当时引进了 ISC 的观念，什么叫 ISC？开平附近山路崎岖不平，交通极为不便，煤外运主要依靠牛马畜力。这是企业盈利的一个大瓶颈，抓住这一点进行全面的供应链（ISC）革新，最好的解决办法是修筑一条由开平到芦台的铁路，以动力代替畜力，增大运载量和流通速度。所以，拉法基建议为开平煤矿投资的另一半作为修筑铁路的开支。不是说修条铁路就叫ISC了。ISC的精髓是说你应该从供应链的角度来分析瓶颈在哪里。唐廷枢思考的结果是机电化。如果资金有困难怎么办？不是说就不能落实ISC了。开平煤矿刚刚出煤，还没有进入赢利阶段，拿不出修建铁路所需要的大笔费用。头脑灵活的唐廷枢建议在离矿井两里远的地方开挖一条小运河，将芦台和胥各庄连接起来，从水上把煤运出去。小运河不需要太深，只要在河上建个闸，水多时把水积蓄起来保证河水不泛滥，水少时开闸放水，保证航运，就可以免去牛背马拉这种运煤办法了。

而拉法基现代ISC的具体做法就是先强化供应链的6大环节的每一个关键点，也就是提高效率的意思。举例而言，在六大供应链的环节当中以市场反应及学术研究，带来产品设计的创新；收购中国水泥企业，稳定了水泥的原料来源；以创新的运输容器、便利的交通网络作为仓库运输的优化；以各地方合作或开设销售点的形式，扩张销路及优化各地区的订单处理。六个环节都优化了以后，更重要的就是要把这六大环节拉紧以缩短时间，这样就能减低成本，增加利润。为什么呢？我举个例子，如果运一趟水泥需要3周，那就是3周的运输成本和仓储成本，如果能拉紧而缩短时间到1周呢？那就节省了2周的运输和仓储成本。

但是ISC最重要的功用就是控制定价权。讲得更具体一点，ISC历来是新帝国主义企业的兵家必争之地，因为谁掌控了ISC，谁就掌控了这个产品的定价权。

然后在生产制造这一环上，拉法基利用了第二个武器IPD（集成产品开发）。什么是IPD，我再以开平煤矿为例说明。唐廷枢引进了现在所谓的IPD的概念。IPD的精髓是说你应该从产品研发的角度来分析生产的瓶颈在哪里。唐廷枢思考的结果是机械化。开平百姓自明代始即自行挖煤，技术熟练者一天可以挖400斤。所以企业盈利的第一大瓶颈就是生产没能完全机械化。所以，他建议为开平煤矿投资40万两白银，用来采购设备、引进先进技术。当时的权威媒体《申报》对此进行了报道：采用了当今世界上最先进的同时开两井的方式，一口小井深三十丈，用来抽水灌风，保证井下的安全，新式的抽水机每分钟可抽水千斤；另一口大井深六十丈，是专门向外提煤的井口，机器提煤每天可达到百万斤（实际日产量只有300吨）。

拉法基利用IPD进一步优化整条产业链6+1当中的1，也就是提升生产制造环节的效率。引入了先进的生料配料分析系统，有效地利用资源，更大量利用计算机系统分析，提升水泥制造业的竞争力。如果是外资收购了中国制造业之后，他们基本都会推动IPD。

装备了完整的上游技术后，拉法基投放资源在水泥的下游产业上，看准高价格下游的混凝土产品，同样以 ISC 和 IPD 整合混凝土 6 +1 的产业链，为公司带来漂亮的业绩。这就是本书第二章要讲的。

案例三：新帝国主义最可怕的地方就是将 ISC 和 IPD 这两个武器完全融合在一起，这就是第三章要分析的卡特彼勒的案例。我认为这种融合是外资目前的最高境界，值得我们企业学习。如果新帝国主义以这种高效率的融合战，压榨我们的骨髓，那其速度之快和效率之高恐怕是我们难以想象的。

案例四：也不是所有行业都需要 IPD 和 ISC。IPD 优化在医药行业效用不太明显，ISC 这个武器才是医药行业的核心。医药企业经过长年累月的研发才得到了药品新配方，必须透过优化的销售过程，把新研发的药物用最快速度推出市场。不同药物的制法迥异，药物需求不一使定价有更大空间调整，IPD 优化生产成本对医药行业效用不明显。只有庞大的分销市场，庞大的客户群才可以抵消大量早期研发的支出，结果 ISC 优化物流供应对药品快速推广带来积极的作用。这就是新帝国主义入侵中国医药行业的重点，放弃 IPD，全力抢攻 ISC 控制中国药物的定价权，这是第四章我们要仔细分析的。

案例五：前四章讨论的基本上都是面对企业客户，一旦开始面对零售顾客，也就是所谓的 B2C，那么 ISC 和 IPD 这两个武器也不够了。我不得不承认，新帝国主义实在太高了，他们在 ISC 和 IPD 的基础之上，又发展出了新的武器，更高效的推广产品——那就是我一贯强调的行业本质的战略。所谓行业本质就是讲某种感觉来带动产品的销售，而这一点也是我们中国企业的弱项。因为我们中国人是凡事凭感觉的民族，但是推广产品的时候就不知道如何以感觉来感动消费者。

我就想以第五章的玩具为例，讨论一下什么是行业本质，为了简化分析，我们就不谈论玩具行业的 ISC 和 IPD，我们一步到位讨论第三个武器——行业本质。玩具的行业本质分为三个层次。第一个层次就是要符合安全，第二个层次就是要拥有良好的外观和质量，相信这两个层次我们的玩具业者都能掌控。但是第三个层次就是我们的玩具业者最难掌控的——情感诉求。我们就以红色毛茸茸的 Elmo 为例，它真可谓是世上最有趣的玩具，它使得全北美的小孩子都为之疯狂，而且开卖不到 15 分钟美国和加拿大都卖到缺货。美国、加拿大的电视新闻都报道了这神奇的一幕。而且售价也从 39. 9 美元卖到 150 美元左右，还供不应求。到底是什么令这个红色毛茸茸的 Elmo 如此风靡呢？它成功的秘诀到底是什么呢？那就是它除了具备了第一和第二层次的行业本质之外，它还满足了小孩子的第三个层次的情感诉求，因为它会向后摔倒，会像疯子一样的大笑，会滚来滚去，这不就是小孩子淘气的翻版吗？因此满足了小孩子的情感诉求，从而创造了市场佳绩。

因此对于中国玩具业者而言，你本身不具备 ISC 掌控定价权的能力，而且自己本身又无法透过 IPD 优化生产效率，更可惜的是行业本质的第三层也做不到，因此只有做代工，赚取一点微薄利润了。

案例六：新帝国主义收购中国企业的一个目的就是弥补他们第三个武器——行业本质——的不足。我给读者举个例子吧，外资厨具公司 SEB 为什么要收购中国的苏泊尔。

首先谈谈炊具的行业本质是什么，请读者想一想，厨具的硬件必须要变，因为人们对厨具功能的要求正在改变，我们大家都忙，所以希望炊具能够更省时、省力、省心；其次，软件也在变，厨房的地位在改变，过去做饭很痛苦，现在必须讲求快乐的厨房文化。在这样的一个变化的行业背景下，炊具企业要想长久立足就必须能够随机应变，由此我们构建出了炊具业的行业本质——硬件软件双管齐下，配合应用。法国 SEB 为什么不惜血本并购中国苏泊尔？道理很简单，因为法国 SEB 拥有硬件优势，缺乏软件；苏泊尔建立起了软件，但硬件不过关；而法国 SEB 更擅长将硬件和软件联系起来。因此这样的并购，可以称之为完美结合，而这也解释了新帝国主义透过收购中国企业以弥补其行业本质的不足，新帝国主义的境界似乎越来越高，这种转变值得我们关切。

本书的所有案例都是在郎咸平教授和孙晋助教的指导下，由香港中文大学的学生所完成，我们把这些学生的名字罗列如下。此外，郎咸平教授感谢中国光华科技基金会创新基金所提供的研究基金，从而使得这个大型研究项目得以顺利完成。

题目	课题组成员
矿业	胡耀明　关婉君　孔颖恒　彭淑冰　郑祺安　吴海权　叶志明　杜国培　郭子麟
水泥	卢卓麟　周嘉华　薛　勇　陈永展　巢卓贤　黄小敏　郭荣坚　程安妮
工程机械	张慧恩　许永健　洪圆圆　李嘉敏　凌　星　张晓光
医药	李飞嘉　萧友联　黄展慧　许育怡　李建兴　何其皓　孔佩琪
玩具	胡凌寒　陈　思　骆　冰　胡　杨　蔡雯娟　卢眙湰　方勇谦
炊具	延鑫丹　陈志豪　郭腾飞　叶菁枫　翁文瀚

第一章
中国矿业的危机

【本章导读】

纵使我国政府渐渐意识到矿产资源的重要性，在我国现行法律法规还不尽完善的情况下，外资企业同样地可以进入矿产工业，而且情况好像比以往更甚！到底外资企业是怎样绕过森严的政策进入中国矿产业的呢?

本章透过9个外资企业进入中国的实例，深入分析外资企业如何在政策规管下以不同的手段夺得我国的矿产资源的。

美国亚美大陆煤炭透过合作方式取得中国的煤矿资源和铁路运输项目，而来自泰国的万埔集团则透过合作和间接收购成功夺取了美国亚美大陆煤炭有限公司和太平洋顶峰等电力公司的控股权。万埔看准中国煤电行业因政策失误而造成的生存危机，进行垂直整合煤电两个行业，在中国煤价大幅波动的经营环境下，取得绝对优势。当其他中国煤电企业受到煤价波动影响时，他们也面临被如万埔集团的外资企业收购的危机。

荷兰 Vimetco 采用的是“曲线收购”的策略，透过香港的东英工业在2007年成功夺得了河南豫联集团的控股权，然后利用豫联及其属下的中孚进行“代理人收购”。在2007～2008年间，Vimetco 不断地以豫联和中孚的名义并购国内企业，包括煤、电、铝和采购销售的公司，成功地规避了政策规管，垂直整合了“煤－电－铝－销售”这个产业链。外资垂直整合了产业链，在产业链拉上补下，这正好与国内矿企未能整合产业链、互相制衡的弱点形成强烈的对比。

英美资源渗入了多个中国矿业的领域。它利用子公司阿山帝黄金，以合作公司模式和曲线收购打入中国黄金业务。在钻石这个板块，英美资源避过了监管最严的中游开采环节，而是选择了高增值的零售环节，旗下戴比尔斯更成为无人不晓的钻饰品牌，一方面英美资源每年向中国输入4%的铁矿石，并在青岛拥有自己的码头运送铁矿石；另一方面英美煤炭和中方的合作公司也为共同开发煤炭资源展开磋商。虽然英美资源的产业整合仍未产生具威胁的效用，但亦可预见英美资源正部署并觊觎每个可入侵中国矿业的机会。如果中国矿企还未能及时在梦中醒觉自强反抗，相信外资攻陷中国矿业这个板块只是时间问题而已。

美国铝业看中了中国铝业加工发展的潜力，开始以合作形式进军中国，然后进行一系列的整合工作。它首先与中国企业共同合资公司，再投入资金取其控制权。其后着手打入中国铝业的下游业务，为延长产业链，进军中国的汽车业。

世界排名第三的铝业巨头美国鹰都铝业集团看到中国铝材市场的巨大潜力，于2001年收购亚洲铝业集团有限公司26.2%的股权，预示着国外铝业巨头已经开始抢滩中国市场。

加拿大希尔威金属矿业公司于2004年组建了希尔威金属矿业有限公司，在中国从事收购、勘探和开发银矿项目的业务。希尔威最初只是一家初级勘探的公司，在介入河南的银铅锌矿勘探与开发后，牟取暴利，于2005年成为多伦多证交所主板挂牌的公司。2007年净利润为4.3亿元人民币，是中国最大的原生白银矿山生产商之一。希尔威金属有限公司在中国河南、四川、云南、广东、青海、内蒙古拥有一批生产矿山和探矿权。在河南省洛宁县与多家公司合作金、银、铅等综合矿业项目。它通过市场手段，依靠企业之间的合作，对中国的有色金属资源进行整合和勘查，为公司的长期发展提供可靠的资源储量。

澳华黄金本来是一家国有企业，因应国策鼓励而走出国家，在国际市场上发展，但最终却发展成一家外资企业。透过拥有的技术及工艺，再加上积极收集的数据，强化了本身的谈判条件，从而能大量侵吞中国的国产资源，令国家资产不断流走，使外资得以在中国身上牟取暴利。

格瑞芬矿业公司，在河北蔡家营开采铅锌矿石，是第一家外资控制的矿业公司能够在中国取得探矿权及采矿权。1994年，它通过建立不平等的条款，在过去3年已经获得4亿多元人民币的利润。10年后，它重施故技，建立不公平的合约条款，使中方仅占合资公司的10%。开采矿山的大部分的利润也被外资轻而易举地圈走了。

加拿大明科矿业集团透过合作公司的模式进入中国黄金业务。明科金矿为集团主要业务，是一家初级勘探的公司。进入中国10多年来，明科投入风险勘探资金约2亿元人民币，虽然累积不少含量丰富的高质量矿产，但现时为止还没有一个矿能够成功被开采或投产。明科透过加拿大资本市场持续融资，维持公司的营运和业务发展。虽然明科集团在中国还未实现过盈利，但是它在中国依然是屹立不倒，而且业务越做越大，矿产累积越来越多，伺机大展拳脚。

第一节　案例详解

【本节导读】

国家虽然对矿业有一定的政策规管，但外资狡猾地透过曲线收购等手段把中国的所谓政策规管玩弄于股掌之中；国内矿企因种种原因无法进行产业整合，导致矿产企业连年失利，外资却竟然可以透过非直接收购的手段整合资源产业链，牟取暴利，凸显了国内矿企的弱点与危机。

本文参考以下9个外资在中国矿业发展的案例，分析外资入侵中国矿产资源的手段和目的。

一、美国亚美大陆煤炭有限公司/万浦集团

1. 行业背景

如今，中国所面临的巨大挑战就是既加速经济的发展又要保护我们的环境。中国国内生产总值在过去的5年里翻了两番。同时，对能源的消耗也增长了1.6倍。中国需要年产能力23亿吨的煤才能保证现有经济的不断发展。[①] 中国需要煤炭工业的可持续发展。

中国矿产业不断发展，图1-1展示出，从2000年，采矿业及矿制品业增长迅速。2000年，采矿业占国内生产总值约3%，在加速发展矿产资源业后，到2006年，采矿业占国内生产总值升至5%。而矿制品业增加占国内生产总值由2000年约3.5%，直至2006年，其增加占国内生产总值接近8%。

地方政府为了增加地方GDP，所以加快矿业发展。根据《外商投资产业指导目录——采矿业》（2007年修订）[②]，外资可以以合资、合作方式投资采矿业，所以地方政府宁愿引入外资来成立合作公司（CJV）。鉴于中国

① 资料来源：亚美大陆煤层气有限公司，http://www.asianamericangas.com/web/category.asp? lang=E&id=91。

② 资料来源：外商投资产业指导目录，http://wzs.ndrc.gov.cn/zcfg/wszjtzp/W020071107540036217414.pdf。

煤炭矿业巨大的发展潜力，越来越多的外国公司已表现出浓厚的兴趣进入中国的煤炭工业。

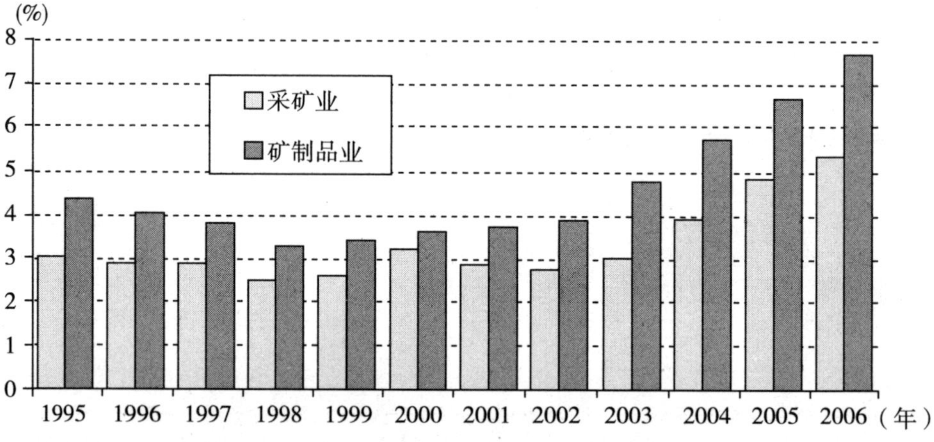

图 1－1　中国矿业工业增加值占 GDP 比重①

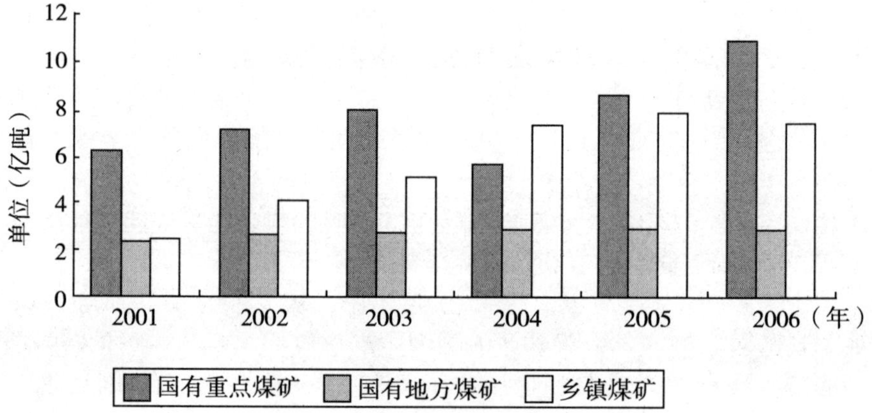

图 1－2　煤炭业生产结构

煤炭行业集中度低。从图 1－2 中可见，国有地方煤矿在 2001～2006 年平均生产量约 3 亿吨，生产量平稳。而乡镇煤矿在 2001～2006 年急速发展，其生产从 2001 年约 2 亿吨升至 2006 年约 8 亿吨。国有重点煤矿生产发展也不及乡镇煤矿。国有重点煤矿生产从 2001 年约 6 亿吨升至 2006 年约 11 亿吨，增长只有 83%。

① 资料来源：中银国际研究。

行业集中度低，小型矿业占大部分，以致容易被外资收购。如煤矿，乡镇煤矿及国有地方煤矿占全国总生产约50%。据有关统计，到1997年，全国各类小煤矿多达8万处，其产量占全国总产量的43%，煤炭库存多达2亿吨，煤价持续下跌，企业严重亏损。① 煤矿分为国有地方煤矿、国有重点煤矿和乡镇煤矿。1997年，中国共有8.2万个矿山，2000年年底，减少到3.5万个。到2008年有约2.8万个煤矿，其中2.5万个属于小规模的乡镇和个体煤矿。②

部分煤矿的采掘、运输工艺十分落后，采煤和掘进工作面机械化程度不到12%。国有重点煤矿机械化程度为75%，地方煤矿为25%，而乡镇和个体煤矿大多数是非常落后的，仍旧是原始的开采方式；安全生产技术研究滞后，煤矿瓦斯形成的机理、瓦斯防治手段等许多问题目前都没有解决。缺乏开采技术及资金的乡镇煤矿及国有地方煤矿往往是外资收购的对象。③

2. 美国亚美大陆煤炭有限公司的合作战略

美国亚美大陆煤炭有限公司（AACI）是领先的外商独资煤炭公司，由美国的一些能源公司和金融机构成立。1999年，美国亚美大陆煤炭有限公司开始作为一家私人控股的开发公司在中国投资于煤炭及相关资产。2000年5月中国第一个中外合作煤炭开采企业山西亚美大宁能源有限公司宣告成立。④ 为发展国际级管理能源设备，美国亚美大陆煤炭有限公司在中国投入大量资金。它目前主要有两个项目：大宁煤矿和高河煤矿。

（1）大宁煤矿项目

大宁煤矿项目重点开采山西的大宁煤矿，位于山西省阳城县大宁村附近（距离北京约8小时的车程），储量约为1.7亿吨无烟煤。开发后，年产量达600万吨。销售范围在煤矿方圆400公里内。⑤

美国亚美大陆煤炭有限公司与国内合作方和政府项目审批部门建立起紧密联系，在2000年已经签署了合资协议与山西兰花科创股份有限公司和山西省煤炭运销总公司晋城分公司共同成立合作公司，取名山西亚美大宁能源有限公司，共同开采山西的大宁煤矿。美国亚美大陆煤炭有限公司承

---

① 资料来源：我国5.8万个小煤矿是如何压掉的，http://www.people.com.cn/BIG5/shizheng/19/20020131/659498.html。

② 资料来源：煤矿安全生产与建设，http://www.anquan.com.cn/Wencui/guanli/meikuanglw/200808/93370.html。

③ 同上。

④ 资料来源：亚美大陆煤炭有限公司官方网站，http://www.asianamericancoal.com/cn/index.asp。

⑤ 资料来源：山西亚美大宁能源有限公司官方网站，http://www.saadec.com/。

诺引进外国先进的开采技术，提高生产和效率。美国亚美大陆煤炭有限公司持有56%的股权，而两家中资企业只持有合作公司44%的股权。并于2002年把首台机组置于地下使用。AACI使用最新的国际设备和技术经营矿山，以提高安全性、生产和效率。

该矿井的建设是根据预定储量大约为170万吨无烟煤而设计。经过三年的开发、工程设计和生产的研究，美国亚美大陆煤炭有限公司引进的综合机械化高长壁工作面开采技术于2006年8月开始成功运作。通过使用现代重质粗细洗选程序处理和优化煤炭，大大提高生产煤的品质和满足市场的产品规格。

国家规定的规则，煤矿应将自己的煤炭销售收入人民币10元/吨用作安全。山西亚美大宁能源有限公司安全预算在2007年是793万元，或人民币24元/吨，远远高于国家标准。①

（2）高河煤矿项目

高河煤矿项目重点开采山西的高河煤矿，位于山西长治县，可开采储量为12亿吨，年产量达600万吨。销售范围在煤矿方圆400公里内。

这是美国亚美大陆煤炭公司在中国的第二个采矿项目。在中国第一个参与采煤的跨国公司美国亚美大陆煤炭公司继拿下大宁煤矿项目之后，又在山西长治高河获得一个年产600万吨的采煤项目。

2000年，美国亚美大陆煤炭公司与山西潞安矿业（集团）有限责任公司合作，成立合作公司，取名山西高河能源有限公司，共同开发山西的高河煤矿。合资企业开发高河煤矿在山西投资300万美元。亚美大陆煤炭公司在该项目中占55%的股权，而山西潞安矿业（集团）有限责任公司占55%的股权。

山西高河能源有限公司预计在2009年的年产量为600万吨。以原位储量约6亿吨的高河为例，以每吨3元计，仅矿业权价款大约就需缴18亿元。②

美国亚美大陆煤炭有限公司附属主要有两大煤炭公司，山西亚美大宁有限公司及山西高河能源有限公司。这两家公司分别拥有两个大型煤矿，大宁煤矿及高河煤矿，以及煤矿到城镇销售点兴建完善铁路及煤炭运输配套工程。

为了提升煤炭生产及营运，煤矿到城镇销售点兴建完善铁路及配套工程有助煤炭运输，解决了中国近年铁路运输紧张的问题。

---

① 资料来源：亚美大陆煤炭有限公司官方网站，http：//www.asianamericancoal.com/cn/index.asp。

② 同上。

美国亚美大陆煤炭有限公司引入综合机械化高长壁工作面开采技术提高产量及资源回收率，综合机械化高长壁工作面开采技术早已被国企煤矿公司使用，也不是什么新技术。这些国企煤矿公司包括：中国中煤能源集团公司、神华集团有限责任公司、山西焦炭集团有限责任公司、兖州炭业股份有限公司。

3. 万浦集团的收购及参股战略

万浦集团是亚洲能源公司，其主要业务包括煤矿和发电。其煤炭主要来自泰国北部的南邦府（Lampang）和碧瑶府（Phayao），以及印度尼西亚的进口。公司在泰国国内的褐煤年产量约为 200 万吨。万浦集团已有多年经营煤炭能源的经验。①

万浦集团进入中国经营煤炭能源无需以合作及合资形式与中国企业共同开采及经营煤炭能源业务，它在中国透过多年的参股及并购现有的国内煤矿公司直接拥有煤矿及其矿产。以下是万浦集团于 2003～2008 年在中国煤炭能源业务的参股及并购事项：

2003 年，万浦公司收购美国亚美大陆煤炭有限公司 21.6% 的股份。美国亚美大陆煤炭有限公司主要有大宁煤矿和高河煤矿的开采及矿产权益。②

2005 年，公司通过万浦私人有限公司，与鹤壁煤电有限公司达成协议并共同成立了合资企业——鹤壁中泰矿业有限公司，用于收购位于河南省的鹤壁四矿。③

2006 年，公司完成了对太平洋顶峰投资有限公司 90.9% 股份的间接收购。万浦集团拥有了顶峰旗下三家分别位于河北省和山东省的热电厂的控股权。这三家电厂的总装机容量为 248MW。④

- 河北石家庄诚峰热电厂（100%）
- 河北唐山顶峰热电厂（100%）
- 山东邹平顶峰热电厂（70%）

太平洋顶峰投资有限公司投资包括热电联产项目、自然资源利用及可再生能源项目。

① 资料来源：万浦集团官方网站，http：//www.banpu.com/。

② 资料来源：万浦集团收购美国亚美大陆煤炭有限公司，http：//www.banpu.com/_admin/uploadfile/InvestorAnalyst_en55.pdf。

③ 资料来源：万浦集团发展历史，http：//www.banpu.com/eng/profile/milestone.php。

④ 资料来源：泰国煤炭企业万浦购得太平洋顶峰九成股权，http：//www.in-en.com/coal/html/coal-2006200604142622.html。

2008年，万浦公司收购亚美煤炭公司100%的股份。① 万浦集团透过全资附属子公司BP Overseas Development Company Limited，收购美国亚美大陆煤炭有限公司及太平洋顶峰投资有限公司。透过多次收购合并，间接拥有大型优质煤矿、庞大的铁路运输销售网络及大型电厂。

4. 万浦集团的收购及参股目的

万浦集团以现有在泰国煤－运－电的能源产业链运作模式，整合在中国的煤矿及电厂。垂直整合煤矿及燃煤发电厂有助于防止煤价及电价波动对整个公司的影响。

中国现时大部分煤矿及燃煤发电厂是分开经营的，当发改委调整价格时，煤或电其中一方受惠，另一方就会经营困难。中国政府的煤电政策，使中国的煤电产业起了结构性的问题，造成给外资进入中国煤电业的缺口。

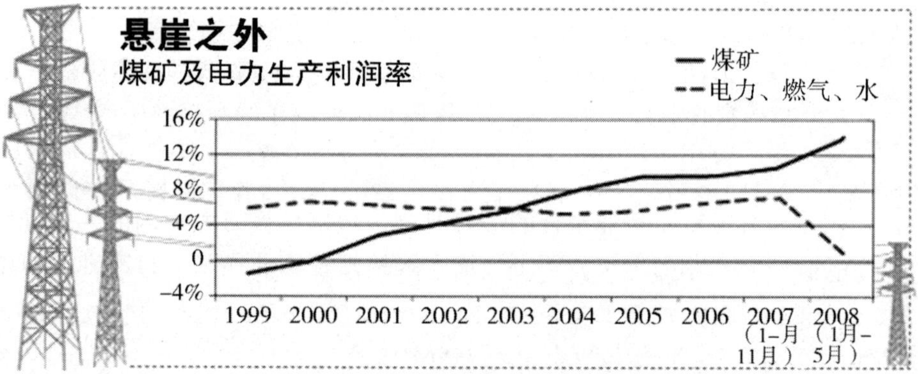

图1－3 煤矿及电力生产利润率②

电价是由国家发改委控制，而煤价波动大。燃煤发电厂主要受到煤价波动影响，因为发电厂没有订立电价的权力，不能将煤价上升的压力转到下游企业，所以当煤价急升时，发电厂的毛利会急速下降，有倒闭危机。从图1－3中可见，1999～2008年，燃煤生产利润率从0升至约14%，而电力生产利润率从约6%下跌至0，煤矿与电力生产利润率走势相反。2007～2008年，煤价急升，燃煤发电厂的生产利润率急降，很多燃煤发电厂因此未能经营维持下去。而燃煤发电厂因为生产利润率急降，所以当时

① 资料来源：万浦集团收购美国亚美大陆煤炭有限公司，http://www.banpu.com/_admin/uploadfile/InvestorAnalyst_en55.pdf。

② 资料来源：葛艺豪，电力供应的悖论，http://www.gemag.com.cn/gemag/new/Article_content.asp?D_ID=6532。

的估值较低。它们成为外资收购对象。

万浦集团进行垂直整合煤电两个行业，当煤价上升时，万浦集团的电厂与其他国有电厂一样承受高煤价的压力，毛利下降，但在煤矿的营利却受惠于煤价上升。万浦集团在这种情况下，能将煤矿的营利转到电厂，有效地弥补电厂的损失。透过这种方法，万浦集团有效地在煤价波动的经营环境下，取得绝对优势。当其他中国电厂受到煤价上升影响时，他们面临被如万浦集团的外资企业收购的危机。

二、Vimetco N. V.（原荷兰马可工业集团）

1. 河南省——外资的铝矿之都

河南作为中国铝矿资源第一大省，被誉为中国铝都，境内分布包括焦作万方（000612. SZ）、中孚实业（600595. SH）等上市公司在内的众多铝业企业。除了铝矿之外，河南省还拥有丰富的煤矿可供发电之用，满足了铝业生产的上游资源需求。这里无疑是外资虎视眈眈的一个矿产乐土。

中孚实业地处中国矿产资源丰富的河南巩义市，具有显著的资源优势。作为国内重要的电解铝生产企业之一，公司电解铝产能从 2000 年的 4. 5 万吨/年提升为近年的 18. 5 万吨/年。然而，受四年前那场针对电解铝的宏观产业调控波及，河南省的铝业也一落千丈，中孚实业也不能幸免。

艰难时分无疑是行业整合的最好时刻，包括焦作万方在内的一大批铝业公司被中国铝业公司收入旗下，这无疑给把铝工业作为主打产业的河南省带来空前的压力。河南省地方政府为了寻求自己的行业聚焦力，动用政府力量开始撮合省内的铝业企业进行行业整合。包括在香港上市的天元铝业和中孚实业等正是整合中的重要棋子。

这正中外资的下怀——天元铝业和中孚实业相继在政府与外资的“合作”中成为外资的囊中物。以下让我们看看，中孚实业是如何落入荷兰的 Vimetco N. V. 手中，而外资又如何得寸进尺，透过中孚全面整合煤－电－铝产业链。

2. 豫联集团和中孚实业的实际控制人

1993 年，中孚实业经河南省发改委批准，由巩义市电厂、巩义市电业局、巩义市铝厂三家共同发起，主要经营火力发电。中孚实业其后还与母公司豫联集团共同发展“铝电合一”企业，并于 2002 年在上海证券交易所上市。然而，根据中孚实业 2007 年的年报，由豫联集团控股的中孚实业实际控股人已经变成 Vimetco B. V.，这家在荷兰注册的公司，实际控股人是国际铝业巨头俄罗斯的 Vitaly Mashchitskiy。也就是说，豫联集团和中孚实业已经变成不折不扣的外资公司。

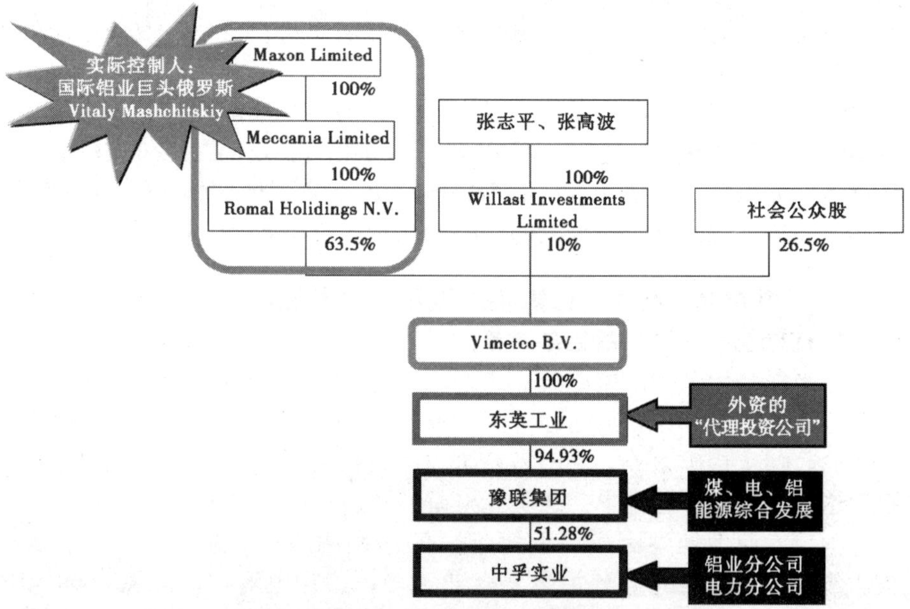

图 1-4　豫联集团和中孚实业的实际控制人①

注：来自俄罗斯的国际铝业巨头 Vitaly Mashchitskiy，透过旗下的基金持有 63.5% 的 Vimetco B. V. 股权，从而成为豫联集团和中孚实业的实际控制人。香港东英工业则是外资的“代理投资公司”。

3. 曲线收购的过程

（1）原来的股权架构

2002 年 6 月，中孚实业于上海交易所上市。当时豫联集团和中孚实业的实际控制人仍然是河南省地方政府的巩义市国资局。

（2）曲线收购第一步：股权转让协议

2003 年，受电解铝的宏观产业调控打击，许多铝矿企业支持不住，以至于 7 家铝业上市公司中有 5 家被中铝系“收编”。中孚实业和豫联集团也被打压得要活不下去了，但由于中孚实业刚刚上市的资本扩张，中孚和豫联集团才得以侥幸生存下来。但这场调控对中孚和豫联集团来说仍然是个严峻的考验，河南省地方政府为了寻求自己的行业聚焦力，动用政府力量开始撮合省内的铝业企业进行行业整合。引入外资与大型国企抗衡是当时河南省地方政府倾向的策略。

---

① 资料来源：河南中孚实业股份有限公司 2007 年年度报告。

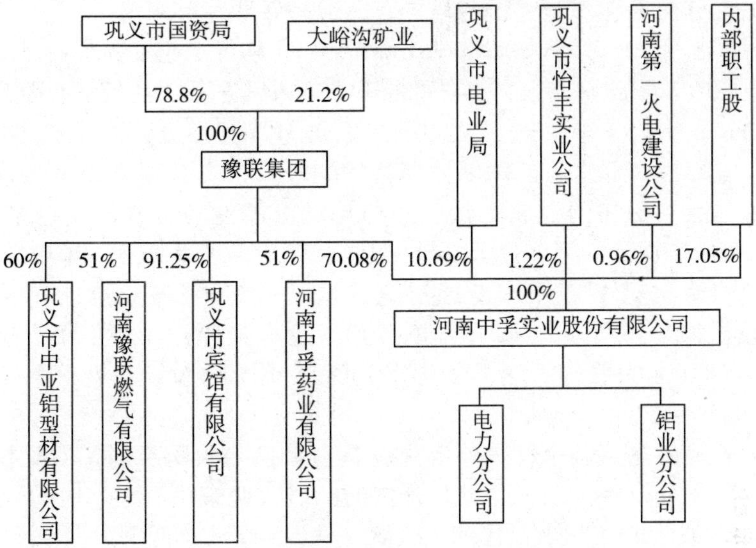

图 1－5　豫联集团和中孚实业股权分布①

注：2002 年 6 月，中孚实业于上海交易所上市时，河南省地方政府的“巩义市国资局”持有 78.8% 豫联集团的股份，而豫联集团则持有中孚实业的 70.08% 股权，两者的实际控制人都是巩义市国资局。

2003 年 11 月——实际控制人发生变化：经国家有关部委审批，巩义市财政局与香港东英工业签订协议，豫联集团将其持有的全部国有股权（占豫联集团总股本的 78.8%）转让给香港东英工业投资有限公司，导致公司的实际控制人由巩义市财政局变更为香港东英工业投资有限公司。因豫联集团当时持有中孚实业 44.18% 的股份，为中孚第一大股东，因此，东英工业也顺势变身中孚实际控制人。

其后，在商务部批准下，东英工业不断增加对豫联集团的持股比例，到 2007 年时，东英工业已持有豫联集团共 94.93% 的股权。

东英金融集团官方的数据显示②：东英工业的大股东东英金融集团是一家专业投资银行，成立于 1993 年，总部设在香港。根据中孚实业于 2007 年 3 月的收购报告书③透露，东英原来的两位当家人是张志平和张高波，前者曾是中国证监会证券机构监管部主任，后者曾任中国人民银行海南分行金融市场管理委员会副主任，可见两人对中国资本市场都驾轻就熟。

① 资料来源：河南中孚实业股份有限公司招股书（2002）。

② 资料来源：http：//www. oriental－patron. com. hk/chi/html/about_ op/profile. html。

③ 资料来源：http：//www. sse. com. cn/cs/zhs/scfw/gg/ssgs/2007－04－17/600595_ 20070417_ 3. pdf。

（3）曲线收购第二步：股权辗转落入外资手中

2006 年 9 月 26 日，Marco Industries B. V. （马可工业投资有限公司）与东英工业原股东张志平、张高波在香港正式签署《东英工业投资有限公司股份认购协议》，以 9 860 万美元认购东英工业 51% 的股份。马可工业集团是欧洲最大电解铝企业之一，由俄罗斯背景的股权投资公司 Romal 控制。其后，马可工业集团将所控制的豫联股份与欧洲的业务合并，成立 Vimetco N. V.，并于 2007 年 8 月 2 日于伦敦主板挂牌上市（股票代码 VICO）。

2007 年，张志平、张高波通过《换股协议》，将其持有的东英工业 49% 的股份换为持有 Vimetco15% 的股份。这一换股让马可集团直接持有豫联集团 78.8% 的股权。这下子中孚和豫联集团的股权也就落入了外资 Vimetco 的手中。

我们看到的是，整个过程外资并没有直接参与收购豫联，但股权却不明不白地落入外资手中——这就是外资的曲线收购策略。

（4）曲线收购第三步：代理人收购——以中国公司收购中国公司

所谓“代理人收购”的策略，就是以中国公司收购中国公司，不必自己亲自动手，而且还神不知鬼不觉，规避了政策的监管和舆论的压力，就可以加快收购的速度。

Vimetco 打着中资的旗号，在 2007 ~2008 年不断地以中孚实业和豫联集团的名义并购国内企业，被并购的包括煤、电、铝和采购销售的公司。

表 1 -1 是中孚实业和豫联集团 2007 年收购和增资的企业一览。

表 1 - 1　中孚实业和豫联集团 2007 年收购和增资的企业一览①

年份	企业	类型	并购详情
2007	中孚电力	电力	增资 3.2 亿元，持股权至 45%
2007	中孚热力	热能源	全资成立
2007	天元铝业	铝业	10 亿元参与定向增发
2007	河南神火集团	煤、电	建立战略联盟，合资河南中鑫实业有限公司
2007	林丰铝电	铝、电	全面收购，涉资 2.6 亿元
2007	银湖铝业	铝业	全面收购，增资 7 000 万元
2007	欧凯实业	采购销售	全面收购
2008	Yaoling Coalmine	煤矿	2 亿元收购

① 资料来源：河南中孚实业股份有限公司 2007 年年度报告，以及 http：//www. vimetco. com/tl_ files/vimetco/news/Coal_ Mine_ Acquisition_ Final. pdf。

4. Vimetco 的垂直收购策略

尽管一系列资本运作正在各方力量的撮合下被低调密谋，但铝行业本身特征决定了其整合方向。铝冶炼的成本 40% 是电费，40% 是铝矾土，其他的费用如人工、管理，最多占 20% 。因此，电、铝的整合可以说是必然的。而电力与煤矿之间又是唇齿相依、不可分割的。所以，整合煤－电－铝这个产业链可以说是成功的关键。

在电解铝大省河南，具备铝电一体或煤电铝一体概念的企业很多，但真正将这个“题材”用足用透并拿出上市融资的则屈指可数。而煤电的整合更加是长期以来的问题，发改委的价格调整机制并没有实质整合煤电企业，价格大幅波动使煤电企业苦不堪言，造成煤、电不是你死就是我亡的局面。很明显的是，Vimetco 看到了这些的缺口，透过非直接并购大肆进行产业链的垂直整合。

综合这两年间 Vimetco 的收购案例来看，被收购的企业大致组成了“煤－电－铝－销售”的产业链。

Vimecto 的铝深加工能力在欧洲非常强，产品主要集中在高端，比如汽车用品等，目前不仅拥有罗马尼亚两个与铝有关的上市公司，还在收购意大利几家实力拔尖的铝企业，而豫联集团优势主要集中在电解铝等，产品出口多为附加值很低的铝锭。如果 Vimetco 能将欧洲的铝深加工高端技术引入豫联集团，然后再向上游的煤矿进一步延伸，以煤带电、以电促铝，并运用 Vimetco 的国际销售网络打进国际市场，将使豫联集团的国际竞争力大大提升。Vimetco 企图透过豫联集团在中国组成资源联盟，垂直整合产业链的野心是显而易见的。

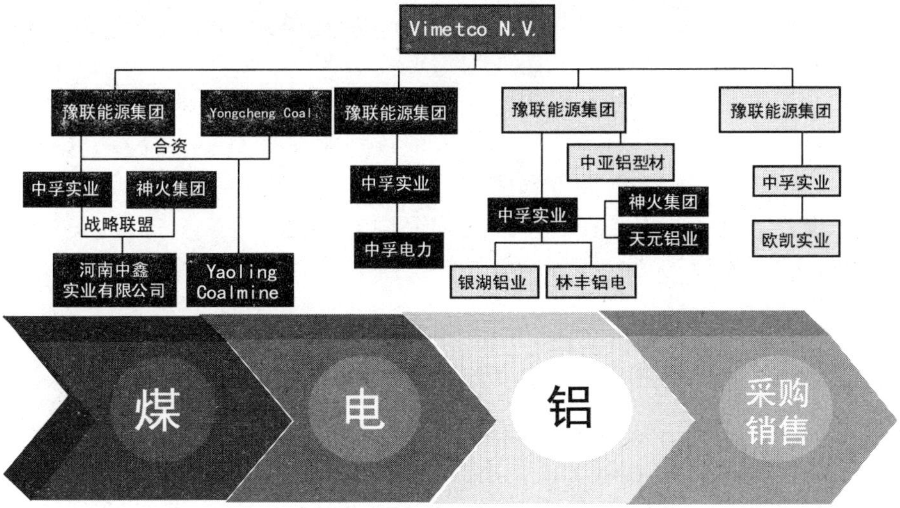

图 1－6　Vimecto 产业分布

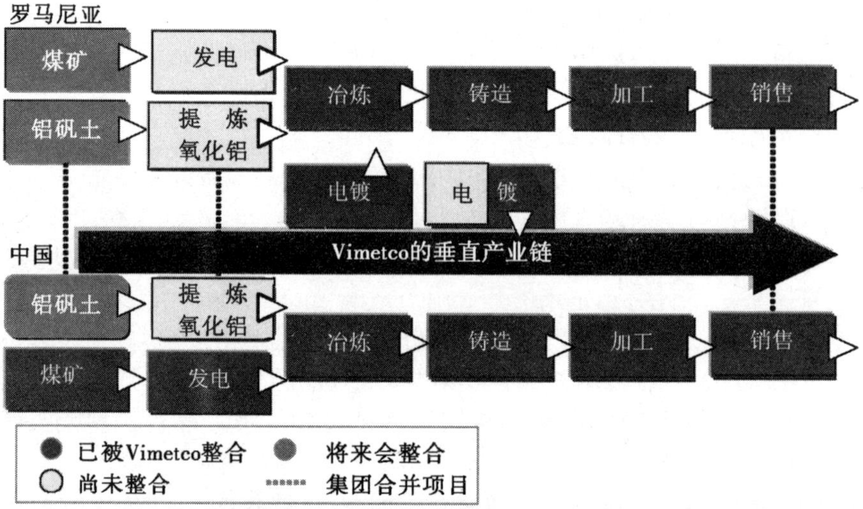

图 1－7 Vimetco 的垂直产业链①

注：Vimetco 在 2007 年的年报中透露了他们在中国的成功关键就是利用垂直整合产业链的策略。单从它在中国的项目来看，几乎已把铝锭生产和销售的每一个步骤都囊括在集团的垂直产业链内，包括发电、冶炼、铸造、加工、销售等，在 2008 年 10 月，连电力上游的煤矿项目也被它悄悄取得了。

三、英美资源集团

1. 行业背景

英美资源集团是全球最大矿业公司之一，在伦敦交易所上市，矿产业务包括铂金、钻石、煤炭、有色金属、黑色金属、工业矿物和黄金。公司营运业务遍布全球，2007 年集团销售额为 356 亿美元，实现营业利润 101 亿美元②。

矿业属于高风险、高投资的行业。除了来自投资了的资金无法找到矿源的风险之外，政治的风险也极高，当地政府往往会设置障碍避免外资进入矿业。一般来说矿公司投入勘探的资金中，只有约 1% 的投资得到回报。而开采设计、设备及人才在开采过程都很重要，这些元素会直接影响开采的效率、浪费资源的多少和环境破坏的程度。英美集团依靠拥有雄厚的资金、人才设备、专业技术基础，在世界各地已经累积了各样高质量的矿产。面对全球一体化，以及同行的竞争，集团的营运策略亦求变以稳固行业的龙头位置。

---

① 资料来源：Vimetco Annual Report 2007。

② 资料来源：英美资源中国官方网站，http：//www. angloamerican. com. cn/。

英美集团在众多其他外资对手中脱颖而出，并在中国矿业这个受到国家政策改变的、高度保护的板块上分一杯羹。2006 年英美集团在中国市场的销售额为 20 亿美元，而到目前为止英美集团在华投资才 4 亿美元①而已。以下将会解说英美集团如何打入中国市场。

2. 英美集团进入中国矿业市场的手段

矿产为国家稀有珍贵的战略资源，一般很少对外开放。在中国，外资公司几乎不可能独资矿业。然而，这个板块虽难攻入，但部分外资亦能成功入侵。前文提及，外资进入中国矿业的管道大致透过合作模式或是曲线收购来完成的，英美集团其下的安格鲁阿山帝黄金就是其中一个例子。

其实英美集团最初并没有任何一个中国金矿的权益，最终它所得的权益其实都是从 Dynasty Gold Corp. （皇朝黄金公司）间接得来的。英美集团凭借阿山帝黄金收购 Dynasty Gold Corp. 的 8.7% 公司股权②，后又再增资 Dynasty Gold Corp. 三个金矿项目其中的两个项目，增加其在金矿项目的权益，这就是曲线收购开始了阿山帝黄金在中国的黄金版图。

Dynasty Gold Corp. 是一家加拿大上市公司，2004 年已拥有 3 个金矿项目。它们的由来都大同小异，都是先透过中外合作公司而获得，详细过程参看表 1 -2。首先 Dynasty Gold Corp. 与当地有关政府机构成立中外合作公司，权益分布为中方占 30%，Dynasty Gold Corp. 占 70%。中方没有资金，只协助 Dynasty Gold Corp. 申请商业执照和其他矿权，并提供其他协调和文件上的工作；而 Dynasty Gold Corp. 则主要投入资金，另外又引入人才、技术和设备做勘探开发的工作。Dynasty Gold Corp. 下属的 3 个合资项目协议又注明，日后如需再注资，Dynasty Gold Corp. 的权益可增至 80%，这些增权的条款最后都成了事实。

表 1 -2 Dynasty Gold Corp. 下属的 3 个金矿项目③

金矿项目	新疆 Hatu 项目	青海红河谷项目	甘肃野马项目
内容	天山成矿带面积为 1 000 平方公里的勘探许可证 推算的黄金资源量为 1.2 万盎司	祁连山褶皱带长度 16 公里，宽度 500 米的勘探	黄金生成带上 2 000 公里的范围内拥有 27 个勘探许可证

---

① 资料来源：英美资源中国官方网站，http://www.angloamerican.com.cn/。

② 资料来源：Dynasty Gold Corp. 官方网站，http://www.dynastygoldcorp.com/。

③ 同上。

（续表）

金矿项目	新疆 Hatu 项目	青海红河谷项目	甘肃野马项目
中方	新疆有色地质勘探局	青海省地质矿产勘查开发局	甘肃省地矿局第二地质队
合作公司	Xinjiang Terraxin Mineral Exploration Co. Ltd.	安徽长江矿业公司	甘肃秦祈矿业有限责任公司
Dynasty 初期权益	70%		
Dynasty 后来权益	80%		

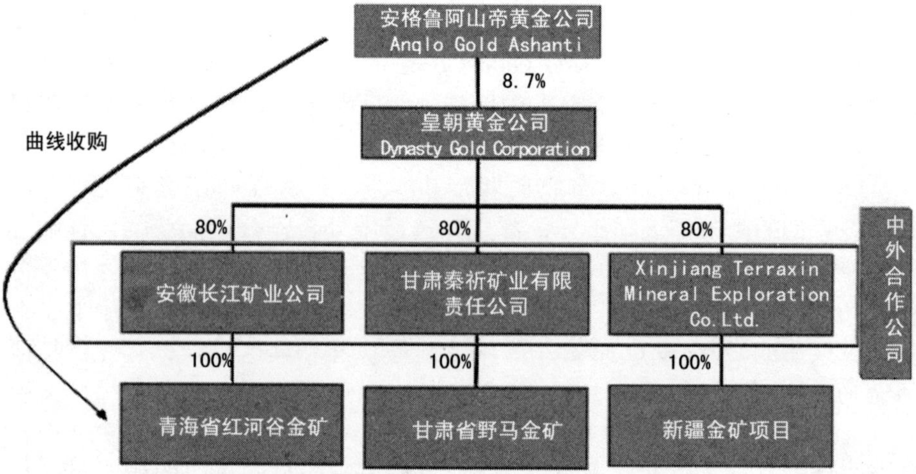

图 1-8　阿山帝黄金和 Dynasty Gold Corp 关系图①

2006 年阿山帝黄金以 Dynasty Gold Corp. 配股购买了其 8.7% 股权成为 Dynasty Gold Corp. 的第三大股东。除此之外，阿山帝黄金又与伙伴签订了协议，于青海红河谷项目和甘肃野马项目中，阿山帝黄金可于三年之内在野马和红河谷金矿项目各投入共计 500 万美元，便可获得两个项目中 55% 的权益，令本来没有中国金矿资产的阿山帝眨眼间成为两个金矿项目的最大权益者。姑且勿论这个协议最终有没有实现②，但这正说明尽管中国为外资在中国矿业设定许多的障碍，外资亦有它们的管道进入中国。

① 资料来源：Dynasty Gold Corp. 官方网站。

② 资料来源：http：//www. dynastygoldcorp. com/s/NewsReleases. asp? ReportID = 282889&_Title = Dynasty - Gold - Withdraws - from - Red - Valley - Project。

Dynasty Gold Corp. 与中方成立的3个合作公司于2004年成立之初所得的权益为70%。但Dynasty Gold Corp. 于2007年增资300万美元于安徽长江矿业公司的红河谷项目、480万美元于甘肃秦祈矿业有限责任公司的野马项目和1 200万美元于Xinjiang Terraxin Mineral Exploration Co. Ltd的新疆项目，最终使3个金矿项目的权益增至80%，令拥有部分Dynasty Gold Corp. 的阿山帝黄金又间接增加了这3个矿业的权益。

3. 英美集团的产业链整合

英美资源致力发展矿业，凭借拥有雄厚的资金、人才设备、专业技术基础，在世界各地已经累积了各样高质量的矿产。但它的野心却不止于目前的矿产储备，英美资源在全球不断进行了各矿产资源的垂直整合，以获取更高的整体利益价值，强化它的龙头位置。

以下我们将以英美集团其中三个业务——钻石、黑色金属和煤炭——去分析英美集团在发展矿业的核心业务外，在全球和中国的产业布局如何。

（1）钻石——戴比尔斯（De Beers）公司

英美集团持有戴比尔斯投资公司45%①的股份，这构成了集团的钻石业务。戴比尔斯是世界上最大的钻石矿业公司，单单非洲南部的矿山每年产值约占全球钻石产值的40%②。戴比尔斯的全球业务渗透到各个阶段——勘探、开采、分销及零售，而戴比尔斯亦自称每个涉足的产业环节都是它们的强项。戴比尔斯的勘探和开采版图主要集中于非洲和北美加拿大。至于营销及推广中心则遍布在全球各地，无论是分销钻石毛坯或是切割好的钻石、工业用钻石，抑或是钻石的首饰制成品都有销售，并将自己打造成超级品牌，成功打入全球市场。例如戴比尔斯的首饰制品和DTC的钻石都是家喻户晓的品牌，而Element Six则包办工业钻探钻石。戴比尔斯在钻石产业链下游占据了高附加值的分销零售环节；另一方面在世界各地拥有丰富的钻矿资产，稳定了上游原材料的供应，整合产业链使戴比尔斯在钻石市场上有绝对的市场优势。

在中国，国家对矿业采取“两头松，中间紧”的政策，两头是指勘探这一头和市场销售这一头，目前商业勘探市场基本上对外开放，销售市场也不再由国家专营。但附加值最高的开采阶段，国家有关部门则未明确规定外资能否进入开采领域。其实早于1985年起，戴比尔斯已经进入中国成立合作公司，并先后到过山东、辽宁、湖南、湖北、贵州和四川进行钻石

① 资料来源：英美资源中国官方网站。

② 同上。

勘探活动①。虽然多年来在中国的勘探项目不断，但始终还未有一个项目被批准进行开采投产。零售方面，戴比尔斯成功发展钻石和首饰市场，并在上海和香港建立了钻石推广中心，开展市场营销活动。现在，戴比尔斯这个品牌在中国钻石市场已经是家喻户晓。虽然戴比尔斯在中国只有勘探和零售的项目，但相比起其他外资同行已经是十分成功了。

戴比尔斯在全球战略的其中一个定位，是从来不强求要在某一个产业或区域发展事业，以免造成资源浪费。因为矿业这个范畴在世界各地方都被视为政治敏感度极高的板块，各地政府都会因此设立诸多的限制。在中国，戴比尔斯早年虽然只有矿的勘探，但它并没有强烈追求开采等中上游的业务环节，而是投资中国钻石销售零售的环节，并且越做越好、越做越大。我们可从其 2007 年年报得知，戴比尔斯已将公司的策略由加大公司市场占有率转移到加强零售推广环节。2006 年与路易威登合作成立珠宝零售业务，并在世界各大城市设立专卖店，将其品牌档次推上更高的层次②。另一方面戴比尔斯亦不断发掘其他合作的机会，并与当地政府、居民保持友好的关系，为部署将来中国在矿业板块开放在中国大展拳脚做好准备。

（2）英美黑色金属公司

英美黑色金属主要从事铁矿石、碳钢和锰矿合金业务，业务主要在美洲、非洲和澳洲。和戴比尔斯一样，英美黑色金属在世界各地已经储有一批黑色金属矿产，为未来全球业务有充实的矿产资源作保证，其中包括 73 300 万吨铁矿石储量和 6 000 万吨锰储量③。核心业务方面，除了探矿开采之外，更寻求产业发展的机会，在已有的矿产资源基础上，通过收购合并的方法快速发展其他增值业务。英美黑色金属的业务发展可归纳为横向和纵向发展。横向发展以实现矿业资产多元化为目标，例如控股利用铁矿石作为原材料制造碳钢和其他钢产品的 Scaw Metal 74% 和全资拥有的 Altasteel，生产多种类钢材和高附加值的产品；另一个横向发展则是控股利用锰矿作为原材料制造合金的 Samancor 的 40% 和 Hulamin 的 38% ，其中 Hulamin 更是非洲最大的铝板、挤压铝、半制成品和制成品的生产商。英美黑色金属都是透过控股这些公司，实现矿业资产多元化目标，并逐步走向生产附加值高的产品。纵向发展方面在全球又寻求整个产业链的整合，并透过他们强大的资金设备和勘探开发人才，从探矿、采矿、选矿和冶炼都不假于人。

英美黑色金属的核心业务铁矿石，则由其子公司库博铁矿公司负责。

---

① 资料来源：英美资源中国官方网站。

② 同上。

③ 同上。

因为铁矿石是生产钢材的主要材料，英美黑色金属因中国市场需求强劲，水涨船高，令其盈利增长乐观。

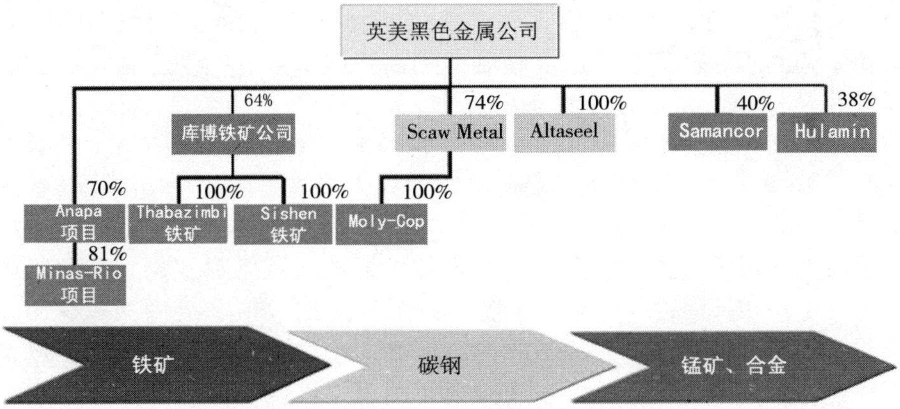

图1-9 英美黑色金属全球产业分布①

注：英美黑色金属透过收购合并方法，在短时间内增加了铁矿、碳钢和锰矿合金等版图，同时稳固了每个版图的各上下游项目。

而英美黑色金属在中国的业务就只涉及冶炼、运输和进口铁矿石。1994 年，英美投资 1 000 万美元在青岛港建立铁矿石运送站，年销量超过 1 000 万吨。中国目前每年大约 4% 的进口铁矿石是由其子公司库博矿业公司提供②。而于 2003 年，英美旗下的库博公司扩大与中方联合经营的位于内蒙古自治区的赤峰红烨锌精炼厂和白音诺尔铅锌矿。而英美则拥有合资厂第二期的 60% 股份及扩产部分 30% 的权益③。

英美黑色金属的公司战略是致力于提高其铁矿石产量，以成为一家主要向钢铁工业提供原料产品的供货商。同时，英美黑色金属工业公司继续围绕其核心业务重组业务，通过更高的经营效率、更多成本节约措施来提高利润率。虽然在中国的业务并不广泛，然而它却积极研究在中国业务发展的可行性和掌握中国的矿石需求和脉搏，并透过已打入中国的库博公司和中方建立良好的合作关系，为未来发展中国业务提供了极好的机会。

(3) 英美煤炭公司

英美煤炭是世界最大的私营煤炭生产商和出口商之一，在南非、澳

① 数据来源：英美资源官方网站。
② 同上。
③ 同上。

洲、哥伦比亚和委内瑞拉有采煤业务。2007年英美煤炭在南非、澳大利亚和南美共生产了9 600万[1]吨煤，被称为是全球第三大矿业公司，这些产品主要供应给欧洲、非洲和澳洲。英美煤炭在全球的产业亦都颇完善，有探矿、采矿和冶炼事务。英美煤炭在其网站亦列出其公司战略，为在不同的国家和更多的产品领域里确保低成本生产以供应本地和国际市场。

在中国，英美煤炭从2001年底就积极地在中国市场从事有关商务活动，到2003年2月，英美煤炭在中国建立了代表处。在此期间，英美煤炭对中国的煤炭资源进行了评估，确定了重点省份，筛选出大概40个探矿项目，并积极地在陕西、山西和山东发展或寻找项目；同时，也对内蒙古、贵州和云南进行了初步考察。英美煤炭于2004年与陕西省煤田地质局开展勘探协议，评估陕西的西湾榆神煤田，包括对将煤炭气化以及转换为燃料和化工产品的可行性研究。西湾井田位于陕西北部侏罗纪煤田榆林神木矿区，勘察发现这是矿区内唯一具备露天开采条件的井田，煤炭资源量巨大，煤质优良，煤炭储量可能高达16亿吨[2]。其后英美煤炭于2006年与陕西省煤田地质局建立中外合作企业——陕西西湾煤炭有限公司，英美煤炭具有控股权60%的股份，而陕西省煤田地质局则持40%。英美煤炭并在此之前已经完成了为期三年的勘探钻井工作。这代表了该项目的勘探工作已接近完成，在技术上说也不存多大障碍，可以说进入了“实质性阶段”。至于开采领域方面，有说由于双方的利益诉求不同，以及由于我国对于煤炭资源开发在控股方面有限制，所以在开采后续问题上双方还未有共识。据资源网的报道，地方政府希望当地的煤炭资源能够就地进行深加工，煤向电转化、煤电向材料工业品转化、煤油气盐向化工产品转化，拉长产业链条，取得煤炭利益的最大化；对投资方而言，面对煤炭深加工项目巨大的投入和漫长的投资周期，他们显得特别谨慎。因为在煤化工项目中，投资比较大的主要是化工部，而采矿部分投资相对较小，所以如果英美资源想单纯进行开采煤炭，所遇到的阻力会较大。此外，由于政策限制，煤炭开采部分而要国内企业控股，外资方可以在化工部分控股，因此，英美资源集团需要找到一家中国公司作为合作伙伴才能使项目落地。所以到目前为止，英美资源尚未正式被批准在中国开采煤炭，不过相信英美煤炭要在中国攻占这个领域只是时间的问题而已。

---

① 资料来源：英美资源中国官方网站。

② 资料来源：http：//big5. lrn. cn/media/energynews/coal/200808/t20080828_ 269669. htm。

除了垂直整合产业链外，英美煤炭在开采煤炭的同时，亦有设计改善生产过程，以俭省开采成本和增加整体利益为目标。其中一个就是将矿井地下水转化成食用水的计划。矿井水灾时有发生，就是由于矿井在建设和生产过程中，地面水和地下水通过各种通道涌入矿井，当矿井涌水超过正常排水能力时，就造成矿井水灾。英美煤炭在南非的一个开采煤矿项目中，与伙伴合力为当地政府将矿井的地下水除盐和净化为食用水，引导到当地政府水库。此计划不但将没有用而且会带来灾难隐忧的地下水转化为有价值的资产，为当地政府带来了20%的食用水，解决了当地长期缺水问题，而且只用了3 000万美元的低成本①，就为当地提供了就业机会，带来可持续的发展计划；和当地政府的关系良好，亦为英美煤炭带来日后更多的发展业务的空间。

四、美国铝业集团

20世纪80年代，美铝通过与中国有色金属工业总公司（现在的中国五矿集团公司）的技术合作进入中国。其后，美铝在北京、上海、秦皇岛、昆山、苏州、广州和香港等地建立了办事处和生产厂，产品主要包括铝箔、板带、紧固件、汽车部件和建筑产品。

1. 铝业的整合机会

在社会用铝需求短时间内大量增加的情况下，中国铝加工产能、产量开始有了明显提高。据相关部门的统计，在1990～2000年，中国铝挤压材年产量由12.7万吨增加到178.5万吨，铝板带由23万吨增加到106.6万吨，铝箔由1.8万吨增加到24.2万吨，都远远高于前期发展速度，也比同期世界主要铝材生产国的产量增速要快很多。

尽管如此，中国铝加工行业在这期间也暴露出了一些问题。以铝板带行业为例，由于20世纪90年代以前该行业的整体加工技术装备水平较低，在面对后来市场需求，尤其面对一些如易拉罐料这样的新兴高档产品的社会需求时，无法在短期内推出相应的产品，因而有相当部分需求要依赖从国外进口。

自2001年以来，中国铝加工行业整体规模继续保持高速扩张势头，与20世纪90年代的发展情况相比，相同之处是依然受到了社会用铝需求的强劲增长的拉动。同时由于国家对实力相对薄弱的铝加工行业采取了鼓励扶持政策，营造了良好的投资环境，同时也对铝材出口给予退税政策，鼓励高附加值的产品出口，因而刺激了国内对铝加工行业的投资建设。这些新建项目大多数产品定位较高，主要瞄向国内尚无法完全自给自足的高精

---

① 资料来源：英美资源官方网站。

度铝板带、铝箔产品和大断面工业型材，投资额从几亿元到十几亿元不等，主体加工设备从国外引进。这些新建扩建项目的陆续投产使中国铝加工的产能、产量在进入21世纪后继续保持了高速增长态势。据安泰科统计，在2000～2006年，中国铝加工材产能由662万吨/年提高到1 253万吨/年，年均增幅高达11.2%。同期，铝材年产量也由385.7万吨迅速增加到948万吨。

美国铝业看中了中国铝加工发展的潜力，开始以合作形式进军中国，然后进行一系列的整合工作。

2. 美国铝业整合下游产业链

美国铝业首先看中了中国铝加工发展的潜力，与中国企业成立合资公司，再投入资金取得控制权。中国企业在缺乏资金和技术的情况下，只有引入外资，才是唯一的出路。在1995年，美国铝业与上海轻工设备集团合资成立了美铝（上海）铝业有限公司，其中美国铝业占其60%股权，上海轻工设备集团只得余下的40%。对上海轻工设备集团来说，美国铝业的引入无疑提高了产能，提高了产品质量和设备。产能由1995年的每月不足1 000吨增加到2006年的每月3 000多吨。产品质量方面，优质铝箔生产微细度的提升，从6.3μm到800μm。至于设备，美铝（上海）铝业有限公司增加了3条铸轧线，4台轧机，1台合卷机，2台分卷机，2台厚切机，1台拉弯矫直机和13台退火炉等。在2006年，美铝公司收购上海轻工设备持有的40%股权，成为美铝公司在华的独资企业。美铝透过合资公司在生产铝箔完完全全深入了中国铝业的产业链，进行加工铝获得最大的利益。在2005年，美国铝业又与另一家中资企业中国中信集团公司共同合资了美铝渤海铝业有限公司。投入了资金而取得73%的控制权。美铝渤海铝业有限公司进行铝加工而生产铝产品，包括铝板带箔、空调箔、家用箔、药用箔等。

美铝不但入侵铝加工，并且着手打入中国铝业的下游业务。美铝国际瓶盖系统（天津）有限公司，美铝紧固件系统（苏州）有限公司和海奇线汽车电气系统有限公司都是美铝在中国成立的公司。这些公司是美铝全资拥有，完完全全能做到产业链整合，确保供应的稳定性和准确控制成本。此外，三个公司主要业务都不是透过合资和合并进入中国，可见对下游业务，外资较容易进入中国。

近期美铝与中国客车行业龙头企业——郑州宇通客车股份有限公司为核心合作共同研制开发客车，目标是新款车身采用高比例铝合金打造，较之传统的客车重量减轻约46%，所需燃油更少，温室气体排放量降低。美铝目的更明显——为延长产业链，进军中国的汽车业。

五、美国鹰都铝业集团

1. 铝业的整合机会

国际铝材市场近年来相对平稳，有些地区如北美甚至有一定程度的萎缩，但中国市场却稳步增长。而且，随着国家相关政策调整和人民生活水平的不断提高，这种增长还在加速。中国铝材市场的巨大潜力，对那些国际铝业巨头们来说，无疑具有无法抵御的诱惑力。相信三五年之内，国际铝业巨头将纷纷抢滩中国，中国铝业可以说是已经发展到了一个关键的临界点，还显弱小的国内企业、巨大的销量、成本优势正激发着铝业巨头的并购热情。

铝业整个的产业链是这样的：铝矿开采出来，经冶炼精选出氧化铝，氧化铝经电解后成为金属铝，即铝锭。这种半成品，经中游企业重新熔化，加入其他金属元素，压炼成铝合金。铝合金经倒模，就成为各种铝型材，铝厂生产出来的只是半成品，必须经型材厂加工之后才能应用到建筑和工业上面。型材加工厂如今跨过界限到上游寻找机会，上下游进行融合也是一种发展趋势，关键在于可以拉低成本。因为铝锭市场是一个非常特殊的市场，它实行的是全球统一价，比如现在为每吨 1 360 美元，尽管中国的下游企业已经大幅削减成本，使中国出产的铝材价格维持在每吨 2 400 美元，美国出产的铝材却要 3 100 美元，中国出产的铝材在价格上具有明显的优势。但是，中国的下游企业仍希望能够从每吨 1 360 美元的铝锭中挤出更多的利润，支撑自身的快速成长。并且，由于中国铝业的上游起步较晚，现在业内仍认为有不少机会。

2. 曲线收购

北美第三大铝材商鹰都（Indalex）看中这个机会，于 2000 年 10 月与亚洲铝业组建策略联盟。2001 年，鹰都投入现金 5 亿港元购入亚洲铝业集团旗下一家主要铝型材附属公司的 26.2% 权益，令双方的策略伙伴关系更加紧密。两大集团结盟后，铝型材产能跃居全球第二位。鹰都为全球三大铝型材制造商之一，亦是唯一一家业务遍及北美东西两岸的铝业集团，在美国及加拿大经营 16 家铝型材厂及两家铝棒切割厂。鹰都的最终控股公司 Sun Capital Partners，Inc 为一家美国的大型私人投资公司，主要从事收购，乃至资本、借赁及其他的市场投资，以壮大本身的业务经营。鹰都希望借助亚洲铝业在国内市场的完善管道，让自己的产品顺利进入中国市场。鹰都与亚洲集团合作，还有另一个深层原因是由于北美市场的逐步萎缩和生产成本的不断提高，鹰都集团目前已经关闭了当地五家铝厂。但鹰都不想因此影响自己的产量，因此，势必将这些缩减的生产能力有效转移，而亚洲铝业集团是他们的最佳选择。

鹰都铝业有庞大的国际市场网络，与它合作有助于提高亚铝在国际铝市场的知名度，扩大市场份额；同时，鹰都铝业会为亚铝提供技术支持及培训，协助亚铝技术提升，增强竞争优势。

亚铝随后斥资2亿多元兼并南海南华和宏佳两家铝型材加工厂，迅速扩大国内外市场份额。与此同时，亚洲铝厂已经把广亚、新亚、泛亚、中亚等厂“收编”到自己的阵营之中，亚铝在兼并了一连串的同行企业之后，下一步决定到郑州参股上游企业，生产铝锭。

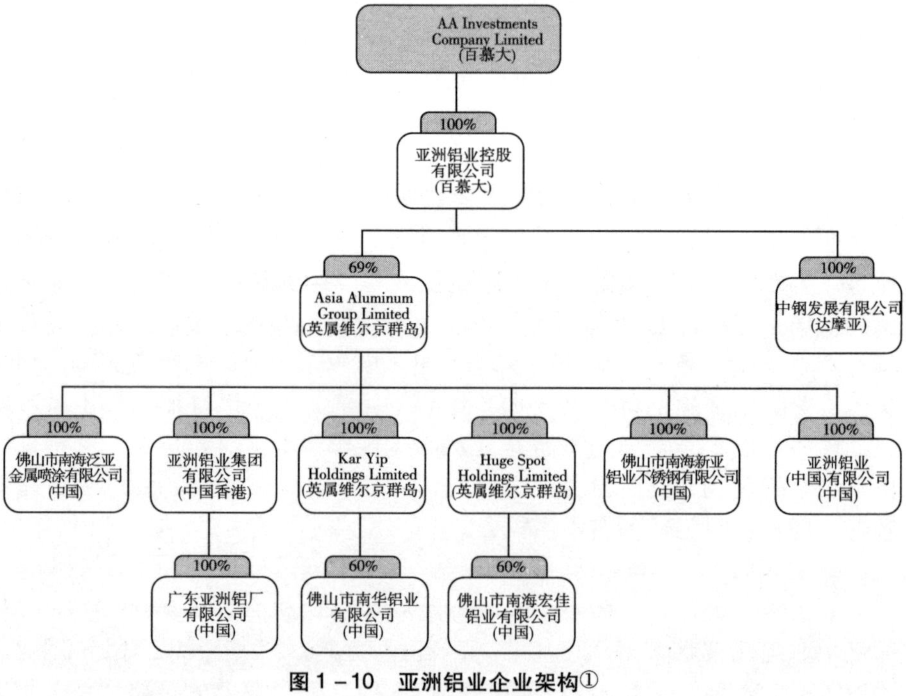

图1-10　亚洲铝业企业架构①

六、加拿大希尔威金属矿业有限公司

1. 加拿大希尔威在中国

加拿大希尔威金属矿业公司主席冯锐博士于2004年组建了希尔威金属矿业有限公司（Silvercorp Metals Inc），并介入河南的银铅锌矿勘探与开发。2005年10月，成为多伦多证交所主板挂牌的公司，2006年，希尔威金属矿业有限公司被收入多交所/标准普尔300成分股和TSX/标准普尔全球黄金指数成分股。目前希尔威的市值已达到15亿美元。2007年净利润

① 资料来源：亚洲铝业集团官方网站，http：//demo. mixmedia. com/aa/web/tchi/corp_ stru. html。

为4.3亿人民币①，成为中国最大的原生白银矿山生产商之一。希尔威到底在中国做了些什么，可以在短短的数年时间得到如此的成就呢？

2. 中国资源被收购的过程（手段）

（1）以合作/合资方式、采取战略性投资

到底希尔威如何以合资方式夺得中国的资源呢？在河南的Ying矿（月亮沟铅银矿）最初是由河南省有色金属地质矿产局下属的河南有色地质矿产有限公司所发现并全权拥有的。但由于开发资金与技术问题，便于2004年以矿权与希尔威旗下一家全资拥有、在中国成立的、名为Victor Mining Ltd. 的公司合资成立了河南发恩德矿业有限公司（Henan Found Mining Co. Ltd.）。如图1－11所示，以合资公司全权持有Ying矿的所有权益。由于外资公司大量的投入资本，得到了对合资公司77.5%的绝对控制权。合资公司于2007年12月再取得TLP矿权，我国宝贵的天然资源就这样拱手相让给外资企业了。

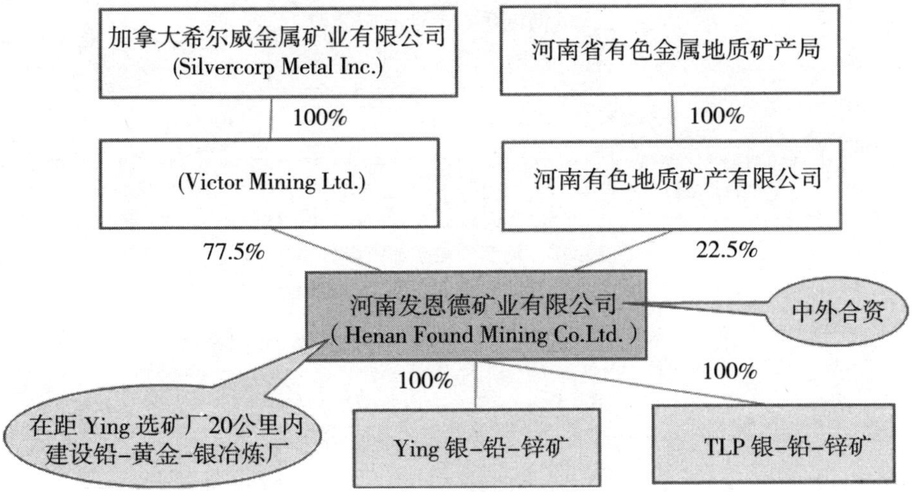

图1－11 河南发恩德矿业有限公司②

注：希尔威透过在中国拥有的子公司，以合作模式与河南有色地质矿产有限公司合资成立河南发恩德矿业有限公司，从而得到Ying矿和TLP矿权。

河南发恩德矿业有限公司坐落在河南省洛阳市西南部的熊耳山上，公司现有员工310人，施工人员800余人，工程技术人员102名，其中高级

① 资料来源：加拿大希尔威官方网站，http：//www.silvercorpmetals.com./。
② 同上。

工程师 10 名，教授级高工 1 名，博士 3 名。公司现有一个 700 吨/日的矿山和一个 1 000 吨/日的选厂。①

位于河南省洛宁县的 HPG 和 LM 矿也是以同样的手法落入外资的手中。在河南洛宁县的 HPG 矿最初是由洛宁县华泰矿业公司全权拥有的。但由于开发资金与技术问题，便于 2006 年 5 月以矿权与希尔威合资成立了河南华威矿业有限公司（Henan Huawei Mining Co. Ltd.）。如图 1 -12 所示，以合资公司全权持有 HPG 矿的所有权益。由于投入资本的比重，外资公司得到了对合资公司 60% 的绝对控制权。合资公司于 2007 年 11 月再取得 LM 矿权，我国宝贵的天然资源就这样再次拱手相让给外资企业了。

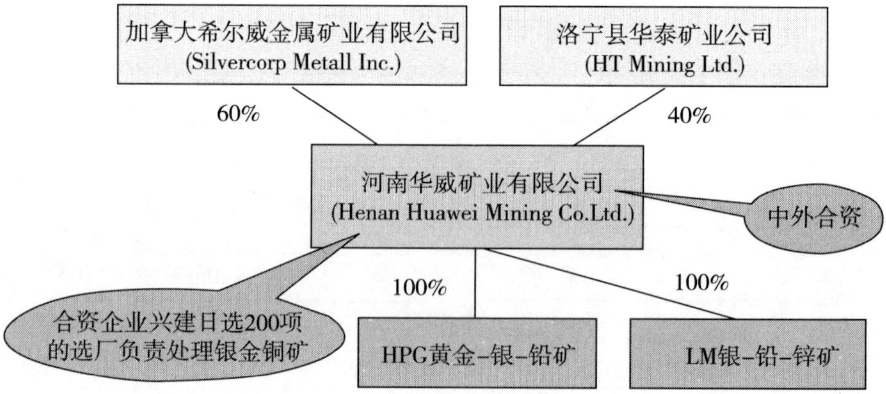

图 1 -12　河南华威矿业有限公司②

注：希尔威以合作模式与洛宁县华泰矿业公司合资成立河南华威矿业有限公司，从而得到 HPG 和 LM 矿权。

希尔威以相同手法夺取了在青海省的银铅锌矿。位于青海省的银铅锌矿原是青海省地质调查院的项目；希尔威透过注入资本和技术，与青海省地质调查院合资成立青海发恩德矿业有限公司（Qinghai Found Mining Company Ltd.），如图 1 -13 所示，取得了合资公司的 82% 绝对控制权。我国宝贵的天然资源就这样以同样的手法落入外资的手中。

（2）曲线收购

外资企业除了利用合作模式来夺取我国资源，还以曲线收购的方法夺取了我国矿产的矿权。在广东省高城和石门头的银铅锌矿便是这样落入外资企业的手中的。

---

① 资料来源：中国矿业网站，http：//www. chinamining. com. cn/。

② 资料来源：加拿大希尔威官方网站，http：//www. silvercorpmetals. com. /。

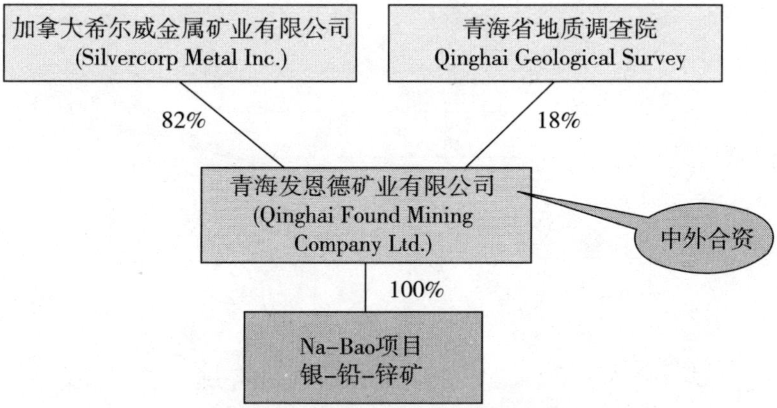

图 1－13　青海发恩德矿业有限公司①

注：希尔威以合作模式与青海省地质调查院合资成立青海发恩德矿业有限公司，从而得到 Na－Bao 项目的矿权。

在广东省高城和石门头的银铅锌矿原是属于长江矿业公司（Yangtze Mining Ltd.）属下的安徽长江矿业公司（Anhui Yangtze Mining Co. Ltd.）所拥有的，如图 1－14 所示，希尔威看准了在广东省高城和石门头的矿后便斥资收购了长江矿业公司，从而得到了高城和石门头的银铅锌矿开采许可证，如图 1－15 所示；根据收购条件，40% 现金支付，60% 以希尔威股权支付。此次收购长江矿业将使希尔威公司实现资源效益的进一步增长。

3. 资源整合

希尔威在河南省进行了战略收购，以合并 Ying 银项目区的银铅锌矿和勘探范围。这为显著扩展资源量和增长潜力提供了坚实的基础。

河南发恩德矿业有限公司认识到，整合资源、扩大矿业权面积，是矿山企业增加后备资源、增加企业发展后劲的重要基础。因此，该公司自成立以来，就把地质找矿放在首位，注入大量风险资金，探明资源储量，把建设现代化的矿山和选厂作为工作的主要目标。截至 2007 年 7 月底，共投入探矿资金 1.4 亿元②，为矿山生产提供了一批可靠的铅锌银矿资源储量。公司立足自身实力，主要通过友好协商进行资源整合。目前，该公司已拥有矿业权面积已达到 76 平方千米③，成功垄断了该区的矿权，为扩展资源量和增长潜力提供了长期的保证。

① 资料来源：加拿大希尔威官方网站，http：//www. silvercorpmetals. com. /。

② 同上。

③ 同上。

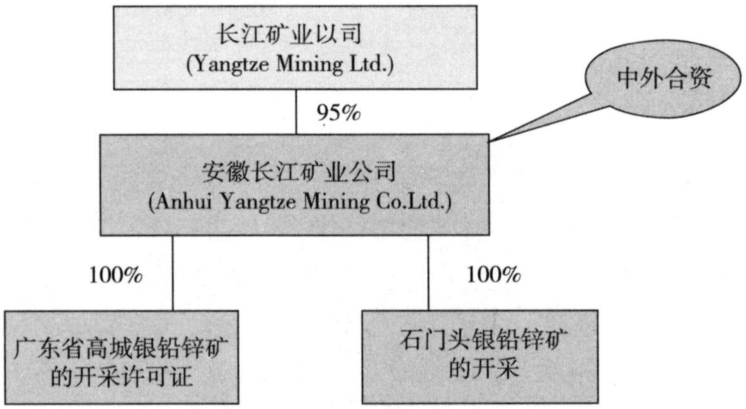

图 1－14　长江矿业被收购前

注：在长江矿业公司被希尔威曲线收购前，位于广东省高城和石门头的矿权原为长江矿业公司所持有。

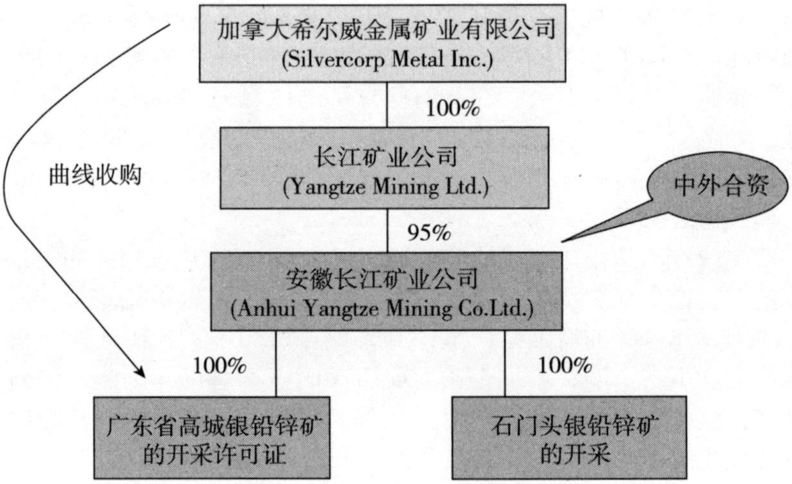

图 1－15　长江矿业被收购后

注：在长江矿业公司被希尔威曲线收购后，广东省高城和石门头的矿权由原为长江矿业公司所持有，转为由希尔威所持有。

七、澳华黄金

1. 澳华黄金的发展历史

1995 年，国有企业中国有色金属工业总公司投资于澳大利亚成立中国矿业国际有限公司。1996 年，中国矿业国际有限公司于煎茶岭开展金矿业务。1998 年，煎茶岭金矿正式投产，而设计黄金产量为每年 65 000 盎司。由于国策鼓励国有企业往外发展，所以澳华黄金于 2000 年 6 月 28 日注册成立时，澳华黄金发行其股份予中国矿业国际有限公司，作为中国矿业国际有限公司向澳华黄金转让煎茶岭金矿的对价。2000 年底～2002 年 8 月期间，中国矿业国际有限公司的权益由 100% 摊薄至 42. 5% ，澳华黄金获注入新资本。为了能有更多资金去开发中国国内其他矿产资源，澳华黄金于 2002 年 12 月 3 日正式在澳洲上市集资。其后于 2007 年 3 月，澳华黄金在香港上市，令中国矿业国际有限公司的权益降至 4. 1% 。从此，一家国有矿业公司就变成外资矿业公司。而原本应属于中国的矿产转眼就变成外资的囊中物。①

2. 澳华黄金的收购策略

由于拥有开采中国矿产的经验，令澳华黄金更有信心继续在中国发展其他金矿。而国内一些省市在发现金矿后，会因澳华黄金的经验而愿意与它合作成立合作企业来开采金矿。而烂泥沟金矿就是继煎茶岭金矿后，澳华黄金在中国国内最成功及最大型的一个新开发金矿。

透过输入技术，澳华黄金轻易取得金矿的控制权。贵州省烂泥沟金矿在最初被发现时已知有超过 60 吨黄金可供开采。2001 年中国黄金总公司、贵州省地矿局、黔西南州政府和贞丰县政府共同组成贵州烂泥沟有限责任公司。为了引入外资的生产工艺及技术水准，它们与澳华黄金联合建立中外合作企业——贵州锦丰矿业有限公司，共同开发烂泥沟金矿。由于国内欠缺的生产工艺及技术水准，澳华黄金只需出资 210 万美元就可以轻易取得合作企业的 85% 控制权，相对中方只提供采矿权及初步勘探矿权的经费而获得的 15% 控制权。明显地显示中方亟须此技术才能开发金矿，同时又缺乏充裕资金，因此澳华黄金可享有较大的筹码去商讨合作。

得到烂泥沟金矿的开采权后，澳华黄金利用本身拥有的技术及生产工艺再去夺取另一个金矿——白山金矿。2003 年 6 月 26 日，澳华板庙子与通化订立中外合作经营企业协议，成立白山中外合作经营企业，而通化则为一家国有企业。这次成立的合作企业，澳华黄金于最初期只需付出 80 万美元便拥有了 80% 矿权，直至后期发现有充裕的矿产才加入新资金 500 万美元以配合公司发展。但到最后，澳华黄金亦不放过任何机会去增加本身利润，透过原先订立的协议，澳华黄金可享有额外购股权，只需再付出 500 万元人民币就可以取得额外的 15% 的矿权。因此到最后，澳华黄金就可享有总数 95% 的矿权，令白山金矿的绝大部分利润都落入澳华黄金的口袋中。

---

① 数据来源：澳华黄金招股书及年报。

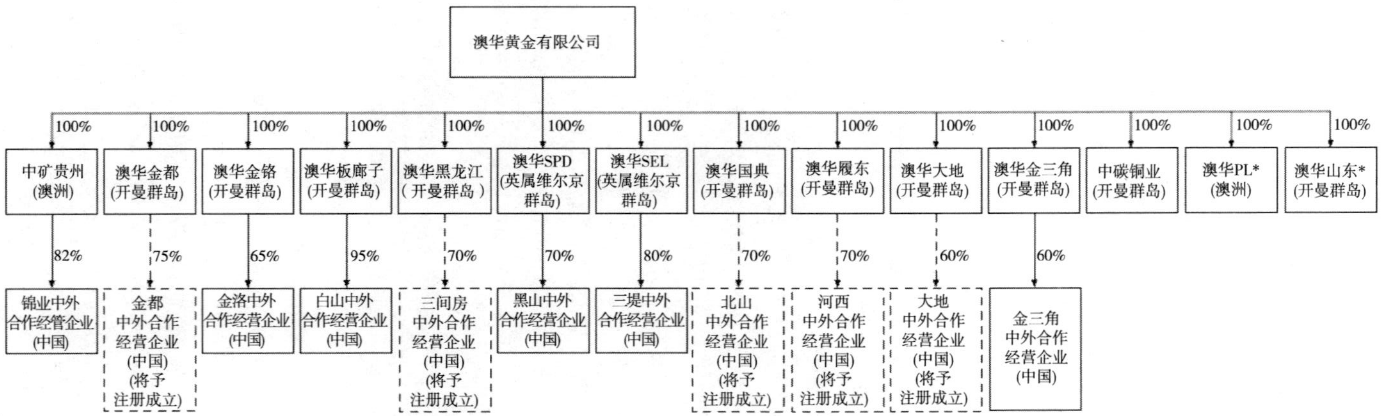

*没有业务活动的公司。

图1-16　澳华黄金有限公司①

① 资料来源：澳华黄金招股书。

在此以后，澳华黄金在中国的发展就更无往而不利。2001～2006 年，澳华黄金在中国就签订了额外的九家合作企业，地点亦遍布中国不同省市，包括：金都、金洛、三间房、黑山、三堤、北山、河西、大地及金三角中外合作经营企业，而所拥有的控制权都超过 60% 。在这五年间，澳华黄金的快速发展，进一步稳固它在中国的位置及发展前景。令澳华黄金在未来中国的发展，有更好的基础与其他省市开展合作企业。

3. 澳华黄金拥有的独家信息

过去 50 多年间，各省市国有地质大队一直有系统地勘探中国属土并为中国属土绘图。其中已发现不少成矿远景区及矿山，并建立了大量的地质数据集。然而，由于上述数据并不集中，再加上由多家独立的国家及省市勘探或采矿组别所拥有，较少与外界分享上述数据，故大多数的数据不能轻易被获取。

但据澳华黄金所解释，只要妥善编制、评估及分析现有数据，目前部分仅拥有少量已确定资源的中国矿床，均具有成为大型项目的潜力。

同时，澳华黄金现有管理团队的若干成员于 1999 年 1 月展开 China Review Project，收集各地区的数据。经过三年时间后，澳华黄金已编制、评估及分析全国各地区的采矿及勘探数据。虽然 China Review Project 的初步工作已于 2002 年 11 月完成，但其中数据亦一直不断累积更新。澳华黄金的经理及雇员利用一系列数据来源（包括国有地质大队、其他采矿公司及政府机构所得数据），进行开采前之初步工作。China Review Project 至今已包括内含超过 8 000 个已识别黄金矿床或矿山以及另外约 2 000 个基底金属矿床的可执行检索数码数据库。

拥有了 China Review Project 后，澳华黄金就能更有效地与不同省市商讨合作。对于每个矿床或矿山已有足够的数据，澳华黄金在与国内不同省市成立合作公司时就能更清楚对方的底线及可得到的潜在利益。相对于中方，由于自己的底牌已被对方知悉，所以在谈判过程中就变得更被动。不只欠缺技术，就连想在矿床含量上做手脚以夸大数目亦不能。因此只能任由澳华黄金主宰整个合作过程，令中方最终只能得到极少的矿权。

八、格瑞芬矿业公司

格瑞芬矿业公司（Gnffin Mining Limited），是在中国首家由外资拥有及营运的矿山开采公司。它们在中国河北省的蔡家营矿山，以每年开采 5 万吨锌矿石的产量，再加上提炼在矿石中所附带的金、银及铅这些贵金属，已经在过去几年内，将格瑞芬由一家初级的勘探公司，变为一家每年制造几千万美金利润的矿业公司。究竟它的成功，全是因为它们在中国找到了一个有丰富含量的锌矿山，还是另有原因呢？

1. 格瑞芬如何进入中国

在以前，中国的矿业权多数由政府无偿地分派给指定的国内矿业开发公司，外资想在中国取得采矿权的机会可以说是等于零。但是，当中国在2001 年底正式加入世贸组织之后，中国在各个行业也开始采取对外开放的政策，而矿业也不例外。由以往的不许外商参与矿山的开采，到准许外商参与竞标国内矿山的开采权。可见转变是多么得大，而对中国矿业的影响亦非常之深远。

正因为这个转变，亦使得格瑞芬矿业公司能够有机会成为第一家在中国取得采矿权的外资公司。它们透过与中方合组的子公司，在 2002 年 3 月获得国土资源部批准的蔡家营铅锌矿采矿许可证。及后委托澳洲 CSA 公司及中国有色金属研究设计院共同进行对蔡家营铅锌矿开采的可行性研究报告和矿山的设计，正式踏入中国的采矿业。

2. 略夺资源的手段

（1） CJV 的合作模式

什么是 CJV 的合作模式呢？CJV 是合作合资的意思，而一般的合资大多是 EJV，亦即产权合资的意思。这两种合资的模式在很多地方也十分相似，当中最大的不同之处，是在于合作合资公司中的收益、控制权和风险等不是根据双方所投进的资金来计算，所有的条款都是经过双方的商议后得出来的。相反而言，EJV 的合资公司中的收益、控制权和风险等都根据各方的合资比例来摊分。

（2） 不公平的条款剥削利益

为何在矿业的合资合作中，外资能够轻易取得大部分的收益，而中方仅能够从合作中获得一至两成的收益？这都是由于中外的矿业合资大多采用 CJV 的合作模式。CJV 的合作模式和其他的合作模式的最大区别，便是由合作经营所带来的收益，并不是按双方的合资比例来计算摊分，而是从合作的合同中所订立的条款来确定各方在收益中所占有的比例。不仅如此，在合作的合约中还可以订立各种不同的条款。那些美其名曰保障双方的合约条款，在外资的手上就成了有效的掠夺资源和金钱的武器。

1994 年在河北省与中方合作的格瑞芬矿业公司便是一个被外资剥夺利益的典型例子。当年，英国的格瑞芬矿业公司，和河北省的地质矿产勘察局及张家口市政府合作，成立了河北华澳矿业开发有限公司，共同在河北省合作开发蔡家营铅锌矿项目。1998 年，河北华澳正式取得了中国第一个合资公司的固体探矿权证，亦即允许该公司在蔡家营内一块约 11.3 平方公里的土地上进行探矿的工作①。2002 年 3 月，河北华澳公司亦正式成为中国第一家外资控制的合资公司取得了矿山的开采权证。当中的开采范围为 1.56 平方公里，在原先的探矿权证所包围的土地上。

在组成这家中外合作公司的方法上，双方所采用的合同合作模式，即是以合同为本的合作模式。在中国，大部分的矿业合作也是采用这一种合作模式。它们的合约中，中方会投入探矿权与采矿权，因为根据中国的法律，这两权是外资无法直接拥有的；而外资则投入了开采技术、管理人才及资金。外资在河北华澳矿业开发有限公司占有了 60% 的权益，而中方则拥有 40% 。表面看来，他们这次的合作中差不多各有一半的权益，并没有特别给外资剥夺。但当我们细心地留意合约的条款，便可以发现当中的故事并不是这样的简单。在合约中，中方同意把蔡家营头三年的开采利润，全部交给格瑞芬。由 2005 年开始录得的开采利润起计算，这条不平等的条款便为外资轻易地侵占了 4 亿多元人民币（表 1 -3）。

表 1 -3　头三年格瑞芬在蔡家营矿山开采所录得的利润

年份	（USMYM）营运利润（元）
2005	1 283 000
2006	28 144 000
2007	26 762 000
合计	56 189 000

注：格瑞芬在蔡家营矿山开采所带来的营运利润十分可观，由 2005 年开始录得利润至 2007 年，总数为 5 600 多万美元，以当时的汇率计算约为 4 亿多元人民币。

（3）不平等的合资比例

2004 年，格瑞芬重施故技，但中方能否从 10 年前外资的不平等合约中学到了教训呢？从他们这次的合作合约当中，我们可以看到他们的再次合作，外资所剥夺的利益较 10 年前更加严重。在蔡家营铅锌矿的外围，外资继续发现更多的矿产资源。因为在 1994 年的合作中并未包括这个区域的开采权，所以外资再一次提出和中方合作开发这一带的资源。河北省地质矿产勘察局和张家口市政府与外资再次合作，让新成立的公司来申请新的探矿权。新的探矿权包围着原来探矿权的 11.3 平方公里，达 55.7 平方公里之广②。外资眼见在 10 年前的条款中，中方都这么容易的答应，外资便

① 资料来源：格瑞芬矿业网站，http：//www. griffinmining. com/gm_ project. asp。

② 同上。

变本加厉，开出更加严苛的条件。虽然再没有像将头三年的收益归外资所有的特别条款，但这次的外资却占有了 90% 的权益，而中方则仅有 10%①，基本上是将整个矿山双手送给外资一样。

九、加拿大明科矿业集团

1. 企业背景

加拿大明科矿业集团是由明科金矿公司、明科银矿公司、明科矿业（中国）有限公司及 6 家中外合作矿业公司组成的综合性矿业集团公司。明科金矿是集团的核心，创立于 1984 年，是一家加拿大温哥华上市的初级勘探公司，勘探目标是金矿。明科银矿公司创立于 2005 年，总部设在加拿大温哥华市，并在加拿大多伦多证券交易所上市，主要从事银矿业务。明科集团据称是中国第一家与国外初级矿产勘察公司合作的矿产勘察企业。明科集团以投资有色金属、贵金属的勘探和开发为主营业务，于 1994 年进入中国。10 多年来，它在中国投入风险勘探资金约 2 亿元人民币。它在中国拥有 16② 个金探矿权和一个采矿权，还有若干在谈勘探和开采项目，当中的矿源不少都是含量丰富的高质量矿产。虽然如此，但到现在为止还没有一个矿能够成功被开采，时至今日，这家企业还在中国运作，是为数不多、长期坚持在中国开展风险勘探的国外初级矿产勘察公司之一。

2. 明科如何进入中国

明科集团在进入中国之初只是一家初级勘探公司，它的技术和实力当然不能和其他大型的矿业公司相比。但为何明科在众多想进入中国的矿业公司中脱颖而出，成功进入中国 10 多年仍屹立不倒呢？

（1）明科金矿

明科金矿在中国所得的矿产资源都是透过与中方地方政府成立中外合作公司的模式来实现的。以位于广州西南的长坑金矿为例，该项目位于广东佛山市高明区富湾镇江根村北部，其中已探明储存量有 210 万吨含金量 5.61 克/吨和远景储量 220 万吨含金量 4.82 克/吨③，该项目目前准备进行开采可行性研究。明科金矿其下的明科中国与广东省地勘局成立了合作公司——Guangzhou Minzhong Mining Co.，Ltd 共同开发长坑金矿项目。明科中国投入 710 万美元资金、管理人才和技术得到 51% 的合作公司权益，而广东省地勘局和其他两家民企则“投入”680 万美元占公司权益 49%。但与此同时中外合作公司又以合计 680 万美元成本从广东省地勘局 757 小

---

① 资料来源：格瑞芬矿业网站，http://www.griffinmining.com/gm_project.asp。

② 资料来源：明科金矿 2008 年 10 月份简报。

③ 资料来源：明科金矿网站，http://www.mincogold.com/s/ChangkengGold.asp。

队将长坑金矿勘探权买过来，而这个680万美元的售价转让更获得国土资源局的批准。换言之，广东省地勘局实际上没有拿出过一分一毫的资金，而是变相投入长坑金矿的勘探权，换取合作公司权益49%①。

长坑金矿只是其中一例。明科金矿在中国拥有的其他金矿权益，亦都以类似中外合作公司的方式得来。

（2）明科银矿

2004年，明科金矿将其拥有的银矿项目打包成立明科银矿，于2005年12月成功在加拿大上市，并持41%明科银矿股权，即1 300万股。明科银矿全资拥有含量达世界级的富湾银矿，条件是只要当实现投产时分予广东地质勘察局10%的利润。这个位于广州市富湾银矿蕴藏超过1.5亿盎司的银，平均含银量182克/吨②。该项目有望于2009年底投产，选矿厂矿石处理量预计为5 000吨/日，副产资源为铅和锌。虽然明科银矿成立以来，其矿产财务上并未有收入，暂时还处于亏损状态，然而明科银矿凭借拥有富湾银矿的开发权而成功上市融资，投资者还是看好明科银矿的业务前景。

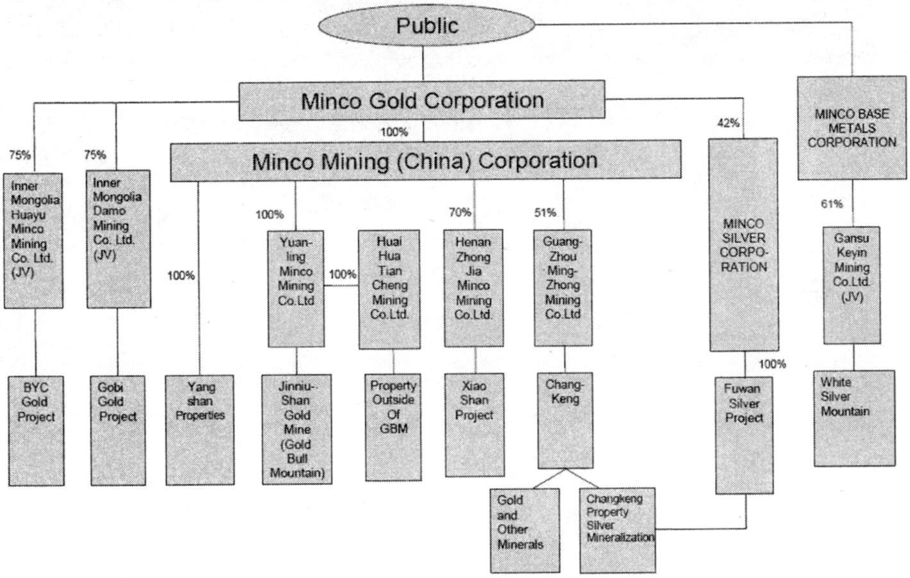

图1-17　明科金矿权益③

注：明科金矿实现拥有中国矿产的来源来自和中方成立中外合作公司，投入资金并在合作公司获得大部分权益来实现的。

① 资料来源：明科金矿网站，http：//www.mincogold.com/s/NewsReleases.asp？ReportID=289872。

② 资料来源：明科银矿公司2008年11月简报。

③ 资料来源：明科金矿2006年年报。

3. 明科中国主要矿产项目

表 1－4　明科金矿在中国的金矿项目

项目	地点	明科权益	储量	合作公司
长坑金矿	广东省佛山市高明区富湾镇江村	51%	探明黄金 379 000 盎司、远景储量 333 400 盎司	Guangzhou Minzhong Mining Co.，Ltd
长坑银矿	广东省佛山市高明区富湾镇江村	100%	已探明有超过 1.5 亿盎司的银，平均含银量 182 克/吨	分 10% 利润与广东地质勘察局
戈壁项目	内蒙古自治区西部戈壁大沙漠，距宁夏银川市以北 300 公里处，面积为 550 平方公里	75%	初探平均品位为 14.79 克/吨的黄金和 1.25% 的铜，矿床底部蕴藏有品位为 20% 铜的大型硫化物层。2002 年勘探发现了近 500 米的黄金矿化带	大漠矿业有限公司（Damo Mining Co. Ltd.）
阳山金矿带	川、甘、陕金三角地带	100%（12 个探矿权约 998 平方公里）	储量不详	2004 年 3 月与甘肃地矿局第二勘察院签订《合作开展勘察和开发甘肃陇南地区金及多金属矿产资源的合同》，2005 年明科矿业取得勘探许可证
金牛山金矿	湖南沅陵	100% 探矿权（0.178 平方公里）和开采权（16.78 平方公里）	处于老硐整理和矿区外围勘探阶段	2005 年明科从该地区黄金公司转让获得
萧山金矿	河南陕县县城东南方位，距陕县县城 45 公里，隶属陕县西张村镇管辖	70% 葫芦峪（17.1 平方公里）产权和大方山（12 平方公里）探矿权	储量不详	河南中加明科矿业有限公司

第二节 中国矿业整合之路

【本节导读】

外资企业在面临政策规管下进入中国矿业的手段，主要有两个：

（1）外资企业不采取对抗态度，而是以合作/合资方式，采取战略性投资取得开采权及矿产权益；

（2）外资以曲线收购及参股方式，进行一连串的收购及参股项目；

透过上述手法，外资成功地减少了并购矿业公司政策上的风险，规避了舆论的压力，从而加快了收购的速度。外资成功进来以后，就可以大肆整合资源产业链，并以此来调整自己的经营策略，得到最大的利益，把中国的政策规管玩弄于股掌之中。长此下去，中国矿业可能有一天会成为外国人的天下，这是非常严重的危机。

面临这个危机，我们必须予以正视，因此我们提出以下的建议：

（1）政策上，中国需要真正的产业链整合，而非价格整合。比如说煤电目前只靠价格调控，只会弄得两败俱伤。真正整合产业，才是解决煤电互相竞争的长远策略。外资的成功正是因为他们懂得整合产业链而不断强大。

（2）中国并非没有技术、管理和资金，但只限于大型国企。我国矿业目前面临的问题是行业集中度低，小型企业占了大多数。小型企业在行业低潮时就很容易给外资造就一个入侵的机会——地方政府常为了自己的利益引进外资的技术、管理和资金，结果双手把矿权送给外资。因此，中国矿企必须整合以加强行业集中度，以改善地方企业的技术和管理。解决了中国自身的问题，根治中国矿业的弱势，不给外资可乘之机，才能让国家经济高速发展的命脉不致受外国人掌控。

（3）矿业是重要的资源，不能让地方政府随意断送给外资。必须密切关注外资可能进入的非法管道，建立和强化司法审查制度等加以堵塞。我们希望政府能正视问题，在危机扩大前出手阻止，避免外资吞并中国矿业。

一、云南麻栗坡：矿业整合的困难之处

20世纪80年代，麻栗坡县仅有少数几家国有和集体矿厂开矿，由于矿价低廉，导致私营企业和村民“挖小矿”应运而生。自2000～2005年，麻栗坡全县167平方公里矿区的矿权共分发予17家企业。而17家企业总计获得23项矿权，其中探矿权12项，采矿权11项。但由于麻栗坡政府对当地矿企监管不力，同时公务员普遍参股现象令大部分矿业公司都能想方

设法逃税，一些矿企甚至成立数年而从未上缴过一分钱税，因此政府坐拥丰富的矿产而税收低微。另外，由于政府早年批出的矿权过于宽松，因此麻栗坡县的矿权所有人并非都是具备开矿资质的企业，“大矿小开”、“一矿多开”的无序生产场景随处可见，资源滥采、违规排放屡屡发生，而“全民皆矿”更令当地生态环境遭到严重破坏。政府为此要额外付出高昂的资金作为环境保护费用。

1. 中央政府对矿产资源整合

2006 年，国务院下发《对矿产资源开发进行整合的意见》，令全国矿产资源整顿的大幕开启。而麻栗坡县政府亦希望借此机会整顿县内的凌乱矿产业权，从而增加税收及解决开矿所造成的环境问题。为解决矿业企业规模少、技术低、行业高度不集中而引起的资源浪费、环境破坏等问题，中央政府于 2007 年通过采取“高效率整合”政策。根据国务院《对矿产资源开发进行整合的意见》（称 108 号文），强调矿业整合须以“政府引导，市场运作”为原则。

2007 年 2 月，政府决定将全县 167 平方公里矿区的一切权益，转让给来自福建的矿产巨头紫金矿业，进行统一规划、开采及经营，以期达到“治理乱开乱采，实现资源规模化、集约化经营，兼顾环保与安全”的目标。然而，被整合的当地 17 家矿权持有人，多年来以转包、租赁、合作等形式依附于这 17 家矿权人的数百家企业，令矿权错综复杂；再加上历年来矿区内与矿共生的农民，无证私自开挖矿物；矿产整合对这些固有利益团体的影响令他们站起来共同维护多年经营的“权益”。

在整个交易中，紫金矿业承诺包括：“十一五”及“十二五”期间无论赢利与否，每年须向当地政府上缴数千万元税收；同时，出资设立麻栗坡教育扶贫基金；出资对矿区村镇实施“新农村建设”；赞助建设县医疗康复中心、县城中心广场，以及参与投资办学、在当地建四星级酒店等。而政府则须集中负责对当地矿业秩序进行整顿。估计紫金共需拿出 17 亿元去实践这些承诺。

2. 矿产资源权益冲突

县政府于是走上前台，以行政力强推矿权收购。从当地政府与紫金矿业成立的合资公司紫金钨业开始，随后紫金钨业又陆续开设了六家子公司，垄断麻栗坡县所有矿产的开发、加工与经营。由于麻栗坡整个矿产秩序非常混乱，股权太复杂，有的矿井可能已经转包三五遍，引起“新矿权”估值之争。而麻栗坡县政府又认为，市场化的逐一谈判，一来会因成本过高而赶跑投资整合者，二来“太浪费时间”，最后企图以行政手段去结束僵局，结果酿成洒西村“4·20 流血事件”，这正是矿区村民与政府、矿企三方长期矛盾的一次最恶性的爆发。政府认为只需要向17家矿权人作出收购，不需要向其他依附着的公司或村民交涉。矿区村民执意要求补偿；政府却利用行政力量强行无偿收地；而矿企又夹在政府和村民的纷争之中；它们三方之间的冲突，已造成一道难以弥合的伤口。

而今，由行政力量强力推动麻栗坡县矿产整合，至今逡巡不前：17家持有矿权的企业中，仅5家国企正在向紫金矿业办理部分矿权的变更手续，其余12家的谈判仍在胶着之中。资本市场的收购意愿与实力，与地方政府重组矿业资源的意志，在国家推动矿产资源整合的大势下看似融为一体，然而实施并不容易。麻栗坡个案揭示了以行政力取代市场化矿权交易的高昂成本，暴露出矿权与农民土地权的长期矛盾，是矿业高效整合的失败例子。

3. “大放”至“紧收”政策

回望2005年，政府盲目引资，导致上百家形形色色的投资主体涌入麻栗坡，以错综而显失规范的矿权流转方式投入矿产开发。高峰期形成全民开矿的图景，就在不远的昨天。现在，从“大放”至“紧收”不足三年，多方俱败，覆水难收。

困境并非麻栗坡独有。自2006年末以来，一场浩大的全国矿产资源整合已拉开大幕，纷繁复杂的矿权评估、收购与重组正在各地风起云涌。高效整合矿业的路长远来看是有利的，但中央政府在制定有关政策的同时，更应设立机关监察各地区政府有效执行各政策细节，以防止类似“政府引导，市场运作”被误作“政府主导，强行运作”等的手段误差的出现。

二、环渤海五省区：矿业整合的成效与问题

1. 矿业整合的成效

中国矿业面对外资的入侵，无力招架，其中一个重要原因是我国矿业的整合度不足。目前美国前4家煤炭企业市场占有度为47%；澳大利亚前5家煤炭企业占有度为72%。而我国神华、大同、山西焦煤、兖矿、中煤能源、淮南、平顶山和开滦等8家特大型、大型煤炭企业，占全国煤炭产量的比重只有20%左右。整合度低令我国在原材料的采购以至制成品的价格都难以在国际市场上拥有话语权。这亦是我国为何要加快整合矿业的一个重大原因。中国近年已经踏进了整合的道路，我们来看看整合后实时看到的好处：

（1）改善矿产资源生产

整合重组之后，国有企业的数量在减少，但是资产、工业增加值等各个方面都是迅速增加的。减少的重要原因，应该是纵向并购的结果，比如中央并购地方企业，省级并购市级企业等。

以抚顺铝厂为例，为了保住并发展这个“生产出中国第一块铝锭”的老厂，铝厂必须扩大产能，而作为高耗能行业，国家的审批极为严格，没有央企的资源，很多项目只能望洋兴叹。导致一些企业私下开工，等到干成了，再想办法合法化，比如与央企合资。抚顺铝厂加入中铝后，它的矿产、环保和自备电厂等问题，很快就有了突破。2006 年 8 月，中铝公司在合并不久就斥资 60 亿元人民币对新收购的辽宁抚顺铝厂进行改造，并新建年产 19 万吨电解铝的设施，配套建设两台 30 万千瓦的发电机组，使抚顺铝厂未来的产能增至 30 万吨。

（2）对原材料有了充裕保障

以往当企业还未被国企或央企收购的时候，在原材料的采购上往往都是处于被动的角色，没有价格的话语权，难以保证原材料有稳定的供应。但当成了国企或央企的车间后，所有的情况便来了个 180 度的转变。就像山西最大的化肥企业丰喜集团，在 2008 年 5 月被地方国企阳煤集团收购后，他们的总经理马安民便说：“我们一直都是阳煤集团的大客户，知根知底，一拍即合。”

近几年，央企成了受宠的对象，除了庞大的经济实力，央企还有外资和民资所不具备的政策资源。例如钢铁等国家严格限制的项目，被央企整合后，更容易拿到开工牌照。没有央企的金字招牌，加上资源性产品在国内外集中度大幅提高的情况下，民企难免“势单力薄、寸步难行”。然而，与国企合营或被收购在一定程度上使民企的原材料供应有了充裕保障，还有了一个强大的资金后盾，增大了抵御市场风险的能力。

（3）降低受金融危机的影响

在今年的金融危机爆发后，全球不同的企业也受到牵连。很多企业也进行了减产、停产，甚至走上关闭的命运。但是，已经是国有企业的丰喜，大股东已经变更为阳煤集团的丰喜，“天塌下来也先有高个子顶着”，压力自然小了许多。

（4）更容易取得资金

一家普通企业要取得资金并不是一件容易的事情，要么找出新的投资者，要么从银行借入贷款。要找到投资者并不容易，银行也不一定会给你贷款。就算遇到好的项目，也可能因为没有资金而做不了，又或要与其他的企业合资而得不到更多利润。就以运城的关铝集团为例，在资源性产品在国内外集中度大幅提高的情况下，关铝股份深感“势单力薄、寸步难行”。他们在 2005 年打算上一个 20 万吨氧化铝项目，但是贷不到款，最后只能找到中国铝业来合资，因为中铝是央企。结果当中 5 亿 ~6 亿元的利润也因为合资的关系不得不被人家白白拿走。从那个时候起，关铝集团就打算找一个可以背靠大树好乘凉的好人家了。结果，2006 年关铝开始与五矿集团接触，到 2008 年终于将关铝股份 29.9% 国有股无偿变更至五矿集团名下，五矿集团由此成为关铝股份的第一大股东。关铝股份副总张久明说，五矿集团是世界 500 强，我们的原材料供应、产品的销路、资金的供应等都有了保障。

在通过我国政府大力推行各种整合重组之后，企业的行政级别几乎都向上走了一步，市级国企变省级国企，省级国企变央企。据国资委公布的数据显示，国资委成立的 5 年来，央企年平均营业收入增长都保持在 20% 左右，是全国平均 GDP 增速的两倍左右。

2. 矿业整合所产生的问题

虽然中国已踏出了矿业整合的步伐，也带来了不少成效，但中国矿业的整合之路绝非一条平坦大道。中国目前在矿业的整合过程中还产生了不少本来没有的问题，包括下面这些：

（1）行政挤压民营企业生存空间

矿业的整合，有两个情况：一是完全市场化的结果，双方都自愿，对各自发展真正有好处；二是利用行政办法挤压民营企业生存空间，进行垄断。我们愿意看到的是前者，但目前的情况刚好相反。

国企利用行政力强行整合民企，然后央企再运用行政力强行整合地方国企。以神华的收购为例，令民营矿主感到难以接受的，除了神华报出的价格，还有收购方式——神华已经不和这些煤矿主谈了，他们转向了当地政府部门，如果用在当地的投资作为筹码，政府会不会在行政许可上把这些煤矿给卡死？一旦年检不能通过，这些煤矿只能被动转让，因此地方企业不得不就范。以关铝为例，此前，这家公司因为一个项目贷不到款而被迫和一家央企合资，曾被凭空多拿走了几个亿的利润。这家山西省最大的综合型有色冶炼加工企业现在已经成为了央企，代价就是将大股东关铝集团的股份无偿划转给了央企中国五矿集团。成了央企，虽然变成了一个生产车间，但却不用自己去势单力薄地去和市场竞争，那样风险太大了。

这种行政性垄断，对整个行业发展都不利。我们期待的整合，是要基于市场行为，使管理优良的企业自然收购管理不善的公司，而非把管理优良的公司逼入死胡同，然后强行把一大批良莠不齐的企业并入央企。这种粗劣的手段，只会把优良的企业以至整个行业给扼杀了。我国《反垄断法》最大的缺点就是没有规定行政性行为的垄断。

（2）整合过于依赖政府

矿业的整合过于依赖政府的隐性财政和高压政策的支持，而非靠管理和运营上的实力取得控制权。民企靠国企、国企靠央企、央企靠政府，而政府靠经济连年增长的财税增长。政府由此偏爱投资拉动，尤其是事关经济命脉和拉动央企增长的基础设施、能源重化工项目。

在新一轮的国有化，一方面央企有迅速做大、争取行业前三以免被国资委枪毙淘汰的动力；另一方面有地方国企抱团取暖、割据一方，谋求相对市场垄断的欲望；还有一方面是被整合方希望有靠上一棵大树、捧上一个国企或央企铁饭碗的需求。再加上中央与地方政府支持、民企生存环境恶劣、经济形势下行，种种力量交织在一起，在资源行业出现了民企国企化、国企央企化、央企政府化、政府重型化的现象。

即使管理不善，只要是央企就享有特权。包括央企在内的中国国企之所以能够迅速扩张，政府的隐性财政支持起着决定性的作用。以往民企对着银行点头哈腰，对方还不一定搭理你。而银行对央企的态度，甚至都是“麻烦你贷一点儿吧”。央企兼并或国企重组之时，往往都是银行授信之日。2008 年 8 月，河北钢铁集团刚刚重组完成不久，即获得中国银行 480 亿元的巨额授信额度，这是有史以来河北省企业获得银行数额最大的授信额度；2008 年 12 月，山东钢铁集团重组民营钢铁公司日照钢铁还未敲定细节，就获得了超过 1 000 亿元的银行授信额度。反之，地方企业要发展就处处受阻。就像刚才铝业那几个民企的例子。

这种政策的倾斜不能说没有优点，某种程度上确实加快了整合的速度，但过于盲目了。凡是央企不管好坏都扶持，凡是民企不管优劣都打压，这样把整个行业的生态环境都破坏了，不少优良的企业可能被迫纳入管理尚未完善的央企之下，对整个行业来说并不是一件好事。

（3）“收而不管”的整合并购

过度扩张，再加上管理不完善，使整合后的国有企业面临价格下跌的巨大风险。如抚顺铝厂加入中铝后，原料由中铝内部统一调拨，铝厂只负责生产，虽然再不用为氧化铝的问题到处“磕头作揖”，但随着美国金融风暴的影响加剧，往日风光无限、只谋求数量扩张的央企正在品尝苦果。曾大举收编地方企业的中铝集团在各地方炼厂纷纷减产停产，甚至近两个月总亏损逾 20 个亿。随着铝价暴跌，铝产能过剩，中铝正在面临电解铝减产 18% 以上、氧化铝减产 38% 的局面，大批地方生产公司将被迫减产甚至停产，工人的工资被拖欠，使整合的原意和目的名存实亡。

在整合之后，大部分被央企化的地方国企沦为一个生产车间，比如抚顺铝厂，在被中铝收购后，现在只负责生产，原料和产品的购销、价格和市场、企业的未来，都统一由中铝负责。在某种程度上说，这种形式也是必然的，但是企业的整体战略都必须小心策划，充分和灵活地利用各地方国企的优势（固然不能生硬地把所有地方国企变成生产车间），并加强在风险上的管理，减少扩张的风险。

（4）不着重改善生产

国企与民企竟以赌价格定生死，而非着重生产上的改善，这种风气要不得。中国钢铁业最近陷入了亏损的考验，表面上主要的亏损是来自市场需求疲软、钢价暴跌，但真实原因却是国有钢厂囤积铁矿石失手，这就是在这次亏损中，为什么民企反而率先点火复苏的原因。中国的铁矿石有双轨制，国企能够进口便宜的长协矿，并且囤积倒卖给民企，不料今年现货矿跌破长协矿，国企要为压在港口的8 000万吨和压在自己仓库里超过4个月的铁矿石库存埋单。往年，国企赌对了长协矿涨价，下游行业埋单，今年国企赌输了，如果国家收储的话，就是财政埋单。国企有政府或纳税人的金钱支持，必然不死，在这样的形势下，不管民企的素质好坏，遭殃的一定是它们，再者央企这样浪费纳税人的钱，对整个行业来说也毫无益处。

第二章
跨国企业于中国水泥市场的并购秘籍

【本章导读】

“美国AB”入股“青岛啤酒”，“可口可乐”计划收购“汇源果汁”，“沃尔玛”兼并“好又多”，“联合利华”取得“上海牙膏厂”的控股权，“拉法基”鲸吞“四川双马”……只要你留意新闻，跨国企业于中国各行各业的并购消息比比皆是。跨国企业入股或收购国内企业好像已成为一种大趋势。究竟为什么呢？

有人说：“因为被收购的中国企业赚钱的能力很大。”有人说：“因为中国企业的资产估值偏低，根本是低价买便宜货嘛！”又有人说：“因为收购以后可以有协同效应啊！”这些解释合理吗？只要你用心分析一下，你会发现，许多的跨国企业于中国的并购中，都不是要买最赚钱的公司，也不是看中了便宜的并购品，更不是纯粹为了所谓的协同效应。那么到底是为了什么呢？

让我们透过对跨国企业于中国水泥市场并购的案例分析，揭露出跨国企业成功的秘密，也就是我们所谓的并购秘籍！

“四川双马”2000年初还是一家乡镇规模的中小企业。然而踏入2008年，毛利率却爬升到29%，比我国第一大水泥企业“安徽海螺水泥”还要高出4个百分点。原因是什么？从外资拉法基2005年入主“四川双马”带来的一步又一步的改进，我们就知道答案原来并不难理解。

拉法基进入中国发展水泥行业，是从6+1的产业链的强化入手。所谓6就是产品设计、原料采购、仓库运输、订单处理、批发经营及终端零售，而1就是生产制造这一环。

首先利用ISC的集成化供应链管理来强化每一个关键点：以市场反应及学术研究，带来产品设计的创新；以收购中国水泥企业，稳定了水泥的原料来源；以创新的运输容器、便利的交通网络作为仓库运输的优化；以各地方合作或开设销售点的形式，扩张销路及优化各地区的订单处理。

然后在生产制造这一环上，利用IPD的集成产品开发进一步优化整条产业链。拉法基就引入了先进的生料配料分析系统，有效地利用资源，更大量利用计算机系统分析，提升水泥制造业的竞争力。

下一个例子是华中的Holcim入股华新水泥。Holcim一样利用ISC及IPD为华新水泥打造一条无坚不摧的6+1产业链。

在ISC策略方面：以收购企业为稳定原料供应打好基础；水泥厂房设于大型火车交通网络上或河流边，优化了运输网络；引入了先进的"慧眼工程"——ERP系统，有效地打通产业链扣与扣的间隔，缩减生产到销售的时间。

而IPD方面，华新引入了中子活化技术，大幅提高了石灰石利用率及保证了生料质量。同时，Holcim为华新引入了低温余热发电，针对燃料日渐高昂的问题上提供了一个解决方案，既降低生产成本，又大大提高环保成效。华新另一项革新就是在生产水泥中，通过混合材结构研究，降低原料使用量及有效增加水泥产能。Holcim的ISC及IPD策略的成功，从华新水泥维持上升的年度业绩上就可见一斑。

最后的一个例子是爱尔兰CRH入股中国东北地区的亚泰水泥。因为地区偏北，气候与西南及华中有着很大的区别。冬天时特别冷，而水泥需求就会大量减少。亚泰水泥因此特别加建了钢板仓库，水泥就可以随着淡季时储存，旺季时出售，每吨水泥收到额外80元的利润，这就是ISC改善仓库处理方面的实况。而原料方面，同样地以收购地方企业的矿石资源来稳定原料。订单及销售方向就与亚泰集团旗下的基建或分销商合作，经由协同效应得到全省内更多的销售点。而IPD的改进就有赖低温余热发电来降低生产成本。优化6+1产业链之后，亚泰水泥近年利润也维持高水平的增幅。

综合以上个案，我们会发现拉法基、Holcim及爱尔兰CRH收购中国地方水泥企业均只是整合产业链的其中一个步骤，核心优化都是以ISC和IPD入手。最终它们都同样地创造出一条无坚不摧的产业链。

第一节　中国水泥业背景

【本节导读】

中国水泥行业主要有两个特征：一是产业集中度低；二是区域性强。

集中度指标是国际上衡量市场结构状况的重要指标之一。2006年，中国水泥行业前10家企业的产量为16.21%，属于分散竞争型的市场结构（注：如果一个行业的集中度达到或超过50%，则称该行业为高度集中的行业，不足20%的则称为集中程度不高的行业）。2000年水泥行业前10户企业的生产集中度占全行业比重不足5%；2002年生产集中度已提高到8.3%，销售收入占9.3%，实现利润则占28%；2004年上半年水泥行业的生产集中度和市场集中度显著提高，分别为11.61%和15.78%。

水泥的产销是一项区域化的业务。水泥价格在很大程度上受到原材料及成品的运输成本影响，原因是水泥的价值重量比低。为了将成本最低化从而提供具有竞争力的价格，水泥厂通常位于接近石灰石矿和目标市场的地方。因此，水泥产品通常在有关厂房方圆300公里的范围内出售，视运输成本而定。

近两年，外资看准了我国水泥企业的弱点而渗透过来，在我国水泥业的并购参股全面开花，中国前5大水泥企业中，均被不同程度地打上了"外资"的烙印，成为外资的附属品。

一、集中度低

集中度是国际上衡量市场结构状况的重要指标之一。2006年，中国水泥行业前10家企业的产量为16.21%①（见图2－1），属于分散竞争型的市场结构。2000年水泥行业前10户企业的生产集中度占全行业比重不足5%；2002年生产集中度已提高到8.3%，销售收入占9.3%，实现利润则占28%；2004年上半年水泥行业的生产集中度和市场集中度显著提高，分别为11.61%和15.78%。

图2－2是中、外水泥企业平均规模对比图②，从图中可以见到中国的水泥企业平均规模是20万吨，而美国、日本、韩国及泰国分别是83万吨、200万吨、400万吨及500万吨，从而得知中国水泥企业平均规模是最低的国家，国外平均值是90万吨。尽管我国水泥工业发展取得了很大成绩，但结构性矛盾仍比较突出，主要表现为企业规模小、产品档次偏低、落后生

---

① 资料来源：水清木华研究中心，http：//www.pday.com.cn/Htmls/Report/200810/24510902.Html。

② 资料来源：中国水泥协会。

产能力仍占相当比重、能耗大、资源消耗高、环境污染严重等。这些问题的产生，既有长期低水平发展积累的原因，也有近两年在市场需求拉动下，一些企业不顾产业政策，低水平盲目扩张所带来的后果。

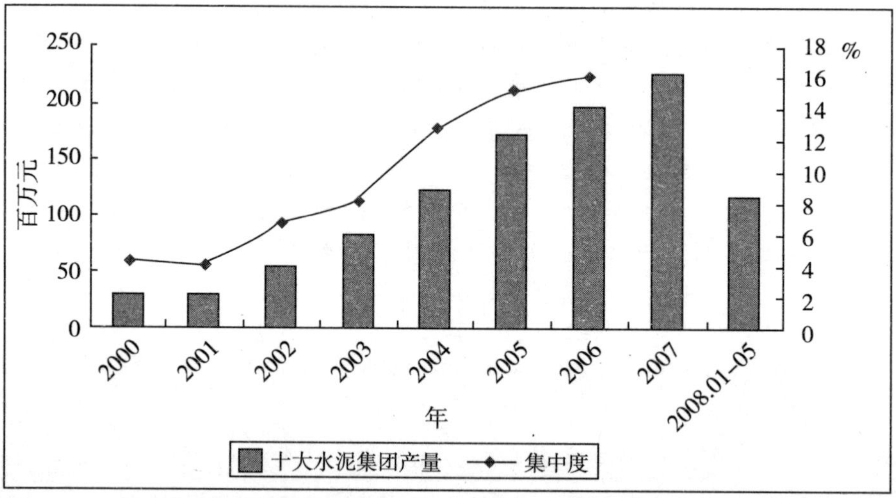

图 2－1　2000～2008 年中国十大水泥集团的产量与集中度

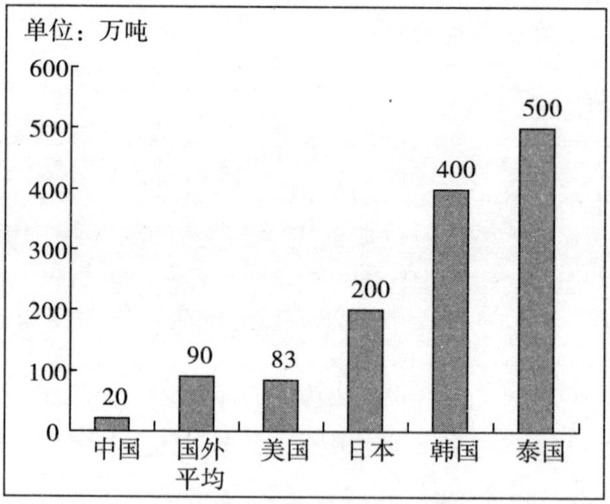

图 2－2　中、外水泥企业平均规模对比

二、区域性强

水泥的产销是一项区域化的业务。水泥价格在很大程度上受到原材料及成品的运输成本影响，原因是水泥的价值重量比低。为了将成本最低化从而提供具有竞争力的价格，水泥厂通常位于接近石灰石矿和目标市场的地方。因此，水泥产品通常在有关厂房方圆300公里的范围内出售，视运输成本而定。

这些限制使任何单一生产商皆难以在全国的水泥市场占据主导地位，竞争通常因此被局限在不同区域之内。运输成本高昂抑制了外部竞争对手进入现有市场销售及与本土生产企业竞争。同样，外国水泥企业因运输成本高昂，也难以销售其在中国以外生产的产品到中国。然而，自中国加入世界贸易组织以来，越来越多国际水泥生产企业通过成立合营企业或收购本土水泥生产企业，将生产基地转移至中国，此举加剧了中国水泥市场的竞争。

由于中国水泥行业还处于分散经营阶段，大水泥集团在企业规模及市场边界方面均没有充分发展，造成大水泥集团的势力限于局部的地区，形成了区域性强的特质。表2－1[①]显示了中国水泥区域性企业垄断后，每一个区域占了全国若干分量的比重：山东省（12.01%）、江苏省（8.70%）、浙江省（7.79%）、广东省（7.22%）、河北省（6.91%）、河南省（6.85%）、四川省（4.59%）、湖北省（4.11%）、湖南省（4.10%）及安徽省（3.83%）等等。

表2－1　2008年中国地区水泥产量

	地区	产量（万吨）	占全国比重（%）
1	山东省	16 263.44	12.01
2	江苏省	11 787.42	8.70
3	浙江省	10 545.51	7.79
4	广东省	9 775.63	7.22
5	河北省	9 358.41	6.91
6	河南省	9 271.25	6.85
7	四川省	6 214.17	4.59
8	湖北省	5 563.06	4.11
9	湖南省	5 556.72	4.10

① 资料来源：中国建材信息总网。

（续表）

	地区	产量（万吨）	占全国比重（%）
10	安徽省	5 191.51	3.83
11	江西省	4 956.97	3.66
12	福建省	4 449.69	3.29
13	陕西省	3 026.12	2.23
14	辽宁省	3 026.12	2.23
15	内蒙古	2 779.10	2.05
16	宁夏	808.40	0.60

三、外资踏进国内企业的契机

中国水泥行业的发展受到一定的限制，主要的原因是由于中国水泥行业存在的问题。例如在生产方面，中国水泥集团使用古旧制法及古老生产模式。而且水泥的生产过程中产生严重污染，生产过程的低效率、低质量及产量少。

近两年，外资看准了我国水泥企业的弱点而渗透过来，在我国水泥业的并购参股全面开花。中国前5大水泥企业中，均不同程度地被打上了“外资”的烙印，成为外资的附属品。表2－2是一些外资并购中国水泥公司的例子：拉法基中国的子公司拉法基瑞安收购四川双马（67%）、重庆水泥厂（71%）及北京兴发水泥（65%）；Holcim收购华新水泥（40%）；爱尔兰CRH收购哈尔滨市三岭水泥（100%）、亚泰集团（26%）及黑龙江小岭水泥（100%）；葡萄牙Cimpor收购山东榴园（60%）；Italcementi集团收购光宇陕西富平（100%）；摩根士丹利分别与IFC及鼎辉基金收购海螺水泥（14%）及山水水泥（30%）；高盛收购红狮水泥（25%）及红狮水泥收购巢东水泥（33%）。

发达国家大型水泥企业将生产中心和销售中心移到其国家以外的地方，保护了自己国家的资源、能源和环境，还降低了出口所造成的运输成本。另外，我国一方面打着“反外资”的旗号，但另一方面却很欢迎吸收外资的参与投资，其中最主要的原因是解决资金紧张问题。目前中国消耗了全世界40%的水泥和煤炭，SO_2排放占全球30%，CO_2排放占全球14%。

表2-2　外资并购中国水泥公司的例子

收购者	被购者	收购/参股（%）
拉法基瑞安	四川双马	67
拉法基瑞安	重庆水泥厂	71
拉法基瑞安	北京兴发水泥	65
Holcim	华新水泥	40
爱尔兰 CRH	哈尔滨市三岭水泥	100
爱尔兰 CRH	亚泰集团	26
爱尔兰 CRH	黑龙江小岭水泥	100
葡萄牙 Cimpor	山东榴园	60
Italcementi 集团	光宇陕西富平	100
摩根士丹利 + IFC	海螺水泥	14
摩根士丹利 + 鼎辉基金	山水水泥	30
高盛 Wealcity	红狮水泥	25
Wealcity	巢东水泥	33

由此可见，跨国企业收购中国水泥企业并非个别例子。跨国企业看穿了中国水泥行业的问题，凭借其独有的优势，以收购策略打进了中国市场。那么，究竟跨国企业的独有优势又是什么呢？让我们为你解读他们的并购秘籍吧！

第二节　并购秘籍——IPD 与 ISC 策略

【本节导读】

在现今的激烈竞争环境下，每一个企业（尤其是制造行业）都会有一个相同的目标，就是用更低的成本、更高的质量、更便利的方式满足消费者不断改变的需求。向这个目标进发之前，企业的管理阶层一定要懂得制造业的活动过程。这就是我们所说的产业链，即产品设计、原料采购、生产制造、仓储运输、订单处理、销售批发及终端零售共7个环节。

Integrated Product Development，IPD（集成产品开发）是指提升企业的技术水准，优化产品结构，特别是在产品研发设计及其生产决策方面。IPD 可以帮助企业摆脱原料成本的约束，创造更高的价值。也就是说企业可凭借 IPD 使整个系统得到不断的效率提升和产品的改进，从而在全球竞争中创造更高的价值。在我们研究的水泥行业中，众多的水泥行业巨头，均充分地运用了IPD策略，大大改善了生产效率、降低了生产成本。

而我们所说的Integrated Supply Chain，ISC（集成化供应链管理）是指制造企业即使在现有技术水准和产品结构上，也需要控制、影响并拉紧整个供应链系统，优化每个环节的资源配置；而不是分散、孤立地对待每个环节。

以6+1产业链的角度来看，ISC策略就是把产业链中的每一环加以改善并拉紧，以获得产品的最高附加值。以水泥行业为例，跨国企业进入中国市场时，一般会透过收购拥有丰富石矿资源的公司，以稳定其原料供应；利用被收购企业的地利优势，积极改善其运输网络，从而降低运输成本；利用其全球技术研发中心，将客户意见、累积研发数据及产品设计结合在一起，生产出最能切合客户需求的产品；运用先进的ERP系统将原料采购、生产制造、仓储运输、订单处理，以至批发零售等环节整合，达到信息共享。

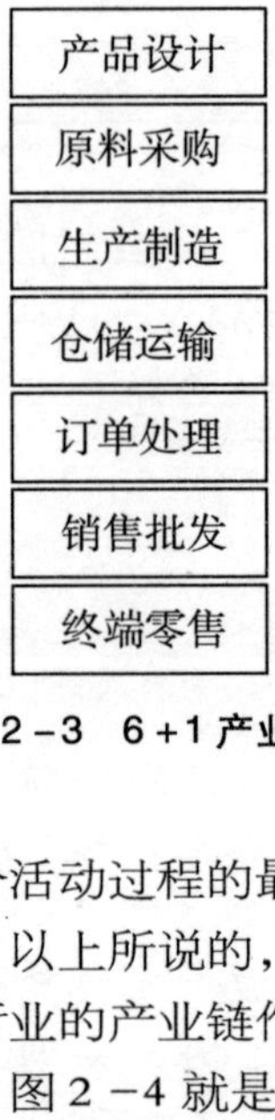

图2-3　6+1产业链

一、产业链与企业成功的关系

在现今的激烈竞争环境下，每一个企业（尤其是制造行业）都会有一个相同的目标，就是用更低的成本、更高的质量、更便利的方式满足消费者不断改变的需求。向这个目标进发之前，企业的管理阶层一定要懂得制造业的活动过程。这就是我们所说的产业链，即产品设计、原料采购、生产制造、仓储运输、订单处理、销售批发及终端零售共7个环节。

从图2-3所见，制造企业最终成功与否，在于它们在这个产业链上的成熟程度。因为每个活动过程对最终成品的价值都不同，所以懂得怎样争取每一个活动过程的最高价值就是制造业成功的关键。

以上所说的，每个活动过程对最终成品的价值都不同，我们可以从制造行业的产业链作出说明。

图2-4就是所谓的制造业“微笑曲线”。从中可看到，产品设计和订单处理及销售批发所占产品附加值是最高的。原料采购和仓储运输所占产品附加值亦十分重要，而生产制造这一环节的产品附加值则是最低的。

当提及制造业的活动过程和产业链的时候，大家可能会问：“中国作为世界工厂，它的制造企业是不是已在所有的制造业活动过程上做得很好，而且它们亦很清楚我们说的产业链与产品附加值的关系呢?”很不幸的是，我国大部分的制造企业包括水泥行业，都不明白我们以上所提及的产业链及产品附加价值不同的问题，它们只会专注于生产制造这一个环节，而忽略其他六个环节。它们依靠原料和人工等成本优势，集中了全球的生产，即以原料和人工成本而取得优势。但是降低成本是有一定的局限性，当成本降到了某程度的时候，企业的利润便很难维持，最差的情况就是企业最终要承受亏损。

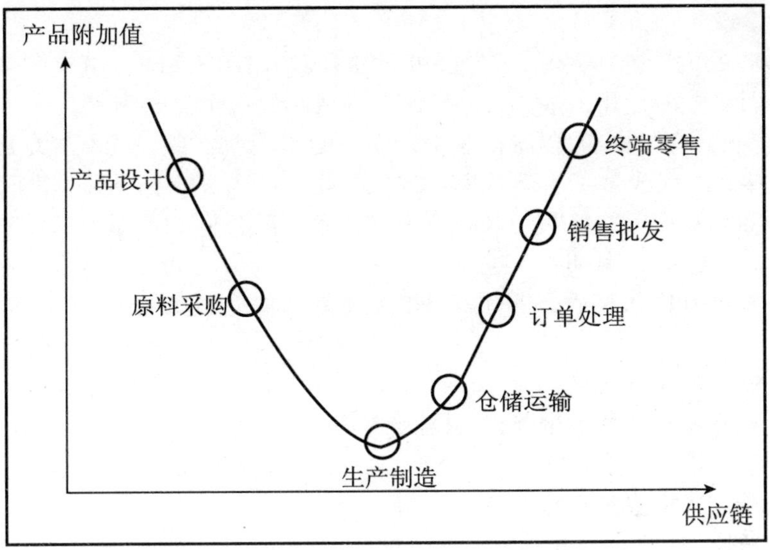

图2-4 制造行业的产业链及其产品附加值的关系

除此以外，即使我国的制造企业能够以生产成本低取胜，它们的利润大都是十分微薄。生产制造这一个环节是在微笑曲线的底部，就是说相比起其他环节，它的产品附加值是最低的，故企业所能赚取的利润相对也是最低的。也就是因为这个原因，我国很多的制造企业被迫倒闭，或被外资企业所收购。

如前文所述，制造企业最终成功与否，就在于它们在产业链上的成熟程度。那么，怎样才能掌握制造业的产业链呢？我们就要从 IPD 和 ISC 这两个技术说起。

二、并购秘籍：IPD 策略

Integrated Product Development，IPD（集成产品开发）是指提升企业的技术水准，优化产品结构，特别是在产品研发设计及其生产决策方面。

IPD 可以帮助企业摆脱原料成本的约束，创造更高的价值。也就是说企业可凭借 IPD 使整个系统得到不断的提升和改进，从而在全球竞争中创造更高的价值。

IPD 的思想来源于美国 PRTM 公司出版的《产品及生命周期优化法》一书，而最先将 IPD 付诸实践的是 IBM 公司①。1992 年，IBM 在激烈的市场竞争下遭遇到了严重的经营及财政困难。为了重新找回逐渐失去的竞争能力，IBM 公司率先应用了 IPD 的方法。透过积极推动产品研发及改善生产流程，IBM 成功地缩短了产品上市时间，提高了产品的利润，使公司重步正轨。

IBM 的成功绝非偶然，而是 IPD 策略成功运用的结果。IPD 策略很快地为各行各业所运用，成为许多跨国企业成功的一个重要因素。

在我们这次研究的水泥行业中，众多的水泥业巨头，均充分地运用了 IPD 策略，大大改善了生产效率、减低了生产成本。以拉法基为例子，在它入主四川双马后，将四川双马由一家技术落后且面临严重财政困难的地方企业，打造成一家拥有先进生产技术、极具竞争力的龙头企业。在拉法基积极推行 IPD 策略后，四川双马发生了翻天覆地的变化：

- 能源消耗减少；
- 矿石资源利用率增加；
- 产品成本降低；
- 产品质量的稳定性提高；
- 产品质量提高。

实践证明，IPD 既是一种先进思想，也是一种卓越的产品开发模式。IPD 策略成为跨国企业于中国取得成功的一个“绝招”。

三、 并购秘籍：ISC 策略

而我们所说的 Integrated Supply Chain，ISC（集成化供应链管理）是指制造企业即使在现有技术水准和产品结构上，也需要控制、影响并拉紧整个供应链系统，优化每个环节的资源配置；而不是分散、孤立地对待每个环节。

要成功地实施供应链管理，使供应链管理真正成为有竞争力的武器，就要抛弃传统的管理思想，把企业内部以及连接企业之间的各种业务看做一个整体过程，形成集成化供应链管理体系。通过信息、制造和现代管理

① 资料来源：MBA 智富百科网页，http：//wiki. mbalib. com/wiki/。

技术，将企业生产经营过程中有关的人、技术、经营管理三要素有机地整合并优化运行。通过对生产经营过程的物料流、管理过程的信息流和决策过程的决策流进行有效的控制和协调，将企业内部的供应链与企业外部的供应链有机地集成起来进行管理，达到全局动态最优的目标，以适应在新的竞争环境下市场对生产和管理过程提出的高质量、高柔性和低成本的要求。

以较学术的角度来看，集成化供应链管理的核心是由顾客化需求、集成化计划、业务流程重组、面向对象过程控制来组成第一个控制回路（即作业回路）；由顾客化策略、信息共享、调整适应性和创造性团队来组成第二个回路（即策略回路）；在作业回路的每个作业，形成各自相应的作业性能评价与提高回路（性能评价回路）。供应链管理正是围绕这三个回路展开，形成相互协调的一个整体。根据集成化思想构建集成化供应链管理理论模型。

以 6 +1 产业链的角度来看，ISC 策略就是把产业链中的每一环加以改善并拉紧，以获得产品的最高价值。以水泥行业为例，跨国企业进入中国市场时，一般会透过收购拥有丰富矿石资源的公司，以稳定其原料供应；利用被收购企业的地理优势，积极改善其运输网络，从而降低运输成本；利用其全球技术研发中心，将客户意见、累积研发数据及产品设计结合在一起，生产出最切合客户需求的产品；运用先进的 ERP 系统将原料采购、生产制造、仓储运输、订单处理，以至批发零售等环节整合，达到信息共享。这就是我们在这里介绍的 ISC 策略，也是跨国企业于中国取得成功的另外一个“绝招”。

四、中国水泥并购中的成功秘籍 IPD 与 ISC

当我们了解了产业链、IPD 与 ISC 策略后，便会明白跨国企业于中国水泥市场中并购的成功并非偶然。外资企业进入中国市场，就是以收购为手段，整合产业链为目的，从而打造了一条无坚不摧的产业链。由于它们能够控制供应链系统中的每个环节，故能够获得高价值的回报，此为 ISC 策略。同时，外资企业于收购后以 IPD 优化水泥的生产制造过程。它们引入先进的技术，设立新的水泥厂，在每一个生产环节都会尝试作出改良，从而达到三大目标：节省成本、增加效率、提高质量。此为 IPD 策略。诚然，IPD 与 ISC 就是跨国企业于中国水泥并购中的成功秘籍。

让我们用以下三个外资收购中国水泥集团的例子来说明，外资怎样以 ISC 和 IPD 来整合产业链及优化水泥的生产制造过程的。

第三节　拉法基于中国的并购与发展

【本节导读】

2007年7月17日，拉法基正式入主四川双马。四川双马2008年的毛利率提升到29%，比中国第一大水泥企业安徽海螺水泥的25%高出4个百分点。四川双马从2001年产能还不到200万吨，发展到2007年至2009年的名义产能为860万吨、1100万吨及1210万吨。

1. 拉法基水泥产业链的ISC策略

拉法基从一开始，就针对着6+1产业链着手改善。而所谓的6+1，其中的6包括产业链上游的产品设计及原料采购；产业链下游的仓储运输、订单处理、批发经营及终端零售；而产业链正中的1则是生产制造，虽是产业链必需的一环，却只占最低的产品附加值。拉法基在产品设计方面从本地化的意见收集到全球化的研究，一直拥有显著领先产品设计的美誉；在原料采购方面，在地区中不断进行企业收购和合作来稳定原料的供应；而仓储及运输方面沿用了拉法基本身的创新运输方式及发达的交通网络，维系着最方便、最省时、最高效率的存放及运输服务；在销售方面，拉法基在高附加值的产品方面不断地改良，以混凝土作为销售核心。

2. 拉法基水泥产品开发的IPD策略

在拉法基于1994年进入中国市场后，它们开始于中国工厂改善其传统的生产线，以便提高其效率和产品质量，以及降低其运作成本。我们将在以下讨论拉法基在中国工厂的重大改善的工程，即IPD策略。

一、拉法基入主四川双马

拉法基集团是世界领先的建筑材料制造公司。在2007年，它的水泥和骨料业务世界排名第一；混凝土和石膏世界排名第三。集团业务遍布世界76个国家和地区，全世界雇员已达9万人，年水泥销售102.8亿欧元，骨料和混凝土销售65.97亿欧元和石膏销售15.81亿欧元。数据显示拉法基进入中国之前，已经拥有强大的投资能力及相关行业的丰富经验。

在20世纪90年代中国政府向世界开放水泥市场，吸引外国资金和技术。政府希望外国公司将它们的资金和工业技术带入中国，以改善国内生产技术。在1994年，拉法基集团利用了这一机会进入中国市场，收购了北京当地一家水泥厂——北京兴发。自那时起，该集团在中国市场不断发展。

表2-3　拉法基在中国的并购历史

日期	并购事件
1994-08	拉法基成立北京兴发
1996	拉法基收购北京易成
1999-02	拉法基成立都江堰拉法基水泥公司
2002-03	拉法基收购北京顺发年
2002-06	拉法基收购重庆水泥公司
2005-08-11	拉法基与瑞安合并中国水泥业务
2005-10-19	拉法基与四川双马双方进入谈判阶段
2005-11-18	拉法基正式收购四川双马
2006-04-18	拉法基瑞安贵州分公司成立
2007-07-17	拉法基完成收购四川双马全部手续
2007-11-28	拉法基与云南省政府签署战略合作协议
2008-03-05	中材建设与拉法基签订全球框架协议
2008-05-12	拉法基锁定并购川滇水泥

表2-3概括拉法基在中国并购行动。1996年拉法基在北京收购了北京易成。在四川，1999~2002年拉法基成立了第一个水泥生产基地——都江堰拉法基水泥公司。及后，在2005年8月11日拉法基为扩大四川省水泥业务的实力，与瑞安中国水泥合作，并在同年10月19日与四川双马谈判合并事宜，一个月之后，在11月18日就成功达成了收购四川双马的协议，到2007年7月17日，拉法基完成全部收购手续，正式入主四川双马。在贵州，拉法基与瑞安中国水泥公司，于2006年4月18日有进一步的发展，成立了一家分公司，名为拉法基瑞安贵州分公司。之后战线下移至云南省方面，在2007年7月28日拉法基与当地政府签署战略合作协议。及后至2008年3月5日更与中材建设签订全球框架协议。再看看最近的拉法基，就在2008年5月12日，锁定并购川滇水泥。以上种种行动，可以看出拉法基在我国西部地区的水泥收购活动非常活跃。

究竟在众多收购个案中，拉法基的策略是怎样的呢？就让我们从拉法基收购四川双马一案中，看个究竟。

从2005年正式收购四川双马67%的股权，拉法基成为实际控制人之后，还没有扭转公司的亏损局面。从图2-5可见，主营企业收入比率，从2005年、2006年的39%、58%到2007年的51%，没有显著上升，到2007

年更出现了下跌的走势。主营企业利润率方面，从 2005 年、2006 年的 18%，跌至 2007 年负增长的 −58%；而总资产报酬率也不太好，由 2005 年的 2%，不断下跌至负增长：2006 年的 −3% 及 2007 年的 −38%。

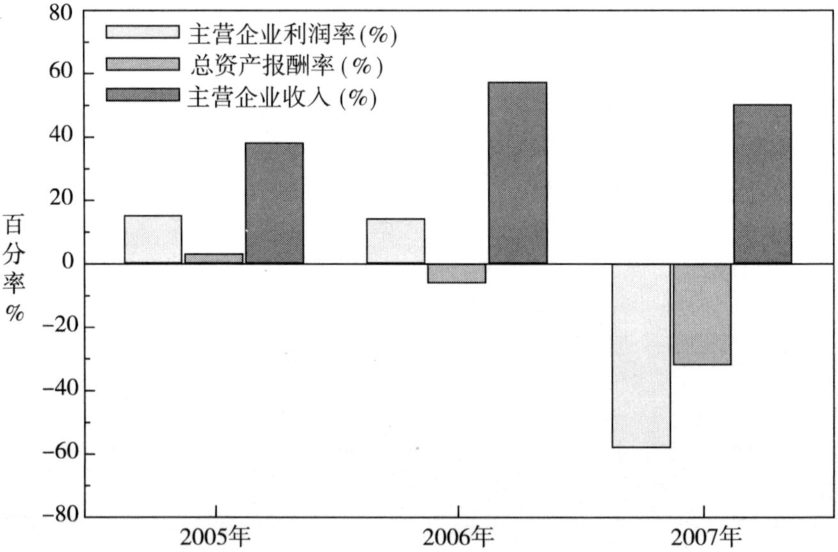

图 2−5　拉法基投入巨额固定资本改善四川双马①

从中金贴吧②揭示，四川双马从 2006～2007 年，实现净利润分别为 −4.9亿元和 −3.1 亿元，主要是公司在淘汰旧生产线的同时，新设备与新技术的改进过程中还需要为环保投入巨额资金。因此，双马目前的亏损并非企业经营不善，而是因为固定资产投入巨大所造成的。

投入大量资金的四川双马，成果期到了 2008 年就浮现了。由图 2−6 看到四川双马 2008 年的毛利率提升到 29%，比中国第一大水泥企业安徽海螺水泥的 25% 高出 4 个百分点，也比冀东水泥的 26% 及华新水泥的 21% 分别高出 3 个百分点及 8 个百分点。四川双马从 2001 年产能还不到 200 万吨，发展到 2007～2009 年的名义产能为 860 万吨、1100 万吨及 1210 万吨③，从而成为西南地区真正产能近千万吨的优质大型水泥龙头。一家

---

① 资料来源：四川双马 2007 年度报告。

② 资料来源：中金贴吧 *ST 双马盈利能力提高促 08 年上半年得以扭亏（2008 年 8 月 30 日），http://post.cnfol.com/guba，000935，3637049.html。

③ 资料来源：申银万国证券研究所，2007 年 s 川公司（000935）布告，http://www.p5w.net/stock/lzft/gsyj/200706/P020070606588235710299.pdf。

产能既落后、技术又只是停留在湿法立窑生产的乡镇企业，为什么能在拉法基入主之后发展到全省最高产能、毛利率比中国第一大水泥厂商还要高的水泥企业呢？

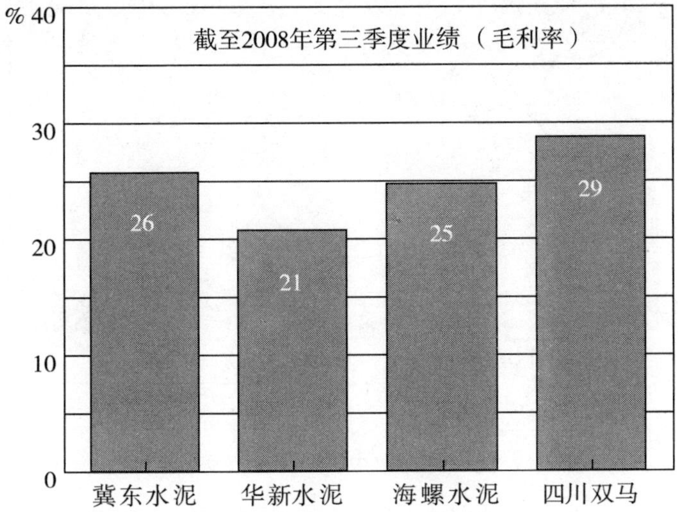

图 2－6　2008 年中国水泥企业毛利率①

从拉法基进入中国水泥后，如何在产业链上作出全方位的改善，就可以找到拉法基的成功秘诀。

二、拉法基水泥产业链的 ISC 策略

拉法基打从一开始，就针对着 6 +1 产业链着手改善。而所谓的 6 +1 就如图 2 －7 显示，其中的 6 包括产业链上游（即图的左方）的产品设计及原料采购；产业链下游（即图的右方）的仓储运输、订单处理、批发经营及终端零售；而产业链正中（即 6 +1 中的 1）则是生产制造，虽是产业链必需的一环，却只占最低的产品附加值。在图 2 －7 中已简略表明了拉法基在中国水泥企业的 ISC 策略。在产品设计方面由本地化的意见收集到全球化的研究，一直拥有显著领先产品设计的美誉；在原料采购方面，就是于地区中不断进行企业收购和合作来稳定原料的供应；而仓储及运输方面就沿用拉法基本身的创新运输容器及发达的交通网络，维系着最方便、最省时、最高效率的存放及运输服务；在销售方面，拉法基对高附加值的产品不断改良，以混凝土作为销售核心。现在就让我们对每一环进行详细说明。

---

① 资料来源：中国水泥网（2008）。

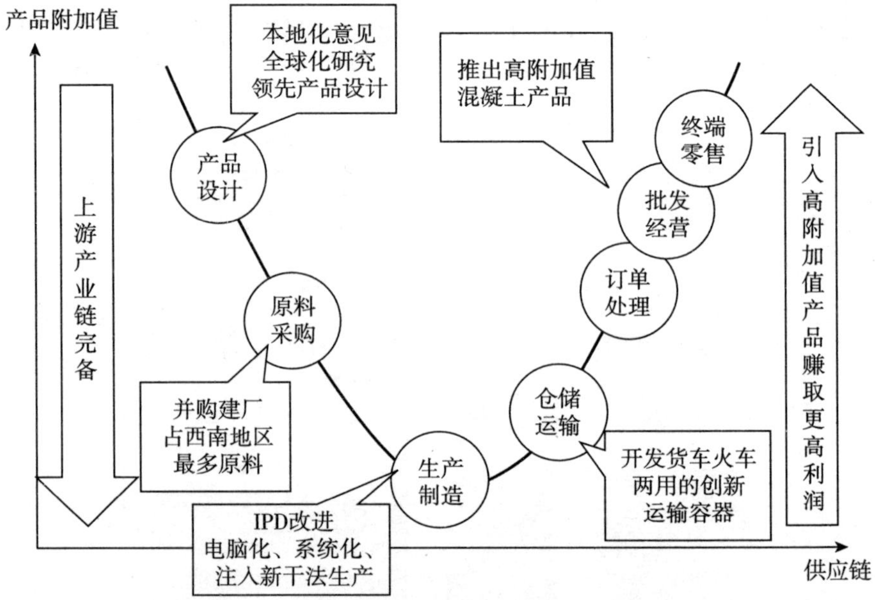

图2-7　拉法基进入中国的6+1产业链策略

1. 产品设计

拉法基在水泥产品的开发研究上，实行本地化顾客意见收集，然后送到全球化研究中心作技术改良。拉法基的所谓本地化及全球化生产工序流程分为：

①全球化研究

a. 全球建立水泥研发及技术中心，与各地方大学研究合作；

b. 将成果与拉法基本部研究所互相交换、改良。

②本地化意见收集

a. 收集客户意见，将意见传送到拉法基研究所作下一步产品改良程序；

b. 产品从研究所改良后推出给客户，在市场上不断吸纳意见。

（1）全球建立水泥研发及技术中心

拉法基集团实施了一项双管齐下的发展战略，它结合了集中研究和分散发展的优势。其目的是优化研究，同时亦尽可能提供最好的服务迎合当地市场需求。研发部因此分为两个互补的部门：

- 研究中心，专注于基础和应用研究；
- 技术中心和实验室，专注于与当地业务单位合作发展和为当地工业提供水泥解决方案。

200个在研究中心工作的研究人员会研究建材的物理和化学机制，并研发新的技术。15 000平方米的研究中心拥有美国最先进的实验室、试验车间和技术大楼，可作大规模的测试。研究中心亦设有高科技设备，包括电子显微镜、场效应显微镜和纳米仪器。拉法基集团的研究项目围绕着3个主要议题：

- 最终的产品性能，无论是从标准产品（质量、美学、新功能等）或新推出产品方面（易用性、生产率等）；
- 工业性能，特别是改进生产工艺和环境保护方面的表现；
- 为未来作准备，尤其是应对可持续发展的迫切需要，如节约能源和原材料，限制二氧化碳排放量。

拉法基集团拥有四个水泥技术中心。表2-4显示四个技术中心：

- 水泥技术中心（CTEC），研究中心坐落于奥地利的维也纳，服务范围是中欧、东欧和中东；
- 欧洲和非洲技术中心（TCEA），研究中心坐落于法国的L'Isle d'Abeau，服务范围是西欧、非洲；
- 技术服务公司（CTS），研究中心坐落于加拿大的蒙特利尔，服务范围是美洲，有一个分支机构在巴西里约热内卢；
- 马来西亚吉隆坡（ATC），研究中心坐落于马来西亚的吉隆坡，服务范围是亚洲，有一个分支机构在中国北京。

表2-4　拉法基世界水泥技术中心①

技术中心	技术中心建址	服务网络
水泥技术中心（CTEC）	奥地利的维也纳	服务中欧、东欧和中东
欧洲和非洲技术中心（TCEA）	法国的L'Isle d'Abeau	服务西欧和非洲
技术服务公司（CTS）	加拿大的蒙特利尔	服务美洲及有一个分支机构在巴西里约热内卢
马来西亚吉隆坡（ATC）	马来西亚的吉隆坡	服务亚洲及有一个分支机构在中国北京

① 资料来源：拉法基主网页，http：//www. lafrage. com。

技术中心网络分布于世界各地，使创新产品可以更容易地适应本地市场的需求。技术中心和应用实验室与当地工厂，拉法基的国家分部工作队和当地企业合作，开发出适合当地需求的产品。

拉法基深入了解当地市场和当地工业的需求，各地实验室和技术中心亦与法国拉法基研究中心紧密沟通以响应当地的需求。在世界各地的工厂也可联络拉法基设于当地的专家团队以提供专业意见以改进工厂流程，例如通过优化水泥配方，以配合当地原材料供应波动。

（2）与其他科研机构进行全球性合作

拉法基以合作模式为基础的研发系统，从其遍布世界的合作伙伴可见一斑，当中包括世界最大的研究中心、研究院、科研机构和国际大学，合作的院校及研究院包括：

- 美国：麻省理工学院、佐治亚理工学院、加州大学伯克利分校和普林斯顿大学
- 加拿大：多伦多大学、谢布克大学和魁北克省拉瓦尔大学
- 中国：北京市建筑材料工业学校
- 印度：印度理工学院
- 欧洲：伦敦帝国理工学院、洛桑联邦理工学院
- 法国：法国国家科学院、法国综合理工学院和一些国家科学研究中心实验室

拉法基集团因此能够分享其经验和知识，同时获得新的研究成果，特别是关于可持续建筑方面的研究成果。除了与各大学院合作之外，拉法基亦于2003年自设拉法基大学，目的是更集中及有效地改善企业管理水平和推动管理人员的积极性，以符合该集团的行动原则。拉法基大学亦与世界一流的商学院合作，包括欧洲工商管理学院（Institut Européen d'Administration des Affaires，INSEAD）、亨利管理学院（Henley Management College）、美国杜克大学和美国芝加哥大学商学院。该计划包括了个人发展计划和技能培训。每年，它们会在亚洲举行12次会议，在南美北美共12次，以及在欧洲和非洲共25次。每届会议均汇集了8～20个不同国籍的人士参加。这些会议有助于建立管理者之间的网络，并鼓励知识共享，分享及学习行业最佳做法的案例。由此可见，拉法基在产品研发及改进研究方面不遗余力，亦因此建立了以拉法基为品牌效应的优良产品。

（3）建立专利权产品

基于拉法基完善的研发系统，公司拥有大量的专利和独特的产品，这

为他们提供一个比其他水泥企业更大的竞争优势。表2－5显示出一些拉法基专利产品的例子。有高流体性混凝土 Agilia®、装饰性混凝土 Artevia®、高抗压缩性、高抗扭曲性混凝土 Ductal®、可抗高交通流量、高重量、抗爆裂混凝土 Extensia™及纳米技术的混凝土 Chronolia™。

表2－5　拉法基的专利产品①

产品名称	特征	应用
Agilia®	高流体性混凝土，易于填满所有形状表面与角落	应用在所有类型的室内地板
Artevia®	装饰性混凝土	应用在室内和室外，结合自由的设计，低维护成本和耐用
Ductal®	高抗压缩性、高抗扭曲性混凝土	应用在土木工程，结构加固，当代建筑作品和设计
Extensia™	可抗高交通流量、高重量、抗爆裂混凝土	应用在基础建设，不需以钢铁强化
Chronolia™	使用纳米技术的混凝土，灌浆后4小时凝结（传统需12－20小时）	应用在建筑墙壁、柱和梁及需要快速完成的项目

由此可见，拉法基拥有全世界的技术网络，不断研发高端及高附加值的产品，提供自有品牌的产品，拥有不同类别的专利及独特的产品，给消费者无比信心。迎合本地生产需求而不断提供解决方案，进一步拉近产品制造与销售厂商之间的距离。

2. 原料采购

原料供应是企业赖以生存的重要一环。拉法基于中国的并购，首要任务就是稳定原料供应。在1994年，当法国拉法基合资创办北京兴发水泥有限公司（拉法基集团控股65%的股权），北京兴发水泥已拥有一个优质低碱石灰石矿。在1999年2月，拉法基集团投资组建都江堰拉法基水泥有限公司（拉法基集团控股75%的股权），当时公司拥有一座石灰石矿山和一座页岩矿山。在2005年11月收购四川双马投资集团100%的股份，而四川双马投资集团拥有西南地区最优质的石灰石矿山。稳定原料供应，本身就是ISC策略中重要的一环。

---

① 资料来源：Lafarge innovative products（2008），http：//www.lafarge.com/wps/portal/3_3_2－Beton。

3. 仓库运输

（1）矿石运输系统优化

矿山和生产工厂之间的物料输送经常受到各种地形条件的制约，特别是长距离的物料输送方式的选择，直接与技术可靠性、投资成本等相联系，合理选择物料的运输方式，为工厂的生产管理和成本管理创造了有利条件。

石灰石是制造水泥的主要原料，稳定的开采及运输直接影响水泥生产线的产能。因此拉法基在这方面亦进行了针对性优化工程。

都江堰拉法基公司石灰石矿山与工厂直线距离是 6 公里，矿山相对高差大，地形复杂，工程地质条件差，设计和施工难度大。拉法基是怎样克服这些困难的呢？

石灰石矿山的首采工作面设在海拔 1 440 米高度，采用自上而下分层台阶式采矿方法，使用液压钻机钻孔，以深孔爆破为主，爆破后的矿石由液压挖掘机装车、自卸汽车运至溜槽，运至溜槽底部由轮式装载机转运到破碎站，经锤式破碎机破碎后再由皮带输入碎石竖井。在井底由重型板式喂料机喂料，经长约 6 公里的钢芯胶带运至厂区直径 25 米的碎石库中。

从采场到工厂运距约 6 公里，相对高差达 681 米。拉法基采用了中国建材行业罕见的斜长 314 米的矿石溜槽及 180 米深的碎石竖井。通过矿石的重力自溜，首先克服了约 450 米的高差，减少了矿石输送成本；针对矿石运输距离远、地形高差起伏大、运行情况非常复杂的特点，优选了带宽 800 毫米、最大运行速度每秒 3.15 米的长距离钢绳芯皮带运输机。皮带廊全部采用钢结构形式，大大地缩短了施工工期。目前破碎及矿石输送系统的性能指标超过了每小时 600 吨的设计能力，可靠性系数大于 98%。由于皮带运输机采用变频器调速，做到能量回馈电网，生产中每吨矿石的电耗仅 1.2 度，远低于合同中规定的 3.53 度。在矿石的输送过程中，各扬尘点均安装了收尘设备，并在皮带上方安装了防护罩，确保输送过程中无粉尘和矿石泄漏。

矿石运输系统的控制过程与工厂的中央控制系统联网，在中央控制室可随时掌握矿石运输系统的运行情况。①

（2）运输容器优化

在英国，拉法基发明了一种专门的运输系统，称为国际联运系统。该项目是受英国政府 459 万欧元的补贴。传统的散装货品（水泥）运输，在

① 资料来源：都江堰拉法基矿山工程（2008），http：//www.cdi－china.com.cn/gczcb－01.asp。

运输途中多次转换运载工具是一个必要的步骤。举例来说，当我们希望把货品大规模由工厂以铁路运到较远的地方时，我们首先要把货物装到公路货车上，送到铁路站；再于铁路站把放在公路货车上的货物卸载，然后再装到铁路集装箱上；当货物到达目的地时，我们再把货物从铁路集装箱转到公路货车，以运到终点。这种方法将导致下列问题：

- 尘埃在卸货和装货过程中散布，造成严重的环境污染；
- 消耗时间和浪费成本；
- 由于产品于转装时暴露在空气中，这会造成产品质量下降；
- 由于上述风险造成高水泥运输保险费用。

在 2002 年 9 月，拉法基集团为了解决这个传统问题，发明了一种适合于铁路和公路使用的创新性的容器系统。它们修改了公路货车的容器设计以配合铁路集装箱。经改装的容器可于不需转装的情形下，在铁路及公路货车货架中互换。从此铁路及道路成为一个无缝操作无需转换容器的运输管道。运输时间成本及产品质量亦因此大大提高，对环境污染亦可大大降低。

在推出新的容器后，拉法基集团预计将减少保险费用约 20%，铁路运输亦可取代公路运输达 70%。

显然，拉法基水泥的 ISC 策略十分成功。在接着的章节中，让我们探讨一下拉法基对水泥本业 IPD 的投入。

三、拉法基水泥产品开发的 IPD 策略

1. 水泥的生产流程

一般来说，整个水泥生产线可分为 4 个阶段。根据嘉新水泥网可以看到一个典型的现代水泥工业生产线：开采、燃烧、成分混合和包装。下面让我们深入了解一下这 4 个生产流程。

（1）开采

石灰石从矿山中开采出来，必须进行均化。均化的主要原因是为了确保石灰石的纯度值和变化都在控制的范围内，降低物料的化学成分波动振幅，使物料的化学成分均匀一致。这是生产优质水泥非常重要的一步。它保证熟料质量、产量及降低消耗，也能稳定出厂水泥的质量。

而预均化就是把原燃料在储存及取用过程中，通过采用特殊的堆取料方式及设施，使原料或燃料化学成分波动范围减小，为入窑前生料或燃料成分趋于均匀一致而作的必要准备过程。简言之，所谓原燃料的预均化就是原料或燃料在粉磨之前所进行的均化。预均化堆场一般有两种类型：矩

形预均化堆场及圆形预均化堆场。

矩形预均化堆场一般设两个料堆，一个堆料，另一个取料，相互交替以达到最大化运作效益。另一个是圆形预均化堆场。料堆为圆料环状，在料堆的开口处，一端连续堆料，另一端连续取料。到这一个阶段的石灰石被称为“生料”。

（2）燃烧

已均化的石灰石将因所要生产的产品而混合其他成分，如骨料、铁粉，并投入窑烧。生料在预热器中完成预热和预分解后，下一道工序是进入窑中进行熟料的烧成。在窑中碳酸盐进一步的迅速分解并发生一系列的固相反应，变成水泥熟料中的 CaO 等矿物。随着物料温度升高时，矿物会变成液相，溶解于液相中进行反应变成熟料。熟料烧成后，开始进行冷却。

冷却目的是：

- 改善熟料质量与易磨性；
- 降低熟料的温度，便于运输、储存和粉磨；
- 回收热量，预热二次空气，降低热耗、提高热利用率。

最后由水泥熟料冷却机将窑卸出的高温熟料冷却到下游输送、贮存库和水泥磨所能承受的温度，同时回收高温熟料的热能，提高系统的热效率和熟料质量。第二阶段窑烧完成后的产品被称为“熟料”。

（3）成分混合

熟料再混合其他成分就可以产生不同种类的水泥了，混合成分可能包括石膏、催化剂等。水泥成分混合配比方案考虑的因素包括：

- 水泥品种；
- 水泥强度等级；
- 水泥组成材料的种类、质量、成本；
- 水泥控制指标的要求。例如在水泥中混合石膏可延缓水泥凝结时间，使水泥凝结时间合乎国家标准的要求。同时石膏有利于促进水泥早期强度的发展。

在这阶段水泥粉磨亦有举足轻重的影响，它控制了水泥细度。水泥细度越细，水化、硬化越快，强度越高。反之水泥细度过粗，其中粗颗粒不能充分水化、硬化，只能起微集料作用，降低了熟料的利用率，强度也就低。

（4）包装

最终产品将包装和运输给客户。

2. 拉法基的 IPD 策略

在拉法基于 1994 年进入中国市场后，它们开始为中国工厂改善其传统的生产线，以便提高其效率和产品质量，以及降低其运作成本。下面我们将具体讨论拉法基在中国工厂的重大改善工程，即 IPD 策略。

（1）生料配料分析控制系统

在传统的中国水泥厂，生料和其他成分将预先混合并投入窑烧。最终产品的质量将取决于生料和其他成分的混合比例是否准确。如果混合的原料比例有任何错误，整批产品将成为废物。其实最主要的问题出自我们不能在产品从窑内取出前，预先知道最终的产品质量。如果最终的产品质量有任何问题，我们也无能为力。

为解决这个问题，拉法基于重庆拉法基工厂引入了一个专利的系统，名为 QMC①，该系统彻底改变了原材料混合工序的概念。他们利用输送带运送原材料入窑。在输送带运输过程中，原材料会根据预先计算的比例进行混合。此外，当原料准备运到窑时，它们将通过一个叫 X 射线荧光分析的扫描机器。该机器将分析混合物的混合比例，看看它的成分混合比例是否正确。该分析结果将反馈给输送带中的原料混合装置，以作调整原料混合比例的根据。这种动态调整机制，确保持续稳定的水泥输出质量，也减少了生产线的作业成本，大幅度降低了生产低质量的产品的概率。此外，整个系统是全自动、不经人手的，这亦能减少人手错误、增加效率和降低营运成本。

（2）生产控制系统

为了提高拉法基在中国工厂的产品整体质量，拉法基在重庆拉法基生产线引入了先进的生产线控制系统。在大型水泥企业尤其是现代化新型干法水泥企业中，其生产阶段主要使用的自动控制系统，均为以计算机为主的集散型的控制系统（DCS 系统）。该系统的特点是它可通过一个中央计算机控制台控制每一个生产线点。工程师也可以使用终端计算机，以监测业务的每一生产线，改变任何生产线的组成部分，或打开和关闭任何生产线的组成部分。

通过计算机等技术可以将整个生产过程参数、设备运行情况等全面迅速反映出来，并能对过程参数实现及时、准确的控制。因此，中央控制室

---

① 资料来源：2007 年“质量月”主题宣传（重庆拉法基水泥篇）。

是全厂的控制枢纽和指挥中心。把生产过程集中在中控室内进行显示、报警、操作和管理，可以使操作人员对全厂的生产情况一目了然，便于针对生产过程中出现的问题及时进行调度指挥，从而有利于优化操作，实现高产、优质、低消耗的目标。而集散控制系统将4C技术（计算机技术、控制技术、通讯技术、CRT显示技术）相结合，解决了计算机集中控制所存在的问题。

另一方面，煤粉喂料计量采用德国进口转子秤，生料喂料计量采用德国进口皮带秤①，这些也提高了原料输入窑燃烧的分量精确度，从而提高产品质量。

再者，拉法基还引进了在全球汽车、电子行业普遍采用的SPC控制方法，在关键控制点上使用了控制卡，有效地降低了产品质量的波动。重庆拉法基还购进了先进的激光细微性仪，煤自动工业分析仪，全硫测定仪等先进的分析仪器，使分析手段更先进更完备。这些系统大大提高了产品质量并降低了产品的质量差异。

有了以上的生产控制系统，生产线的效率改善了，成本也降低了：

- 一小时的预热过程大大缩短成30~45秒；
- 一吨熟料标准煤耗减少28%；
- 熟料热耗减少43%；
- 石灰石资源利用率由少于60%提高到高于80%。

（3）高温煅烧和快速冷却控制

拉法基引入了新型干法窑到重庆拉法基，并在2008年于四川双马建造同类窑。这项新技术使得窑内烧成带长度可适当延长，窑内的冷却带相应缩短，熟料离开高温的烧成带以后，经历较短的冷却带就进入冷却机，从较高的温度下急剧冷却（急冷技术）。这项技术可防止熟料重要成分分解，改善了水泥稳定性，使熟料晶体减少，以提高水泥抗硫酸盐性能；改善熟料易磨性及克服水泥瞬凝或快凝的问题。同时，有效控制熟料粉末小于25毫米，这有利于运输以及后续的加工研磨。熟料的急速冷却同时也能提高水泥对于化学侵蚀的抵抗力（如硫酸盐性之硫酸钠及硫酸镁等化学侵蚀）。

当拉法基在改善中国工厂的IPD流程时，它也同时积极提高其全球业务的IPD。下面，让我们再看看拉法基如何以IPD改善全球性的生产技术。

---

① 资料来源：《拉法基瑞安水泥家园》，2005年4月刊。

（4）计算机系统分析，辅助质量控制及模拟生产

为了不断改善产品和生产线操作，拉法基在其位于法国的拉法基研究中心（LRC）开发了一套名为混凝土生产模式（CPM）的制式和模拟工具。这就像个黑匣子一样，执行人员可输入任何种类混凝土的参数和成分，经过精密计算后，它就可评估出混凝土的潜在性能及特性。有了这个工具，拉法基研究中心就可收集其位于世界各地的工厂的生产数据和参数，然后输入到该系统进行分析。在此巨大的生产数据库基础上，拉法基可以不断提高产品质量和改善生产效率。此外，工程师还可以输入一些从生产过程中发现的问题的数据到系统，仿真错误或紧急情况，来演习如何解决错误或紧急情况。

拉法基从其世界各地生产线收集生产有关数据，并把它们输入 CPM 系统进行数据分析。已收集及分析的数据可用来仿真生产过程以及根据各参数之间的关系得到相应的结果作为技术革新的参考依据。拉法基就是以其由世界各地生产线收集的庞大数据库及其独有的 CPM 系统令生产系统有持续改善能力。

3. 环境保护与节能

水泥企业是耗能和排放大户。根据中国水泥网天津院有限公司的网站①指出，重庆拉法基为了减少操作成本及符合国家减排要求，在 2007 年投资了 650 万元对收尘器进行改造，使排放的最大粉尘量低于 $30mg/Nm^3$，完成了国内清洁生产二级指标。与此同时，为进一步降低废气排放和能源消耗，重庆拉法基还投资低温余热发电项目，其中一个项目已于 2008 年投入使用，节约用电 30% 左右。

拉法基致力于工艺设计上减少排尘点，有效控制粉尘排放量。对于粉状物料采用螺旋输送机、斜槽等密闭式输送设备，对于胶带输送机输送的物料尽量降低物料落差以减少扬尘。窑尾采用高效大布袋收尘器进行治理，收尘效率达 99.9%，粉尘排放浓度低于 $30mg/Nm^3$。生产流程上每个扬尘点均设置了高效收尘设备，粉尘排放浓度低于 $30mg/Nm^3$，从而有效地控制了粉尘排放对环境的不利影响。

生产线选用天津院最新研发的新型的五级预热系统和低 NO_x 燃烧器，以降低废气中有害气体 SO_2 及 NO_x 的含量，严格控制窑内燃烧区和预分解炉的温度，降低了有害气体的排放。为了达到对排放物的实时监控，生产线同时在主要排气口均安装了粉尘和废气自动监控系统，并与生产线的

---

① 资料来源：中国水泥网－天津院有限公司（2007），http：//www.ccement.com/news/2007/5－28/C95341705.htm。

中央控制系统相连接。

工业噪声污染亦是水泥生产中一个重大的污染源，降噪声对水泥生产行业来说也是一个难题。目前在国际同类行业中可以借鉴的成功经验也并不多。为此，重庆拉法基委托天津院将其作为一个新的课题做了大量调查研究工作。项目前期分别聘请了两家独立的专业公司对重庆厂一线的噪声作了详细的比较分析。至此，天津院利用该依据，结合生产工艺特点，采用噪声源集中布置、建筑隔绝噪声源、增加消音设备、广泛使用隔音材料、基础增加缓冲材料等方式，有效地将噪声污染降到最低程度。通过这些措施的处理，二线噪声指标基本上达到了国家Ⅱ类噪声标准（白天 $<60dB$，晚上 $<50dB$）。

投产后，经重庆市环境监测总站对该线竣工环保验收检测结果表明，该线粉尘、噪声、水处理三项指标均达到国家标准。其中，84.5% 排入大气的废气粉尘浓度低于 $10mg/Nm^3$。与国内同期、同规模水泥生产线相比，重庆拉法基水泥厂的粉尘污染治理处在全国同行业之首，是第一条环保三项指标全部达标的生产线。

节能方面，重庆拉法基以提高资源生产率和减少废物排放为目标，以技术创新和制度创新为动力，强化节约资源和保护环境意识。根据重庆市公众信息网透露①，拉法基在 2007 年更投资 8 250 万元，建设 7.5MW 纯低温余热发电项目。

项目于 2007 年 9 月动工，他们对工程计划和阶段目标做了详细的实施方案，确保土建、安装、调试各节点能够在安全的条件下保质保量顺利完成。同时对发电人员进行技术培训，使余热发电各岗位人员在运行中能够熟练地操作，确保余热发电系统的正常运行。

该项目已在 2008 年 7 月正式建成并发电，使工厂的能源循环再利用得到长足的发展。项目的投产，推动了企业经济效益、环境效益和社会效益。现该公司余热发电能力每吨熟料发电量可达 30 千瓦时（在以后余热发电系统优化后每吨熟料发电量可达 32～34 千瓦时），按现行电价计算，扣除发电成本，每年直接增加经济效益 2 000 余万元。预计年供电量为 4 539 万千瓦时，占工厂年用电量的 1/4。可节约标准煤 1.424 万吨/年，减少 CO_2 气体排放约 3.028 万吨/年，节能减排效果十分显著。

4. 研发与生产的协调案例

2006 年，四川都江堰工厂曾面临过一个困难，此工厂生产的 PO42.5R 水泥原来所用混合材矿渣的钛含量超过了 10%，而根据最新的

① 资料来源：重庆市经济公众信息网（2008），http：//wjj.cq.gov.cn/hyxx/jc/20081014127.HTM。

国家标准：矿渣钛含量超过10%将不能用于水泥中。因而四川都江堰工厂必须放弃使用攀成钢的矿渣制造水泥，但另外一个钢厂威远钢铁厂离都江堰又太远，约300公里，运输成本太高。

而金堂电厂于2007年投产，有大量的粉煤灰供应，都江堰工厂考虑使用粉煤灰代替矿渣作为主要的混合材，这种变化造成了水泥的稠度增大，导致与外加剂适应性变差。为了保证水泥的变化不给用户造成使用上的困难，在混合材转变之前，都江堰工厂利用自己的混凝土实验室做外加剂适应性试验，调整优化水泥的各项指标，并把样品送给客户做适应性实验，为此都江堰工厂用粉煤灰代替矿渣做了大量的小磨试验和大磨试验：①

- 2006年1~4月，粉煤灰以不同掺量代替矿渣的小磨试验。
- 2006年3月25日，粉煤灰代替矿渣的大磨试验，并把样品送交主要的混凝土厂家和外加剂厂家共11家公司做适应性试验，试验结果不是很理想，主要表现在混凝土需水增大，混凝土坍落度损失较大。
- 2006年4月19日，经过对水泥各项指标和参数做优化后，以粉煤灰代替矿渣的大磨试验样品送交9家外加剂厂做适应性试验，有2家公司效果还可以，其他的效果要差一些。由于粉煤灰资源问题，该试验项目暂时停止。
- 2007年4月28日，金堂电厂一台机组投产，试验项目重新启动；7月6日，再一次做大磨样送交7家混凝土公司和5家外加剂公司，有3家公司效果还可以，其他的不是很理想。
- 2007年8月，集团亚洲技术中心为工厂提供技术支持；通过拜访客户、了解粉煤灰质量情况、了解工厂的生产试验情况后提出了一系列对水泥优化的试验方案，并提出了很好的建设性的意见。
- 2007年8~10月，工厂质量部对提出的建议进行了调整试验，通过大量数据对比分析，最后确定了最佳的大磨试验方案。
- 2007年10月，再一次送样给11家混凝土公司和5家外加剂公司，水泥对外加剂的适应性有很大的改善，但是还没有达到想要的结果。
- 2007年11月9日，由工厂总经理组织了生产、质量、销售各部门经理，技术中心产品专家一起共同讨论研究今后产品的定位，结论是一定要保持水泥的质量优势，不给用户造成太大的影响，最后再次确定了水泥的生产方案，经过混凝土试验、水泥的相关试验检测，两项指标：(1) 混合材凝结时间对指标（图2－8）、矿渣及粉煤灰合材分别在初凝及终凝都

① 资料来源：《拉法基瑞安水泥家园》，2008年3月刊。

差不多是200及250分钟。（2）混合材强度对比指标均等同于加矿渣时的质量水平。

●2007年11月24日，以粉煤灰代替矿渣的水泥正式投入生产，技术服务人员提前把混合材变化情况告知了客户，客户使用后反映较好，无不良反馈，得到了客户的认可。也保持了拉法基瑞安水泥在成都市场的最佳品牌地位。

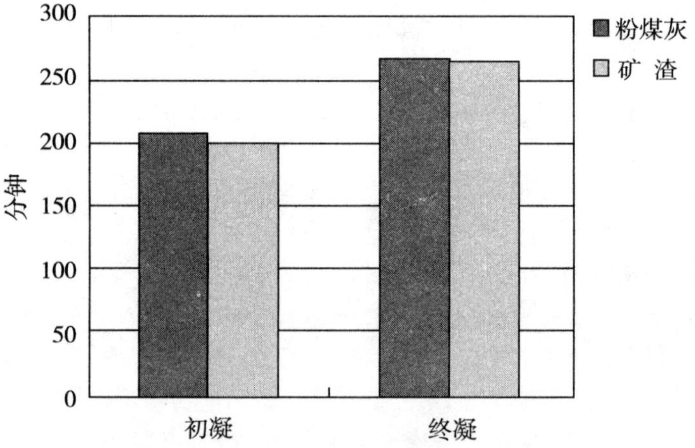

图2-8　使用不同混合材凝结时间对比

通过这个个案，我们可发现拉法基能有效地利用全球化的知识，加上反复跟本地客户进行测试及听取其意见再调整试验，以解决生产上遇到的国家规范及质量问题。在试验过程中与客户紧密合作，取得他们的信任。

使用粉煤灰代替矿渣，不但解决了水泥的生产问题，并能够保持水泥及混凝土的质量，还能充分利用发电后的粉煤灰。

四、发展高价值的下游产业——混凝土

由上文可见，拉法基用了ISC策略把水泥上游产业装备得很完善，再加上IPD创新的生产流程，已收到低成本、高效益的成效。拉法基再向产品的下游进攻，为销售优良的混凝土再打造一条产业链。

1. 稳定生产原料供应

混凝土的主要生产原料为水泥，为提供生产混凝土的水泥供应，拉法基早在1994年于北京怀柔县，就投资兴建了北京兴发水泥有限公司，年产优质低碱水泥100万吨，其生产的水泥以优质、低碱著称，为拉法基混凝

土生产及质量提供了可靠保证。

在1996年，拉法基中国海外控股有限公司与北京市市政专业设计院和北京市易成市政建筑工程公司合资共同建立北京易成拉法基混凝土有限公司，于1997年5月投产。为保持优质水泥的供应，以确保其混凝土公司的生产，拉法基中国海外控股有限公司于2002年与顺义区北京双峰建材集团共同出资创办北京顺发水泥有限公司，拥有一条设计日产熟料1 150吨，与北京兴发水泥有限公司工艺相同的生产线，年产水泥45万吨，为北京易成拉法基混凝土有限公司提供了优质的水泥。

值得注意的是，北京兴发与北京顺发两家水泥厂选址都是贴近混凝土生产基地，除了稳定了原料供应外，更大大降低原料运输成本。①

2. 运输策略

运输和泵送设备方面，拉法基混凝土公司由法国雷诺公司和日本三菱公司进口15辆7立方米罐车，其中4辆配有混凝土输送带，为国内仅有；进口2辆由德国普茨迈斯特公司生产的泵车，臂长分别为28米和36.14米。拉法基混凝土公司拥有数量充足正规化的罐车队以及与多家大型车辆租赁公司建立的良好合作关系，保证满足客户的运输需要。

3. 销售途径

北京易成拉法基混凝土有限公司的其中一个股东是北京市易成市政建筑工程公司，它拥有市政公用工程总承包一级企业资质，房屋建筑施工总承包三级企业资质，爆破与拆除工程专业承包三级企业资质，年产值达到2.6亿元，是北京市政集团的骨干施工企业。北京易成市政建筑工程公司正好为北京易成拉法基的混凝土提供了一个很稳定的销售途径。

4. 混凝土IPD生产改进

拉法基混凝土公司设计年生产能力20万立方米，由德国利勃海尔公司进口的两套独立搅拌系统，保障24小时连续生产，每台生产能力为90立方米/小时。其中一台搅拌系统配有北京地区先进的行星搅拌系统，以保证生产高强度混凝土时均匀搅拌。搅拌机全部配有含水率自动测定仪，由具有中文功能的PC软件计算机系统控制原料自动上料、计量、搅拌系统，自动化程度高、操作系统可靠、称量准确。其搅拌主机搅拌原理是目前世界上最先进的，节能、环保方面在国内领先。②

---

① 资料来源：北京易成拉法基混凝土有限公司（2008），http：//www.lafarge－concrete.cn/。

② 资料来源：北京易成拉法基混凝土有限公司混凝土技术（2008），http：//www.lafarge－concrete.cn/tech.htm。

另外，为保证冬季施工混凝土质量，特别配备了两台2吨的自动燃油锅[1]。冬季生产更使用骨料与水的加热系统，确保冬季混凝土的产品质量。

拉法基混凝土公司除能生产各类普通混凝土外，还可以根据工程的需要生产特种混凝土。自1997年投产以来，拉法基在北京市场上已成为一家可信赖、高质量混凝土的生产厂家。拉法基参与并圆满完成了许多重点工程的建设，如天安门改造工程、大兴污水处理厂、京开高速公路、双城大厦等工程。其中，双城大厦荣获工程结构“长城杯”；元隆大厦底板混凝土一次性浇筑混凝土5 000余立方只用了60小时，结构无任何裂缝；京开高速公路箱梁一次性浇筑C45引气混凝土约2 000立方，5天强度达到100%。[2]

五、拉法基个案再探：从都江堰水泥厂看ISC及IPD

1. ISC策略：

（1）原料供应及前期处理

都江堰拉法基水泥公司生产厂区是一条从石灰石储存到水泥发运的日产4 000吨水泥生产线。石灰石由皮带输送进厂，采用直径为25米的预应力隧道库储存。该库结构简单合理，施工周期短。

页岩预均化和原煤预均化设置在同一椭圆形预均化堆场内，除有利于生产管理外，其工程造价比设置两个单独的圆形预均化堆场节省5%。预均化堆场内设有工业电视，可对页岩、原煤的堆、取料作业连续监测。

（2）仓储运输

为储存和发运水泥，工厂拥有6座伊堡型水泥均化库，每库储量4 500吨，水泥库底可直接发运散装水泥。另外亦设有4个散装水泥发运点和两台八嘴回转式包装机。

都江堰拉法基水泥工厂的选址靠近成堰高速公路（见图2－9），便利水泥运送到成都销售点。

工厂同时拥有自己的运输车队及与具有多年专业水泥运输经验的公司合作，提供24小时运送服务。

2. IPD策略：

（1）配料生料控制优化

水泥厂的配料站采用石灰石、页岩、砂岩、铁粉配料，各配料仓均配

---

① 资料来源：北京易成拉法基混凝土有限公司公司简介（2008），http：//www.lafarge－concrete.cn/about.htm。

② 同上。

有荷重传感器和高位料位元计，可对仓内物料连续监测。页岩配料仓下设有筒仓卸料器，可顺利排出粘湿物料。

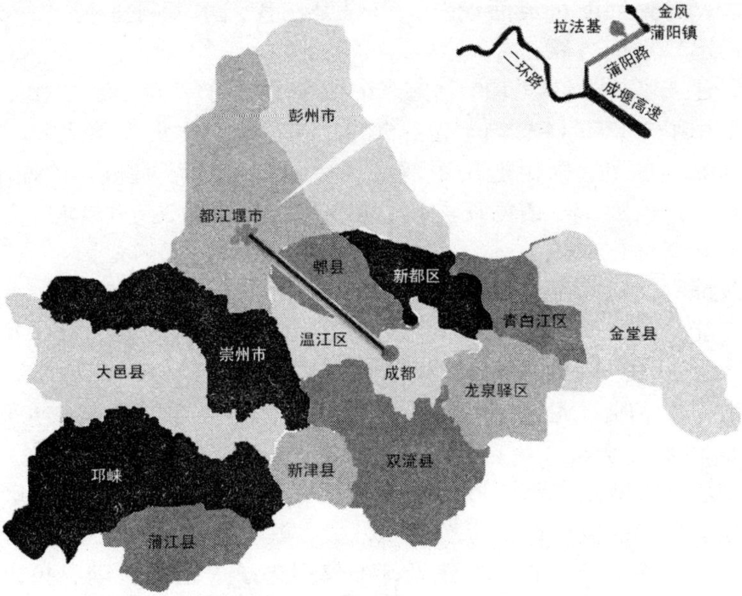

图2-9　都江堰拉法基水泥工厂位置①

生料粉磨采用带外循环系统的 MPS4750B 立磨系统。台时产量最高可达 300 吨。为了减小磨机风环风速，降低磨内压降，节约粉磨电耗，设有物料外循环系统，最大外循环量为每小时 120 吨。生料均化采用成都建材院的改进型 MF 库。库有效储量 4 000 吨，储期 0.7 天。

窑尾喂料采用两段提升，入窑生料计量仓位于生料库顶，布置紧凑，设备运转可靠。

（2）熟料制造优化

熟料烧成采用低氮管道式分解炉、单列五级旋风预热器、两挡支撑回转窑、多通道燃烧器和第三代空气冷机系统。

窑尾废气处理采用反吹风大布袋收尘器。在预热器出口至高温风机管道上设有喷水系统，根据收尘器入口温度可自动控制喷水量。经中国环境质量监测中心监测，净化后气体含尘浓度低于 $15mg/Nm^3$。窑头废气处理采用气箱脉冲袋收尘器。冷机废气经风冷式热交换器冷却后，进入气箱脉冲袋收尘器处理。净化后气体含尘浓度低于 $20mg/Nm^3$。

① 资料来源：《拉法基家园》，2005 年 4 月刊（2005）。

熟料采用2座预应力隧道圆库储存，有效储量为50 000吨，另设1座8米的黄料库，有效储量1 000吨。黄料库兼作散装熟料发运。煤磨采用中速辊式磨，煤粉细度可灵活调节，该煤磨在我国水泥行业是第一次采用，振动小，运转平稳可靠。

工厂建造了2个储量100立方米的煤粉仓，分别为分解炉和回转窑供煤。亦采用了2套带O－Sepa选粉机的闭路球磨机水泥粉磨系统，能同时生产不同品种水泥。磨机选用了双滑履单边双传动球磨机，传递功率大、占地面积小、投资少。销售旺季，水泥粉磨能力每天达5 000吨。

（3）IPD优化成效

实践证明，烧成系统日生产能力实际可突破4 000吨熟料，水泥粉磨实际生产能力可达5 000吨。各种技术指标先进：废气温度小于310℃；熟料热耗小于3 010千焦；在水泥粉磨系统未设置预粉磨的情况下，从矿山到水泥出厂，每吨水泥综合电耗仅87度，达到了当今世界先进水平。

（4）环保贡献

都江堰以青城山、都江堰水利工程双双列为世界自然文化遗产而闻名于世。为了最大限度地保护自然环境，成都建材院在设计中均执行欧洲环境保护标准。该生产线的成功建设，不仅引进了先进的管理、技术、工艺和设备，同时树立了将传统水泥工业建成新型工业的典范，既发展了当地经济，又最大限度地保护了当地的生态环境。①

六、整固产业链后的成功

显而易见，拉法基并购中国企业后，无论于水泥还是混凝土的生产，均充分运用其ISC与IPD策略，不但拉紧了整条产业链，更改善产业链中每一环节，大大提高了产品的附加值。从拉法基全球公司的2007年年报中②，拉法基在2008年成功拥有85%的市场占有率，在生产利润方面，更可以见到由2005年的14%平稳增长到2007年12月的18%。由此可见，拉法基于全球的表现取得了空前的成功，不仅能维持全球水泥市场上的固定占有率，而且在利润上更是节节上升，这正是策略运用成功的最佳证明！

---

① 资料来源：成都建筑材料工业设计研究院有限公司（2008），http：//www. cdi－china. com. cn/gcsj－02. asp。

② 资料来源：《拉法基2007年度报告》。

第四节　Holcim 华中并购与发展

【本节导读】

跨国企业面对不同区域不同特色的水泥市场，如何能成功进入并成为霸主呢？拉法基于中国西南引以为傲的绝招“IPD 与 ISC 策略”又是否能于中国其他区域发挥出来呢？

Holcim 在 2005 年入主华新水泥后，令华新水泥的净资产回报率由当年的 6%，提升到 2006 年的 11% 和 2007 年的 17%。Holcim 收购及入主华新水泥只是“第一步曲”，重要的还是以 ISC 与 IPD 整合及强化产业链，最后赚取产品的最高价值。

1. Holcim 水泥的产业链 ISC 策略

Holcim 整固产业链时，也是针对 6 + 1 中每一个环节来改善。简单来说，就是通过并购行动获得矿石资源，再借着本身拥有的研发技术及对产业链各环节的掌握，整合被购企业的产业链，从而获取产品最高价值。

透过 ISC 策略，Holcim 稳定了原料供应；Holcim 掌握了运输方面的优势；Holcim 以 ERP 系统拉紧了整条产业链的环节。

2. Holcim 水泥产品开发的 IPD 策略

Holcim 在 IPD 产品优化方面，为华新引入了中子活化技术、低温余热发电及混合能源。目的很明显都是为了节省成本、增加效率及提高质量。

一、外资 Holcim 的出现

早前已提及水泥行业的区域性因素很强，不同区域的水泥市场有着不同的特色。例如，东北地区气候变化很大。由于冬天十分寒冷甚至会下大雪，大部分的建设项目工程均停工，故东北地区的水泥企业也随着市场需求的锐减而进入寒冬淡季。如何突破气候因素的限制，成为该区域的战略重心。

又例如，华中地区拥有长江流域纵横交错的水道运输网，又有丰富的石灰石矿资源。因此，拥有石灰石矿资源及长江流域运输网络的华中地区，成为兵家必争之地。

跨国企业面对不同区域不同特色的水泥市场，如何能成功进入并成为霸主呢？拉法基于中国西南引以为傲的绝招“IPD 与 ISC 策略”又是否能于中国其他区域发挥出来呢？拉法基的成功例子是否只是个别案例？

带着上述种种疑问，让我们来看看跨国企业于中国其他区域水泥行业的并购情况。首先出场的是：Holcim 华中并购华新水泥。

Holcim 是全球第二大水泥生产及供货商。其生产基地与销售基地遍布全球70多个国家，可以说是世界水泥市场的巨无霸。与所有跨国企业一样，Holcim也希望打进中国这个庞大的水泥市场，于这个急速发展的市场中分一杯羹。当务之急，当然是先找到心仪的猎物，进而吞噬，然后将其地盘纳入自己怀中，找到合适的落脚点。

以湖北省为根据地的华新水泥，正是Holcim心目中的美味点心。华新水泥是中国水泥龙头企业，其生产基地遍布长江流域及沿海地区，销售网络覆盖大半个中国。Holcim如能并购华新，便能于华中地区找到落脚点，不但可以打开中国水泥市场的大门，更可以此为根据地，开展其水泥霸业。

Holcim可算是一个充满耐性的狩猎者。1999年1月，Holcim通过战略性配售认购7 700万股华新B股；2005年之后，透过大宗交易再次购得876万股华新B股；2008年2月，以每股人民币26.95元购入7 520万股华新A股，Holcim持股比例上升至39.9%，成为华新水泥最大单一股东。经过差不多10年时间，华新这只肥美的绵羊终于送进了虎口！

Holcim收购及入主华新水泥只是“第一步曲”，更重要的还是“第二步及第三步曲”——以ISC与IPD整合及强化产业链，最后赚取产品的最高价值。

二、Holcim水泥的产业链ISC策略

与拉法基一样，Holcim整固产业链时，也是针对6+1中每一个环节来改善。简单来说，就是通过并购行动获得矿石资源，再借着本身拥有的研发技术及对产业链各环节的掌握，整合被购企业的产业链，从而获取产品最高价值。

1. 产品及生产的灵魂：设计研发

Holcim本身拥有全球研发中心，透过与客户的沟通机制及意见回馈，致力于改善及研发优质的水泥产品。同时，Holcim拥有多年的经验，掌握了先进的水泥生产技术，于降低生产成本、增加生产效率及改善质量方面做得十分出色。换句话说，Holcim本身已掌握了产业链中产品研发的一环。因此，于中国的ISC策略中，Holcim必凭借本身研发方面的优势，致力拓展其他各环节的整合。

2. 产业链的“生存食粮”：原料供应

Holcim并购华新水泥，稳定了水泥生产的原料供应环节。兵法中提及“因粮于敌”，即需于目标国境内解决粮草问题。同样，Holcim也于中国境内解决了原料供应问题。

占有及控制储量丰富的石灰石资源以稳定原料供应，是大规模发展水泥产业的先决条件，是获得对产业生命线的控制权。华新水泥根据地为湖北省，本身已控制该省最好最大的石灰石资源储备。收购华新水泥，就等于把华新的石灰石矿资源纳入怀中。Holcim入主后，更推动华新积极进行

收购行动，顺着石灰石资源的分布，向江苏、湖南、河南等地伸展，有效地掌控了华中一带的石灰石资源，稳定了原料供应。这正是 Holcim 水泥 ISC 策略中重要的一环：掌握资源优势。

3. 产业链的“血管”：交通运输

Holcim 并购华新水泥，有效地运用了华新优越的交通运输网络。华新在黄金水道长江上拥有 5 处码头，分别位于武汉、黄石、南通、武穴及宜都。同时，地处湖北黄石的华新水泥，毗邻京广、京九两大铁路枢纽，占据了中国水泥市场最好的地理位置。

华新水泥大部分生产基地均沿江而建，可透过长江水路以横向方式将原料、燃料及水泥产品，快速、有效及廉价地运送；沿着长江建立自己的码头，可最快地处理及装卸货物；沿江设立粉磨站，可实时处理运来的熟料以制成水泥产品，并运送到客户那里去。毗邻铁路枢纽，可以纵向方式由陆路快速有效地运送产品往各省进行销售。此为华新于中国布下的“十字阵”。而这个“十字阵”正是 Holcim 水泥 ISC 策略中重要的另一环：掌握运输优势。

4. 拉紧产业链的铁索：ERP 系统

在传统的订货及生产流程中，会涉及大量数据处理。对于分公司众多及跨区域的大企业来说，涉及的程序及信息更为繁复。公司要及时、实时及准确掌握流程中的信息的确是十分困难。显然，没有一个可靠的中央信息系统，便无法有效确保生产订单按时完成。

华新于 2001 年开始实施财务、销售、供应三位一体的 ERP 建设。但是，由于该 ERP 系统只支持 SQL Server 数据库，随着公司业务和子公司的增加，网络用户随之不断增加，SQL Server 已不堪重负，不能满足业务的需要。在 Holcim 的推动下，华新水泥斥资 1 亿元引进世界领先的 SAP 管理系统并将此项目命名为“慧眼工程”。

顾客订货数据、计划生产内容、原料采购数量、产品制造的监控数据、货物储存及运送地点等等，以上数据均由产业链中不同环节中的不同分公司人员输入到 ERP 系统中。系统以其特定的方式储存及处理数据，并将数据转换成有用的信息。同时，不同分公司的有关人员又可通过 ERP 系统随时随地获得信息，协调整个工作流程。由此可见，产业链中的各个环节可更紧密地联系起来。

如果你还是不太明白 ERP 系统怎样发挥其功能，你可想象 ERP 系统就是一个中央计算机。以前每个人将自己的数据以自己的方式输入自己的计算机中，每个人只知自己的数据，未能做到信息共享。有了 ERP 这台中央计算机以后，每个人均将自己的数据以统一的格式输入中央计算机中，不但可做到信息共享，更方便比较分析。

值得留意的是，SAP 提供的只是系统平台，是硬件；更重要的是由 Holcim 提供的技术培训及系统设定，即软件部分。Holcim 为华新提供一套国际性的专为水泥产业设计的管理实践的模板。Holcim 花了大量的财力和物力开发一系列系统管理标准。这是一套通用标准，可以提供财务和非财务的详细指标，以便于有效及统一地对比各分公司的运行状况。

上述系统管理标准着力于对水泥行业的运作做更准确或细微的分析，以帮助提高公司的绩效表现。举个例子：如果我们要计算生产每吨熟料所需的热耗，一般企业会计算产生每吨熟料所用的煤耗。但是，根据 Holcim 于华新推行的 ERP 系统标准，是采用每吨熟料所消耗的热能焦耳数来进行统计分析。这样可以有效避免因使用实物煤耗而忽略了煤热能值差异的问题。

根据同业数据显示，使用 ERP 系统后，可有效增强公司整体表现。以下为有关数据分析：

①成本方面的改善

- 生产成本可降低0.5% ~1.3%；
- 管理成本可降低4%；
- 采购成本降低0.3% ~0.8%。

②资金及资产流转的改善

- 存货周转率提高5% ~6%；
- 库存资金占用率降低5%；
- 资金周转率提高4%。

③服务方面的改善

- 物流、资金流、信息流集成率达到90%；
- 产品准时交货率提高10%；
- 销售结算时间由原来1 ~2 天大幅缩减至10 分钟。

三、Holcim 水泥产品开发的 IPD 策略

Holcim 在 IPD 产品优化方面，为华新引入了中子活化技术、低温余热发电及混合能源。目的很明显都是为了节省成本、增加效率及提高质量。现在让我们看看每一个技术的做法。

1. 中子活化技术

（1）背景

目前绝大多数的石灰石矿山采用人工化验的方法分析原料化学成分来指导开采，为了保证石灰石原料符合要求，只好大量剥离覆盖层，挑选高质量石灰石，致使石灰石矿利用率很低。特别是我国大量的立窑水泥厂，

其石灰石资源利用率只有40%，而全国平均使用率亦只有60%。

为了解决这个问题，现在大多数新型干法水泥生产线会采用预均化堆场进行原料预均化（使物料的化学成分均匀一致的过程）。但预均化堆场占地面积大、投资高、维护工作量大，影响水泥企业的生产成本。那么Holcim又怎样解决上述的问题呢？答案很简单，就是推行中子活化技术。

发达国家在20世纪70年代就开始研究中子激活γ-射线分析技术，到了80年代就成功应用在水泥生产线分析方面。中子活化技术能实现水泥生料配料的前置控制，做到从矿山开采到生料粉磨阶段，严格控制原材料的质量稳定，实现“成品进厂”。那到底什么是中子活化技术呢？

（2）应用原理

要了解中子活化技术的精粹，首先要了解水泥的生料生产过程。水泥生料的生产由矿山开采、原料预均化、生料粉磨及生料均化四个工艺环节组成。中子活化技术就是要全程监控上述生料生产过程，控制生料质量，保证入窑生料达到标准。只有这样，才可生产出优质熟料，确保水泥质量。到底中子活化技术是怎样做到全程监控的呢？

①矿山开采→原料预均化

由图2-10可见，石灰石原料由矿山运到生产线，经输送带送往中子活化分析仪，再送往预均化堆场。

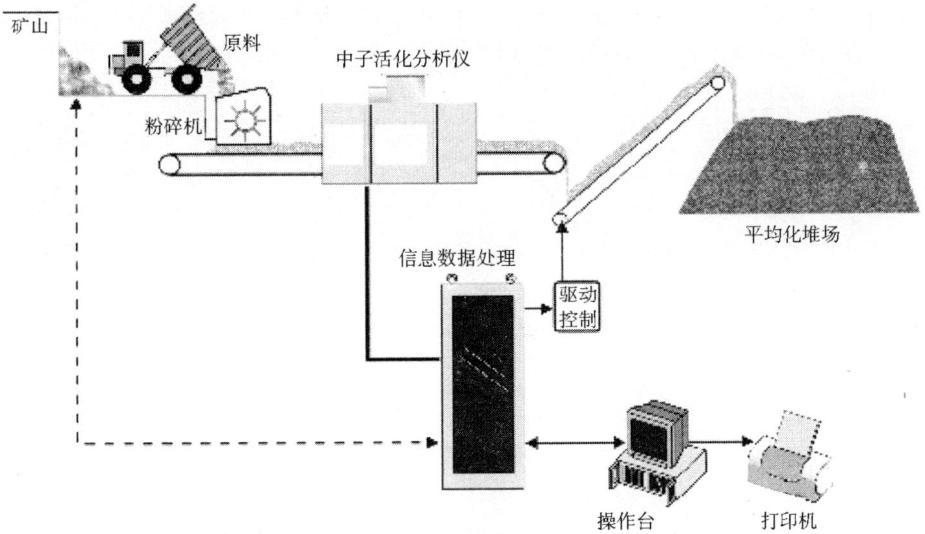

图2-10 华新水泥的生料生产过程①

① 资料来源：自动化在线，http：//www. autooo. net（2008）。

分析仪能快速、及时地对进入均化堆场的原料进行分析，一分钟就可以分析出结果，以当前分析值、滚动平均值、累计平均值、间隔平均值四种形式显示在计算机屏幕上。质量控制人员根据分析仪显示的数据，准确地了解原料的成分，实时对开采的石灰石进行质量控制，对不同开采区的石灰石进行合理搭配，实现均化开采。同时根据石灰石成分的不同，在进预均化堆场前进行分选，并分级堆放，按工艺要求搭配入库，或直接入磨，使得入生料磨前原料的成分的波动保持在最小的范围内。

②原料预均化→生料粉磨

同样，把中子活化分析仪安装在入磨原料皮带机上，可最短时间检测出入磨原料的化学成分。SiO_2、Al_2O_3、Fe_2O_3、CaO、MgO、NaO、MgO、K_2O、SO_3 等化学原料，通过计算机信息传送给负责生料质量控制的计算机系统。计算机系统根据入磨原料的化学成分，计算出入磨混合料检测值。检测人员通过比较入磨混合料检测值和生料质量的目标值，再经过优化计算，连续不断地调节各原料下料配比，使得入窑原料的质量与目标值相符。由于这个监控系统几乎是实时进行的，故此使得出磨生料的质量十分稳定。

（3）成效

其实，早在 Holcim 进入华新之前，华新水泥已开始致力引进中子活化分析仪。但是，为什么成效并不显著呢？主要原因就是华新把分析仪只用作监测原料成分，而没有利用得到的数据实时分析及监控，未能充分利用系统的效能和作用。直到 Holcim 入主华新以后，将中子活化分析技术的精粹（专业软件技术）带给了华新，使其达到全过程控制水泥生料质量的效果。

全面使用了中子活化分析仪后，华新水泥的石灰石利用率由原来 40% 增至 90% 以上，远高于全国 60% 的平均水平。每月搭配使用含泥低钙石灰石，由原来 3 万 ~4 万吨增加到 6 万 ~7 万吨，而且进厂石灰石质量也有明显提高。出磨生料方面，合格率较未使用期间平均提高 29%，即使没有均化库，入窑生料合格率也能达 80%。

由于采用中子活化分析仪可有效减少入厂石灰石的标准偏差，因此可以减少原料预均化堆场的规模，同时可以取消装备复杂的取样站，达到节省投资，减少占地面积的目的。

更重要的是，有了中子活化技术后，可以实现前置式在线生料质量控制，生料库的均化任务已由前置式在线生料质量控制系统来完成。因此，生料均化库的功能被弱化或减少，从而可有效降低成本。举个例子，由于均化时需搅拌生料，故需耗用电能。以 1 吨生料耗电 0.15 度，每 1 度电价格0.5元，以及每年需求1 000万吨生料计算，如果取消均化库，每年便可节省电费75万元。这还未计算每座生料均化库约300多万元的投资。

很明显，Holcim于华新水泥全面推行中子活化分析技术，大大地提高了质量并降低了成本。IPD的策略获得了成功！

2. 低温余热发电

在水泥的生产成本中，煤炭及电力成本占有相当大的一部分。从图2－11可见，煤炭及电力成本已占整体生产成本的45%！更惨的是，煤炭及电力价格因需求不断增加而不断上升，使很多水泥企业不堪重负。看来，降低煤炭及电力成本，就是降低生产成本的关键！Holcim也深明上述道理。在Holcim的推动下，华新水泥进行了纯低温余热发电。

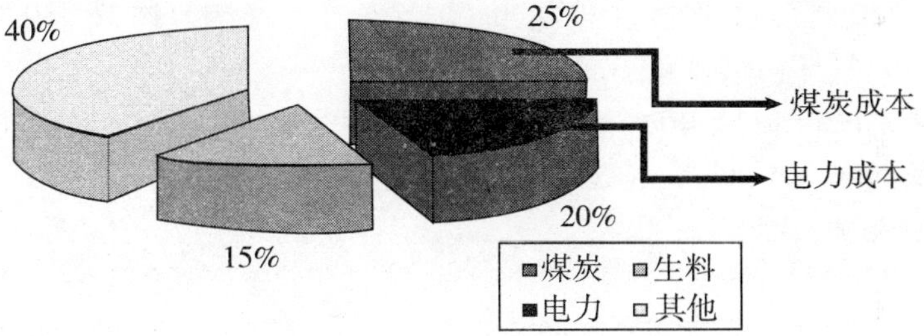

图2－11　生产水泥中的成本分布①

纯低温余热发电是新型干法水泥回转窑利用窑头和窑尾废气余热进行低温发电的一项新技术。生产水泥时于窑头及窑尾均会产生废气，水流经过窑头窑尾时，产生的废气中的热能将水转化为水蒸气，水蒸气继而推动发电机产生电能。

低温余热发电技术无需消耗任何外来能源。需要的只是建一个热交换器，将水泥窑头和窑尾排出的低温废气回收起来通过低温锅炉产生蒸气，推动汽轮机发电便可。每生产一吨熟料平均可转化3.8万瓦时电能。

“低温余热发电的建设不仅有较好的经济投资回报，更能够带来良好的社会效益。”华新水泥战略发展部人士坦言，把国家节能减排行动转化为实际行动，这符合能源的综合利用和国家的循环经济政策，具有良好的社会、经济和环境效益。而上述华新代表的言论，正好概括了低温余热发电的成效。

低温余热发电不但减少了能源消耗，而废气通过余热锅炉降低了废气排放的温度，也减轻了对环境的污染，具有显著的节能环保效果。华新水

① 资料来源：《亚洲水泥招股书（草拟本）》。

泥利用余热发电后，可最大限度地满足自身的用电需求，减少外购电量，又可以降低水泥制造成本，提高经济效益。

现时，我国水泥低温余热发电的应用尚不普遍。截至目前，我国有49条采用余热发电技术的新型干法生产线投入运营，不足我国现有新型干法水泥生产线的10%。但是，在Holcim的大力推动下，华新陆续展开其余热发电工程。据中国循环经济网2008年3月的一篇报道，华新将在未来几年间在阳新、武穴、襄樊、咸宁、信阳等5个分公司的7条生产线投建低温余热发电项目。预计年发电量将达到3.91亿度，若折合成标准煤发电，将减少CO_2排放量56.07万吨。

预计华新于赤壁的分公司的余热发电工程建成后，公司每年向电网可少购电量4 330万度（节约用电约30%），相当于每年节约16 450吨标准煤，每年向大气环境减排43 377吨CO_2。①

再一次，Holcim以IPD策略改善华新水泥的生产过程，大大地降低了生产成本及环保成本。

3. 混合能源

（1）背景

前文已经提过，能源问题已成为水泥企业控制成本的关键。Holcim作为世界水泥业的霸主，当然明白充分利用能源的重要性。入主华新后，Holcim积极推动华新进行综合能源利用计划，华新利用电厂粉煤灰便是一成功例子。

（2）原理

粉煤灰是火力发电厂燃烧煤炭发电后，残留下来的渣滓。平均每100万吨煤排放30万吨粉煤灰。根据有关法律要求，企业需妥善处理粉煤灰，以湿法排放的方法将粉煤灰进行填埋。但是，华新透过其混合能源计划，不但免去了上述湿法排放粉煤灰的成本，更变废为宝，将粉煤灰变成有用的水泥混合材。②

在磨制水泥时，除了掺入适量石膏以外，还会掺入人工或天然的矿物材料，以改善水泥性能、调节水泥强度等级，增加水泥产量。掺入人工的或天然的矿物材料，称为水泥混合材。

在Holcim的支持下，华新通过“混合材结构特征协同试验”，优化了水泥的配比方案，在不影响水泥质量的大前提下，提高了混合材的掺量。在水泥制造过程中保护了环境，而且大大节约了能源消耗，提高了水泥企

---

① 资料来源：数字水泥网报道（2008年11月）。

② 资料来源：煤炭网报道（2005），www.coal.com.cn。

业和电厂双方的经济效益。

神奇的不止于此。毒鼠强、过期农药、生活垃圾、工业废油、禽流感动物尸体……这些让人触目惊心的物体，也进入了华新“变废为宝”的计划。华新透过 IPD 策略，将这些物体本身含有的一些热质，完全转化成热能，甚至替代煤成为当中部分的燃料。

2003 年，9.8 吨“毒鼠强”污染物被分批投进华新黄石分公司的 5 号窑内，经 1 700 摄氏度的高温火化，污染物变成了水泥熟料，焚烧后排放的烟尘也达到国家环保标准。

（3）成效

混合能源能为华新带来多少成效呢？以位于湖南省岳阳的华能岳阳电厂为例子，企业每年耗煤量为 200 万吨，按年排放粉煤灰量 60 万吨计算，每年得开支约 2 000 多万元用于征用土地，以采取湿法排放的方法进行填埋。这样，不仅占用了土地、浪费了水资源，而且严重污染了周边环境。换句话说，如能有效运用粉煤灰，这 2 000 多万元的征用土地费便可省下了。

此外，湿法排放粉煤灰的成本不菲。光湿排一吨粉煤灰，就需要 20 吨水，以每吨水费 2 块钱计算，排一吨粉煤灰需要 40 元。以华新岳阳水泥厂年产能力达到 100 万吨的一期工程为例，一年要吃掉 40 万吨粉煤灰，直接给电厂带来了 1 600 万元的效益。

此外，以粉煤灰作为混合材掺入水泥，可以直接降低水泥的成本，大概每一吨可以降低 50～60 元，大大提高了产品的竞争能力。

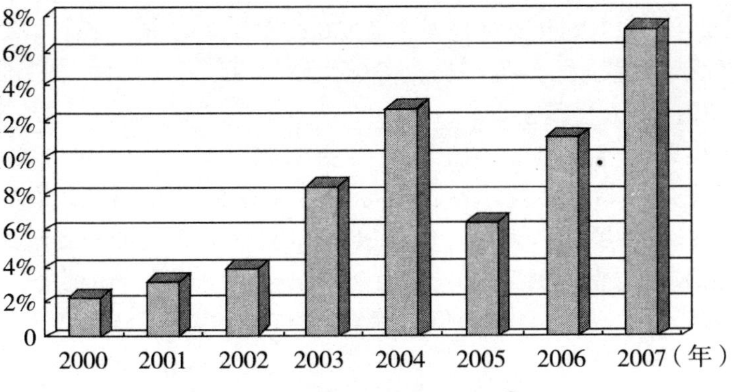

图 2－12 华新水泥的资产收益①

① 资料来源：华新水泥财务报表。

由图2－12可见，在ISC与IPD的完美结合下，华新水泥的表现也随着节节上升！资产回报率由2000年约2%上升到2007年约17%，在短短7年间翻了8.5倍！

第五节　爱尔兰CRH东北并购与发展

【本节导读】

2006年爱尔兰CRH收购亚泰水泥后，也协助亚泰水泥把毛利率由11%提升至2008年第三季的23%，增幅达到1倍多。

1. 爱尔兰CRH水泥的ISC策略

爱尔兰CRH在东北地区也为自己打造一条无坚不摧的6＋1产业链。为了稳定原料采购方面，在东北地区不断进行收购，以占据东北地区的石矿资源；另一个特点是在仓储方面，爱尔兰CRH引入了冬储的钢板仓库建设，每吨水泥为公司带来额外的80元利润；销售方面，与我国东北水泥巨头亚泰集团合作，在协同效应下，扩大水泥的销售网。

2. 爱尔兰CRH水泥产品开发的IPD策略

亚泰水泥用于吉林亚泰水泥有限公司、吉林亚泰明城水泥有限公司及亚泰集团哈尔滨水泥有限公司三个熟料生产线的余热发电项目亦已投产。使用余热发电，每年可节约水60多万吨，标准煤7万多吨及电471万度。假设公司的总装机容量为3.3万千瓦时，每年将节约成本1.25亿元！

一、CRH水泥产业链的ISC策略

爱尔兰CRH是世界500强企业CRH集团的全资附属公司，集团主要从事各种新型建筑材料生产，是全球第五大的建材集团，总部设在爱尔兰，业务覆盖31个国家。①

案例中另一主角亚泰水泥是亚泰集团旗下8家水泥企业的合资公司，现有生产能力1 300万吨，各种高标号水泥系列产品畅销东北三省，并跨出国门出口到俄罗斯，为东北地区最大的水泥企业及唯一受国家政策支持的全国性水泥企业集团。2007年为全国第七大水泥生产企业。②

与Holcim的案例有点不同，爱尔兰CRH的起步较晚，于2005年才进入中国市场。然而，爱尔兰CRH以极快的速度于2006年收购了黑龙江

---

① 数据来源：2008年2月1日，内外呼应水泥产业第一军团强势崛起，绿色建材网http：//www.6jc.cn。

② 资料来源：刘丹，2008年3月22日，亚泰集团腾龙术携手CRH重组周边水泥，http：//gegu.stock.cnfol.com/080322/125，1332，3938654，00.shtml。

小岭水泥，并于同年10月收购亚泰水泥26%的股权，正式展开其东北争霸之路。

跟先前两个案例一样，爱尔兰CRH在东北地区也为自己打造一条无坚不摧的6+1产业链，从图2-13可见爱尔兰CRH是带着先进的产品设计及技术进入中国的。为了稳定原料供应，爱尔兰CRH在东北地区不断进行收购，以占据东北地区的石矿资源；另一个特点是在仓储方面，爱尔兰CRH引入了冬储的钢板仓库建设，每吨水泥为公司带来额外的80元利润；销售方面，与我国东北水泥巨头亚泰集团合作，在协同效应下，扩大水泥的销售网。而IPD产品设计就跟Holcim的案例一样，引入低温余热发电，最后亦都达到节省资源、增加效率及提高质量的目的。

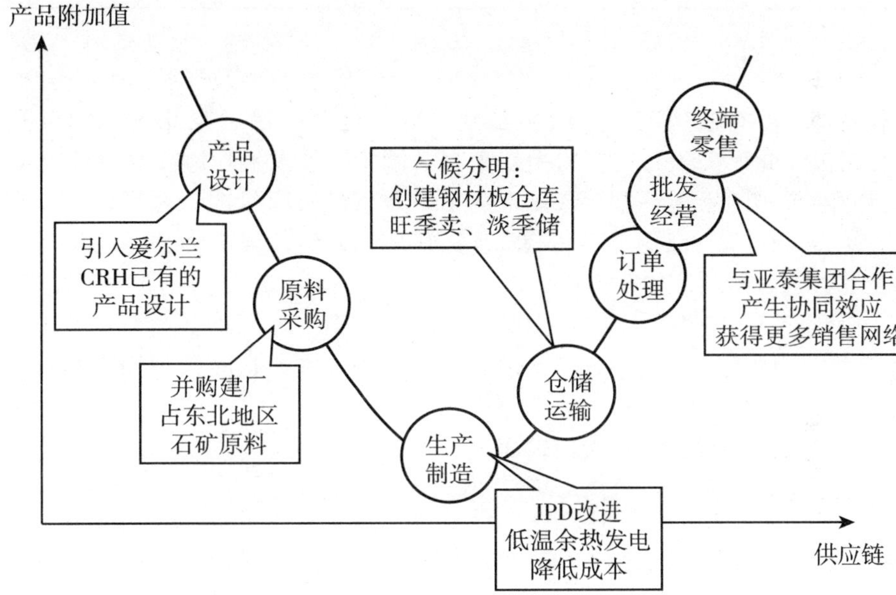

图2-13 爱尔兰CRH进入中国的6+1产业链策略

1. 带着先进的产品设计技术进来

爱尔兰CRH具有国际领先的水泥产品加工技术，于水泥下游高附加值制品如集料、预拌混凝土等处于行业前列位置。同时，它们又投放大量资源于环保节能上，包括致力于降低熟料水泥生产中的能耗和生产时CO_2的排放量。

2. 稳定原料采购，降低运输成本

表2-6显示出东北地区主要石灰石矿位置及现今储量。而亚泰集团则拥有位于长春市双阳区羊圈顶子石灰石矿、盘石市明城杨木顶子石灰石矿

以及阿城市山河新明大理岩石灰石矿、总储量达15亿吨[①]。

表2-6 东北地区主要石灰石资源[②]

序号	地名	储量（万吨）
1	双阳区羊圈顶子石灰石矿	20 815
2	盘石市明城杨木顶子石灰石矿	14 832
3	黎树县程家屯石灰石矿	8 366
4	东辽县椅山乡石灰岩矿	5 087
5	辉南县三合顶子石灰石矿	15 003
6	阿城市山河新明大理岩石灰石矿	7 974

CRH 入股后的亚泰集团共有7条生产线建于长春及吉林等地，其中吉林亚泰水泥有限公司生产线正是建于此，其总产量居东北区第一位[③]。而负责供应此生产线石灰石的为双阳区羊圈顶子石灰石矿。吉林亚泰明城水泥有限公司则由盘石市明城杨木顶子石灰石矿负责供应石灰石，其年产量亦达28万吨[④]。而位于哈尔滨的亚泰集团哈尔滨水泥有限公司的生产线则由邻近阿城市山河新明大理岩石灰石矿供应，其年产量可达300万吨[⑤]。

由此可见，亚泰集团在建水泥生产线方面围绕资源丰富的石灰石矿附近，此举可以大大降低由原料运输到生产线的成本，从而做到稳定原料来源、降低生产成本的目的。

3. 拓展运输网络，扩大运输半径

东北地区水泥主要销售市场：

- 2大中心市场：长春和哈尔滨；
- 4大主导市场：吉林、大庆、牡丹江－绥化、四平－辽宁；
- 4大开发市场：沈阳、齐齐哈尔、延吉－通化、松原。

---

① 资料来源：2007年2月27日，亚泰水泥东北发展态势，2008年12月24日，http://www.dcement.com/Article/200702/41424.html。

② 资料来源：姜山（2006），东北水泥行业发展研究，长春理工大学硕士论文，万方数据。

③ 资料来源：2006年6月14日，亚泰集团：跨越式发展打造东北水泥业旗舰，http://www.dcement.com/Article/200606/37793.html。

④ 资料来源：亚泰集团网站，2008年12月24日，http://www.yatai.com/cement/mc/index.asp。

⑤ 同上。

我们将从海、陆、空三路分析东北地区的水泥运输网络。

（1）水路方面：松花江黄金水道可直达俄罗斯。而大连港地处中国东北辽东半岛最南端，东濒黄海，西临渤海，是东北通向华北、华东以及世界各地的海上门户，是重要的港口①。由于水泥水路的合理运输半径为600公里②，亚泰的水泥制品就可以外销到东北三省以外的地区。

（2）陆路方面：（i）黑龙江省内的哈大、滨绥、滨洲、滨北、拉滨五条铁路四通八达，三市之间高速公路基本贯通。密集的交通网络大大压缩了哈尔滨、大庆、齐齐哈尔之间的时空距离，基本上形成了以大庆为中站的两小时经济带。除此之外，滨洲铁路更直接通往蒙古和俄罗斯。（ii）吉林省内以长春为中心，四平至长春、白山至白城、珲春至白城铁路线则贯穿整个吉林省。③ 为此，亚泰自有专用铁路，与二级中转站烟筒山站连接，火车专用线日运输量可达100车；公司有自备散装罐车60辆，可为省内外用户提供便利的火车运输。此外，为了便于用户送货，更成立大型车队，拥有板车89辆，散装汽车罐车20辆，可满足用户旺季急需④。

（3）空中方面：哈尔滨国际机场是欧亚空中走廊的重要枢纽⑤。

由此可见，亚泰的内销网络遍及黑龙江、吉林、辽宁三大经济带，外销网络则通过滨洲铁路直通俄罗斯，水路则经大连港通往世界各地。充分利用水路和铁路扩大水泥的销售半径。

4. 引进大型钢板库，改善仓储功能

因应东北地区四季气候明显不同，冬季无法施工，水泥需作储存，爱尔兰CRH着手改革仓库问题，以便增加企业效益。

从图2－14所见，我们可对东北地区四季的水泥价格（包括标号32.5及42.5）进行分析：

第一季度受天气寒冷影响，建设施工暂停，加上受假期（跨越春节长假），水泥企业检修，交通运输不便等因素影响，水泥需求相对处于淡季，水泥价格呈现下降趋势；

第二季度随着天气回暖影响，建筑施工项目开始启动，水泥消费需求增加，开始逐步消化第一季度积存仓储，供需拉动水泥价格回升；

---

① 资料来源：姜山（2006），东北水泥行业发展研究，长春理工大学硕士论文，万方数据。

② 资料来源：2008年8月25日，水泥行业受市场半径限制 区域竞争如围棋布局，慧聪网 http://home.focus.cn/news/2008-08-25/112898.html。

③ 资料来源：姜山（2006），东北水泥行业发展研究，长春理工大学硕士论文，万方数据。

④ 资料来源：亚泰集团网站，2008年12月25日，http://www.yatai.com/cement/index.asp。

⑤ 资料来源：姜山（2006），东北水泥行业发展研究，长春理工大学硕士论文，万方数据。

第三季度随着雨水渐渐增多，水泥消费亦开始减少，价格较第二季度高位出现回落。第三季度后段受建筑项目重新大规模启动，水泥价格开始由降转升；

进入第四季度，在南部地区，受年底结算等因素加快建设工程进度，水泥需求量亦相对增加，因煤炭价格上升，限制电力供应等造成水泥开工率不足，推动水泥价格上升；但是，不同于南方，由于天气严寒，北方已进入淡季①。

总体而言，冬天水泥价格往往比旺季低约 80 元②！如水泥企业有一个先进有效的仓储系统就可做到低价时积存、高价时出售。我们看看爱尔兰并购亚泰水泥后，怎样建设先进的钢板库。

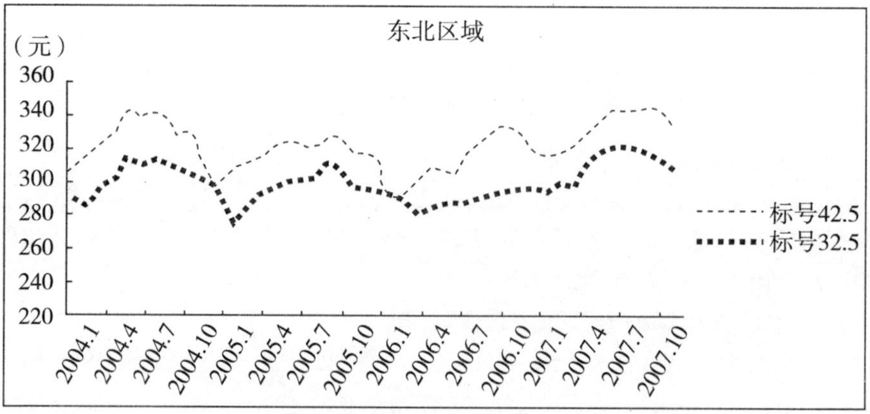

图 2－14　2004～2007 年东北地区的水泥价格③

（1）钢板仓库原理

大型钢板库的特点在于其结构作用的力学特点，在普通地质条件下不需要大量投资于基础处理方面，但仍可产生高荷载能力的承负条件。而且库体和相关物料出入库方式，均可做到降低能耗和无尘排放的效果。

从图 2－15 可见，与传统圆仓的基础不同，大型钢板库通过具有内聚反浮作用的环形基础，在不同地质反浮作用下产生荷载能力，避免了强化

① 资料来源：韩其成，水泥行业季节波动逻辑与区域演绎脉络，2008 年 3 月 4 日，http：//www. gutx. com/news/hyyj/787247. htm。

② 资料来源：北北，亚泰集团建成钢板库，2008 年 10 月 23 日，中国证券网 http：//www. cnstock. com/misc/2008－10/23/content_ 3771901. htm。

③ 资料来源：2007 年 12 月 21 日，佐思市场研究报告网，http：//www. okokok. com. cn/Htmls/GenCharts/071221/5662. html。

基础的高额投资。①

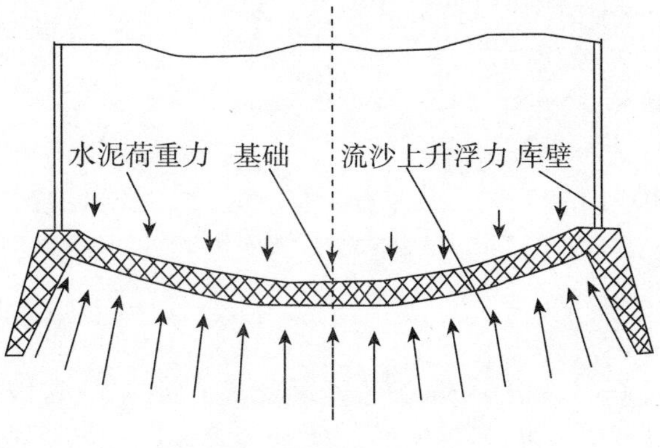

图 2－15　钢板库的基础原理②

从图 2－16 可见，大型钢板库的库底外输送利用库底气化压力，通过中心排料口，利用气浮输送，把出库水泥输送进包装库或直接输送进散装车，从而产生一管直通的外输送效果。对比传统圆仓库底排料有效节约用电达 90% 以上。

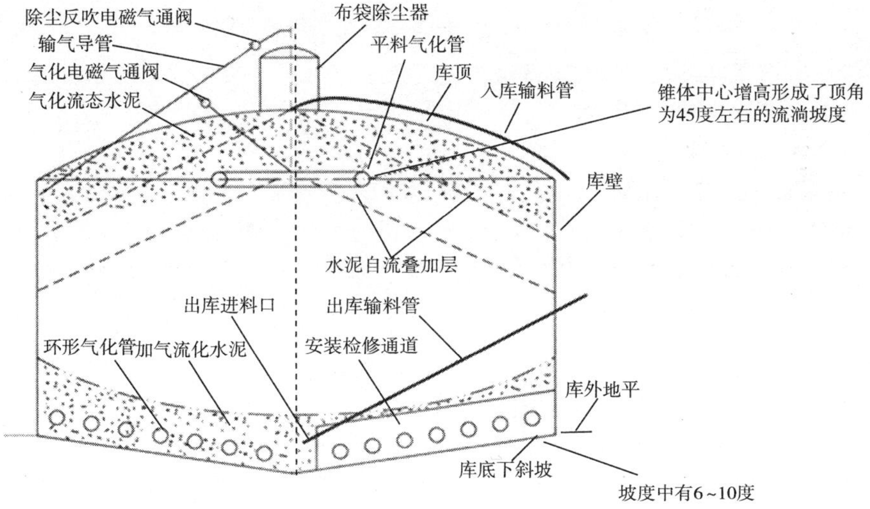

图 2－16　钢板库的内部结构

① 资料来源：大型钢板库的特点，http：//www. baidu. com. hk。

② 资料来源：中国水泥技术网。

库外排料方面，由于大型钢板库库底，坡度只有 6～10 度。这种小角度的内斜坡，是利用库底所置的环形气化装置，在向高密度沉积料层定向渗气中，通过恢复流化的向心流态，产生中心一口排料的功能，此功能可使库内存料的排空率达到 95% 以上。

自均化效果方面，从图 2－17 可知，大型钢板库中间的锥体中心增高自然形成了顶角为 45 度左右的流淌坡度，这种坡度大幅度扩大了进料扩散面积，瞬间料层的分布厚度大幅度减小，使近百小时的进料量，在充分混合的均化中，消除进库水泥的质量波动。

此外，由于大型钢板库的空间是一个完全封闭的状态，除去进料带入的空气，没有库外气体进入的条件，因此库存水泥能在较长的存放时间内，确保质量不变。同时，密闭的大型钢板库，因进料形成的气料体积占据空间，扩大了库内压力，库内压力的加大，加快了气料分离速度和增加了水泥的沉积密度，并提高了单位容积的储存量，加大了有效容积的储存能力。

（2）钢板仓库应用

对比传统圆仓的仓储功能，由于大型钢板库的投资较少、储量大，且储存期可达 2 年，非常适合需要冬储的东北水泥企业。因此，CRH 参股亚泰水泥后，积极建设多座大型钢板库，解决淡季生产水泥的储存问题，为企业增加效益创造了显著成效。

与传统圆仓的成效作比较，现总结如下：

- 投资少：建一座钢板库投资减少 90% 同时储量可增加 80%；
- 储量大：储量达 10 万吨以上；
- 占地面积小：建一座 3 万吨钢板库占地 1.5 亩，储量则相当于传统千吨仓 30 座。占地足足比传统圆仓少 38 亩；
- 储存安全：采用钢板库，储存 2 年而质量没有任何问题，相反传统储存方式，储存三个月强度明显降低；
- 储存费用低：正常储期为七天，多余水泥通过包装放在成品库，而大型钢板库的均化功能可直接包装、装车、短运和袋子破损只有一次。在避免两次短运的直接外运中，大大降低了生产成本。

有了钢板库之后，亚泰集团董事长宋尚龙表示将可实现淡季时低价储存、旺季高价售出的销售策略。估计销售差价可在 80 元以上。经济效益能够增加 40%，每年节约水泥存储费用 2 000 余万元，加上节省的其他冬储费用，预计 5 年即可收回投资。

5. 增加销售据点，缩短销售距离

亚泰水泥销售网络遍布长春、哈尔滨销售区域及四大主导市场（见表2－7），且邻近铁路，大大降低运输成本。

表2－7　亚泰水泥营销网络①

名　称	地　址
销售公司营业部	吉林省长春市二道区吉林大路1801号
双阳现场办	吉林省长春市双阳区山河街
长春现场办	吉林省长春市二道区四通路3839号
九台办事处	吉林省九台市新华大街41号
松原办事处	吉林省松原市建华路
哈尔滨销售部	哈尔滨道外区水泥路102号
海伦销售部	黑龙江省海伦市复兴路3号
绥化办事处	黑龙江省绥化市北林区物资城院内
大庆办事处	黑龙江省大庆市让胡路区花卉小区3号楼2门602室
龙潭销售部	吉林省吉林市龙潭区郑州路5号兴城街14号
明城销售部	吉林省盘石市明城镇矿山街

6. 引进销售系统，联系多个部门

水泥业属于传统制造业，产量大、销售面广、业务量大，单靠人为控制易出现漏洞，管理起来难度大。经常会出现产品调价，客户的需求信息不能快速响应，信息资源不能共享，重复记账，缺乏科学系统的数据分析等问题。

CRH推动亚泰水泥推行销售智能管理系统，将销售部、财务部、发货部、门检部联系起来，每天每人的工作量可供随时查看，需要的各种报表只要能上网就可随时获得准确的数据。亦引进IC卡提货一卡通，减少了人为错误。同时，在发货、门检等重要部门安装了语音提示和LED大屏幕显示功能，缩小了客户与工作人员的距离。②

7. 运用上游业务，稳定煤炭成本

图2－11可以了解到在生产水泥过程中，煤炭、电力及原生材料成本

① 资料来源：亚泰集团公司网页，http://www.yatai.com/cement/index.asp。

② 资料来源：北京汇德佳信息技术有限公司——水泥软件专家，http://www.djsoft.com.cn/ProductShow.asp? ArticleID=9。

分别占总开支的25%、20%及15%，可想而知煤炭成本的控制是很重要的。而煤炭价格由2005年便不断上升，从图2－17看到2005年的煤炭价格从每吨220元及2006年的每吨240元，到了2007年，就一下子急升到每吨420元。

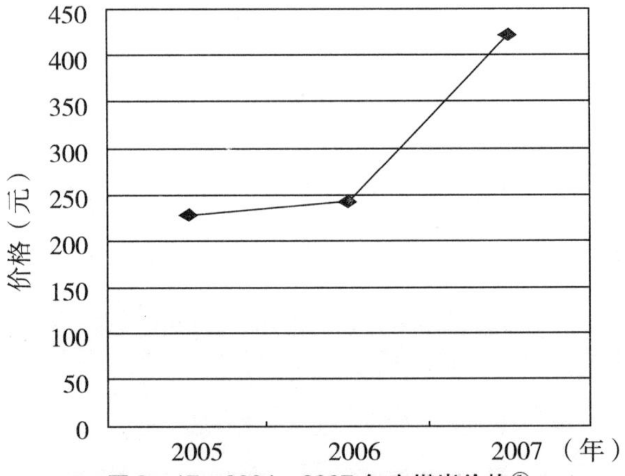

图2－17　2004～2007年度煤炭价格①

亚泰水泥的母公司亚泰集团旗下的双鸭山亚泰煤业有限公司拥有宝山煤矿储量4 640万吨，每年预计产能81万吨，该矿区煤炭发热量在5 500大卡以上，属优质煤炭。而亚泰煤业的煤炭以自用为主，能有效地为亚泰水泥提供稳定燃料供应②，因此能有效降低因煤价上升的成本不稳因素。

8. 运用下游业务，增加协同效应

虽然爱尔兰CRH入股的只是亚泰水泥，但亚泰水泥其母公司业务广泛，吉林亚泰房地产开发有限公司及吉林二泰建筑工程有限公司便会承包房地产项目及建筑工程。两家子公司旗下工程包括体育场馆、商业大厦、公路、水库、发电厂、机场跑道等。因此亚泰水泥的批发销售便与母公司的工程有了协同效应，因而稳定了水泥的销售。

更有利的是，上述建筑公司也为亚泰水泥进行建筑改善工程。其工程包括亚泰双阳水泥五期工程、亚泰明城二期工程、亚泰鼎鹿80万吨/年粉磨站工程、亚泰哈水80万吨/年粉磨系统改造工程、吉林龙潭水泥钢板仓

① 资料来源：亚洲水泥招股书草拟本。

② 资料来源：张春雷，2007年10月30日，亚泰集团，三驾马车拉动公司业绩增长，http：//www. secon. cn/Html/ggyj/2007－10/30/133157302_ 2. html。

库等①。这些工程均能有效地增加亚泰水泥的产能。

9. 整理客户意见，增强产品研发

亚泰集团对客户对于其产品意见采取一套名为“微机化客户销售管理系统”。

当客户收到所需要的水泥产品后，销售部门便会收集客户意见，例如客户觉得水泥的硬度不够，此信息经过反馈后便会经过微机化处理。所谓微机化处理就是可以在一个数据变动调整后，对其他数据自动进行调整，而无须人工一一调整。实行微机化处理将使数据采集、统计、分析的速度、容量、精确度大大提高，保证了数据的统一性和精确性。

经过处理后的数据传送到客户服务小组；而客户服务小组则由营销策划部和市场开发部共同营运。此时，市场开发部便会进行研发，研究出新的水泥产品，例如：油井水泥、低碱水泥、道路水泥和吨包装水泥②。新研发的水泥正是为客户的要求度身定做，更能快速地对客户意见作出反应。

除了 ISC 策略以外，IPD 策略又如何呢？

二、CRH 水泥产品开发的 IPD 策略

在水泥生产过程中，上文亦提及过电力也占其成本 20% （参见图 2－11），而电力价格亦由 2004 年不断上升，2004～2007 年电力价格在三年内升幅达 16% 之多。所以爱尔兰 CRH 就此引入余热发电，有效变废为宝，并降低成本。

亚泰水泥的余热发电技术能有效降低成本。低温余热发电技术是通过回收水泥企业持续不断地向大气环境中排放的低温废气（温度低于 300～400℃），以利用其热量来发电。能将在生产环节产生的低品位的或废弃的热能转化为高级能源电能，因此它是一项变废为宝的高效节能技术。③

亚泰水泥用于吉林亚泰水泥有限公司、吉林亚泰明城水泥有限公司及亚泰集团哈尔滨水泥有限公司三个熟料生产线的余热发电项目亦已投产。使用余热发电，每年可节约水 60 多万吨、标准煤 7 万多吨及电 471 万千瓦

---

① 资料来源：亚泰集团公司网页，2008 年 12 月 24 日，http：//www. yatai. com/cement/index. asp。

② 资料来源：毕书河，搏击商海立潮头——快速发展中的亚泰水泥销售公司，2008 年 12 月 25 日，http：//www. yatai. com/ytzh/show. asp？ id＝258。

③ 资料来源：毛庆，严万家，高科技变废为宝——低温余热发电年增收降耗千万元，2008 年 12 月 25 日，http：//www. longhoo. net/gb/longhoo/news/nanjing/tech/userobject1 ai832900. html。

时①。假设公司的总装机容量为3.3万千瓦时，每年发电小时数按照7 800小时测算，供电率按照90%测算，预计年供电量为2.32亿千瓦时。按照公司外购电力成本0.54元/千瓦时计算，每年将节约成本1.25亿元!②

第六节　外资并购结果与我们的反思

【本节导读】

1. IPD策略

(1) 拉法基

材料比例，拉法基以生料配料分析控制系统（QMC）去调整合适的原料混合比例。

做法过程，拉法基则以生产控制系统（DCS）去监管监测业务、开关或改变生产线的任何组成部分，又引进了SPC控制方法，在关键控制点上使用了控制卡，在生产步骤做足监控措施，有效地降低了产品质量的波动。

质量保存，拉法基在高温煅烧和快速冷却控制的过程引入了新型干法窑技术，防止熟料的一切成分结成晶体，影响水泥的抗压强度以及可磨性，提高水泥对于化学侵蚀的抵抗力。

就这样拉法基成功制造出质量良好及稳定的水泥产品。效益包括：1小时的预热过程大大缩短成30~45秒，1吨熟料标准煤耗减少28%，熟料热耗减少43%，石灰石资源利用率由少于60%提高到高于80%。

(2) Holcim

材料比例，Holcim为华新引入中子活化技术，监控生料整个生产过程，利用分析仪及专业软件技术快速、及时地对进入均化堆场的原料进行分析及不断调节各原料下料配比。

做法过程，Holcim利用低温余热发电，节省了生产成本，利用一个热交换器将水泥窑头和窑尾排出的低温废气发电，使每生产1吨熟料平均可转化3.8万千瓦时电能。

效益包括：石灰石利用率由原来40%增至90%以上，远高于全国60%的平均水平。每月搭配使用含泥低钙石灰石，由原来3万~4万吨增

① 资料来源：吴方，2007年5月14日，提速增效中的亚泰水泥，http://www.yatai.com/ytzh/show.asp?id=131。

② 资料来源：张春雷，2007年10月30日，亚泰集团三驾马车拉动公司业绩增长，http://www.secon.cn/Html/ggyj/2007-10/30/133157302_2.html。

加到6万~7万吨。出磨生料合格率较未使用期间平均提高29%。

（3）爱尔兰CRH

爱尔兰CRH也为亚泰水泥引入了余热发电，通过回收水泥企业持续不断地向大气环境中排放的低温废气的热量来发电。效益包括：每年可节约水60多万吨，标准煤7万多吨及电471万千瓦时。假设公司的总装机容量为3.3万千瓦时，每年将节约成本1.25亿元。

2. ISC策略

（1）拉法基

拉法基在水泥产品的开发研究上，实行本地化顾客意见收集，进而送到全球化研究中心作技术改良。同时，拉法基于中国的并购，首要任务就是并购当地石灰石矿资源，以稳定原料供应。于运输方面，采用先进的运输带运送原材料，采用自我研发的运输容器，减少运送水泥途中的转换次数，以降低成本。

（2）Holcim

Holcim同样拥有全球研发中心，致力研究产品及生产过程的改善工作。透过收购华新水泥，将华新的石矿石资源纳入其中。同时，Holcim致力推动华新发展其运输网络，尽展其地利优势。为了更紧密地联系产业链中的各环节，Holcim更协助华新推行慧眼工程，即ERP系统，使原料采购、运输、生产、仓储、订单处理以至销售均尽在掌握之中。

（3）爱尔兰CRH

CRH推动亚泰水泥，运用微机化系统处理客户意见，将数据进行采集、统计及分析。市场开发部再根据获得的顾客意见进行产品研发，为客户度身定做其产品。与其他跨国企业一样，CRH以收购为工具，稳定了原料供应和完善了运输网络。基于东北气候的因素，CRH于亚泰水泥引入钢板仓库，利用冬储创造额外利润。

一、外资并购结果

此章谈及的3个案例，就是外资企业打入我国水泥行业的鲜活例子。这3个案例的外资企业就是：拉法基、Holcim和爱尔兰CRH。

首先讨论的是全球最大的水泥商拉法基收购我国四川双马的例子。拉法基得到四川双马控股权之后的两年，即2008年，四川双马的毛利率就急升到29%。效益方面，四川双马从2001年产能还不到200万吨，却可发展到2007~2009年的名义产能为860万吨、1 100万吨及1 210万吨，成为西南地区水泥龙头企业。第二个案例探讨的是全球第二大的水泥商Holcim收购华新水泥，Holcim在2005年入主华新水泥后，令华新水泥的净资产回报率由当年的6%，提升到2006年的11%和2007年的17%，可见Holcim 为华新水泥缔造了每年不错的利润增幅。最后一个案例就是全球第五大的建材集团 CRH 集团的全资附属公司爱尔兰 CRH。2006 年爱尔兰 CRH 收购亚泰水泥后，也协助亚泰水泥把毛利率由 11% 提升至 2008 年第三季度的 23%，增幅达到 1 倍多。

究竟外资如何化腐朽为神奇？所谓“天上没有掉馅饼的事”，外资在收购中国企业，其背后做了许多 IPD 及 ISC 的工作。IPD 就是针对在 6 +1 的 1，加以强化生产制造这一环。而 ISC 是在 6 +1 的产业链的效率加以强化，把环与环、扣与扣之间拉近，提高行业间的竞争能力。

二、IPD 策略

IPD 策略是令收购者以及被收购者达到三大目的：降低成本、增加效率以及提升质量（见图 2 -18）。在表 2 -8 中，可以看到三家外资企业收购我国水泥商后，所做过的 IPD 策略的归纳表。

1. 拉法基

拉法基在水泥的材料比例、做法过程、质量保存以及混凝土质量改善四个方面的技术层面下了工夫。

掌握材料比例，拉法基以生料配料分析控制系统（QMC）去调整合适的原料混合比例。

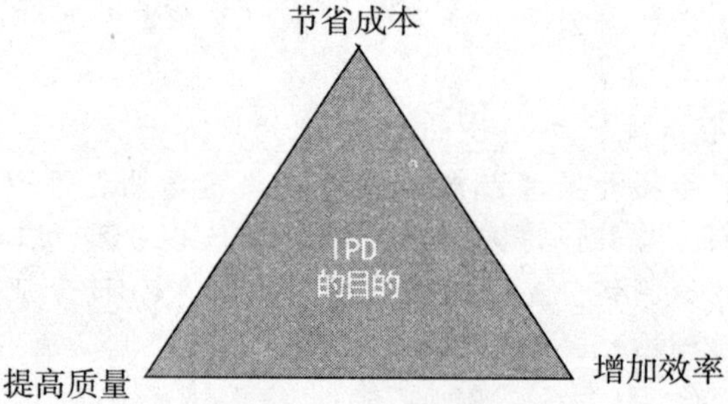

图 2 -18　IPD 策略的目的

表 2 -8　IPD 归纳总表

拉法基	Holcim	爱尔兰 CRH
• 生料配料分析控制系统（QMC） • 生产控制系统（DCS） • 高温煅烧 • 快速冷却技术 • 模拟生产 • 行星搅拌系统	• 为华新引入了中子活化技术 • 低温余热发电 • 混合能源	• 低温余热发电

做法过程，拉法基则以生产控制系统（DCS）去监管监测业务、开关或改变生产线的任何组成部分，又引进了 SPC 控制方法，在关键控制点上使用了控制卡，在生产步骤做足监控措施，有效地降低了产品质量的波动。

质量保存，拉法基在高温煅烧和快速冷却控制的过程引入了新型干法窑技术，防止熟料的一切成分结成晶体，影响水泥的抗压强度以及可磨性，提高水泥对于化学侵蚀的抵抗力。

混凝土方面，有行星搅拌系统，所有搅拌机全部配有含水率自动测定仪，由具有中文功能的 PC 软件计算机系统控制原料自动上料、计量、搅拌系统，自动化程度高、操作系统可靠、称量准确，以保证生产高强度混凝土时均匀搅拌，保证产品送到目的地的质量。除上述以外，拉法基开发了一套混凝土生产模式（CPM）的制式，可模拟任何种类混凝土的参数和成分，评估出混凝土的潜在性能及特性，利用巨大的生产数据库可以不断提高质量和改善生产效率，还可以模拟出错误或紧急情况来演习。

就这样，拉法基成功制造出质量良好及稳定的水泥产品。效益包括：一小时的预热过程大大缩短成 30 ~45 秒，1 吨熟料标准煤耗减少 28% ，熟料热耗减少 43% ，石灰石资源利用率由少于 60% 提高到高于 80% 。

2. Holcim

Holcim 为华新做的 IPD 着重点放于材料比例及做法过程两方面。

材料比例，Holcim 为华新引入中子活化技术，监控生料整个生产过程，利用分析仪及专业软件技术快速、及时地对进入均化堆场的原料进行分析及不断调节各原料下料配比，得出的生料质量十分稳定。

做法过程，Holcim 利用低温余热发电，节省了生产过程的成本，利用一个热交换器将水泥窑头和窑尾排出的低温废气回收起来。通过低温锅炉产生蒸气，推动汽轮机发电，使每生产 1 吨熟料平均可转化 3. 8 万千瓦时电能。此外，华新利用电厂粉煤灰，通过“混合材结构特征协同试验”充分地综合利用电厂残留的粉煤灰资源作为混合材，优化了水泥的配比方案，在不影响水泥质量的大前提下，提高了混合材的掺量，节省了处理废物费用的同时提高产品质量。

效益包括：石灰石利用率由原来 40% 增至 90% 以上，远高于全国 60% 的平均水平。每月搭配使用含泥低钙石灰石，由原来 3 万 ~4 万吨增加到 6 万 ~7 万吨。出磨生料合格率较未使用期间平均提高 29% ，即使没有均化库入窑生料合格率也能达 80% 。

3. 爱尔兰 CRH

与 Holcim 一样，爱尔兰 CRH 也为亚泰水泥引入了余热发电，通过回收水泥企业持续不断地向大气环境中排放的低温废气的热量来发电。效益包括：每年可节约水 60 多万吨，标准煤 7 万多吨及电 471 万千瓦时。每年将节约用电成本大约 1.25 亿元。

简单而言，IPD 即提升企业的技术水平，优化产品结构，特别是产品研发设计及其生产决策。上述案例均发现，中国水泥企业被外资收购后，生产过程及运用先进技术的能力大大提高，令质量更好更稳定，效益更高，成本更低。

三、ISC 策略

IPD 是 6 +1 的 1，是生产环节，而 ISC 则是 6 +1 的 6，要顾及整个供应链系统一连串的环节，包括：产品设计、原料采购、仓储运输、订单处理、批发经营及终端零售，只要能优化每个环节的资源配置，便能有效达到 3 大目的（降低成本、提升质量、提高产能）。表 2 −9 详细列出 3 家外资企业在 6 +1 产业链中，如何在 6 方面着手，逐一改善，继而令每个环节尽善尽美并紧紧扣在一起，造出无坚不摧的产业链。

1. 拉法基

拉法基在水泥产品的开发研究上，实行本土化顾客意见收集，进而送到全球化研究中心作技术改良。同时，拉法基于中国的并购，首要任务就是并购当地石灰石矿资源，以稳定原料供应。于运输方面，采用先进的运输带运送原材料，采用自我研发的运输容器，减少运送水泥途中的转换次数，以降低成本。混凝土方面，拉法基结合水泥及混凝土的生产基地，为混凝土生产提供了源源不绝的水泥供应。透过与承包市政工程的公司合作，扩张了其混凝土销售途径。

表 2 −9　ISC 归纳总表

	产品设计	原料采购	仓储运输	订单处理及销售批发
拉法基	本地化意见全球化研发	收购拥有优质石灰石矿山水泥公司，稳定混凝土制造的水泥供应	矿石运输带系统，先进运输容器	与承包市政工程的公司合作
Holcim	全球化研发	收购华新水泥，从而拥有湖北最优质的石矿石资源，向江苏、湖南、河南等地伸展，掌控了华中一带的石灰石资源，稳定了原料供应	收购华新，从而拥有在长江上位于武汉、黄石、南通、武穴及宜都的 5 处码头，华新毗邻京广、京九两大铁路枢纽，占据了中国水泥市场最好的地理位置	ERP 系统慧眼工程
爱尔兰 CRH	微机化处理	并购建厂，占东北地区石矿原料	引进钢板仓库	智能销售系统及协同效应

2. Holcim

Holcim同样拥有全球研发中心，致力研究产品及生产过程的改善工作。透过收购华新水泥，将华新的石矿石资源纳入怀中。同时，Holcim致力推动华新发展其运输网络，尽展其地利优势。为了更紧密地联系产业链中的各环节，Holcim更协助华新推行慧眼工程，即ERP系统，使原料采购、运输、生产、仓储、订单处理以至销售均尽在掌握之中。

3. 爱尔兰CRH

CRH推动亚泰水泥，运用微机化系统处理客户意见，将数据进行采集、统计及分析。市场开发部再根据获得的顾客意见进行产品研发，为客户度身定做其产品。与其他跨国企业一样，CRH以收购为工具，稳定了原料供应和完善了运输网络。基于东北气候的因素，CRH于亚泰水泥引入钢板仓库，利用冬储创造额外利润。

四、我们的反思

过去数十年，中国经济起飞，人民富裕有钱盖房建路，造成强大的水泥需求，令民营水泥厂兴起，同时引来外资企业虎视眈眈。

中国水泥行业面对集中度及技术含量低、耗能大以及污染严重等问题。国内水泥企业通过不断压缩成本，以谋取最大利润，因上游煤电价格不断上升，水泥企业的毛利率已处于国际极低水平。由于中国市场的开放，外资看准时机，轻易以收购合并方式占领中国市场。从案例中，我们不难发现，外资巨企拉法基、Holcim及爱尔兰CRH原本已拥有完整的6+1产业链，在收购中国企业后运用IPD策略改进产品设计，使整个生产流程得到有效的提升，产品质量得到提高，并利用ISC策略逐一完善整条产业链。

结果，被收购的企业成本下降、效率提高及货品质量提升，令利润提高，外资企业进一步被壮大，收购活动进一步活跃。现时，中国水泥市场外资所占的比例日增。我们应吸取案例经验，利用ISC策略完善产业链，以IPD策略改善生产流程及提高技术含量，避免我国水泥企业在市场竞争中被淘汰。

第三章
动态融合造就独一无二的卡特彼勒

【本章导读】

本章探究的是工程机械行业如何透过动态融合达到资源整合及提高效率的目的。我们以行业中的领导者卡特彼勒为例来阐释动态融合如何造就独一无二的卡特彼勒。

卡特彼勒的产业链整合，从产业链第一环采购开始，通过供应商管理对零部件资源进行整合；然后是第二环产品设计，通过一体化设计对技术整合；再是第三环生产，通过灵活高效的生产管理和严格的质量管理整合内部资源；最后一环是服务层面，通过经销商管理对市场和售后服务的整合来提高竞争优势。卡特彼勒在产业链各环节中的动态融合造就了独一无二的卡特彼勒。在环环相扣的融合下，产品不断得到改良和优化，达到最优竞争力的水平！

完善的产业链，这就是卡特彼勒成功的主因之一：具成本优势采购，创新的产品设计，精益化的生产及具竞争优势的服务！

第一节　工程机械行业的市场概况

【本节导读】

跟欧美日等国家相比，中国的工程机械行业资历尚浅。在2006年，中国全行业的固定资产净值只有270多亿美元，相对于世界工程机械行业巨头卡特彼勒超过400亿美元的销售额，可算是小巫见大巫。原因包括：

1. 产业集中度低

自20世纪80年代初中国政府开始大力投资，中国企业都一窝蜂去投入工程机械行业，目前全国已有工程机械生产企业及科研单位超过2 000家，例如叉车企业100多家、装载机企业200多家，市场集中度非常低。这些企业在没有了解市场状况下盲目扩张产能，错配资源，形成了一种在低附加值生产环节上恶性竞争的市场结构。

2. 自主开发和创新能力很弱

中国厂家一直缺乏研发的设备和经验，所有重要的产品和工艺技术都主要从国外引进。例子数不胜数，引进的全都是核心部件的技术。企业对引进的技术往往只停留在消化阶段，对软件技术消化吸收的速度很慢，对于硬件设备也只停留在使用上而没有投入研发，结果便陷入“引进、落后、再引进”的恶性循环里。

3. 基础机械、机械基础件发展滞后

与国外先进产品相比，国产工程机械关键基础部件，无论在技术性能，还是在质量可靠性指标上，总体上要相差20年左右，寿命一般为进口件的1/2甚至1/3。主要基础件的性能指标也只相当国外20世纪七八十年代水平，所以大部分出现质量问题的货品都是由零部件质量问题造成的。

4. 重主机轻零部件发展

过分依赖进口货亦增加制造成本。三一重工的液压件、发动机两项就占成本的五至六成；徐工2007年出口创汇5亿美元，购买国外零部件就花了20亿元人民币。这些中国厂家亦承受了来自产业上游的成本压力，包括钢铁原材料和零部件进口成本的涨价。由于零部件的涨价，国内企业大约有七成的利润被进口零部件吃掉。

一、工程机械的介绍

工程机械的种类繁多，包括卡车、伐木归堆机、冷钻刨机、压路机、地下采矿机、摊铺设备、林业机械、液压挖掘机、装载机、推土机、物料搬运机、路面冷再生机、铲运机、铺管机、集材机、集运机、平地机等等；分类超过20多种，而各种分类亦包括不同型号来满足复杂多样的工程要求。

工程机械的工作环境千变万化、严酷恶劣。它们要在冰天雪地、酷热沙漠或高温矿山的环境中接受各种各样严峻的考验，所以对工程机械工作性能的要求非常高。

工程机械的结构亦非常复杂。以挖掘机为例，整机主要系统包括动力系统（发动机），内有动力控制系统、动力转换系统、液压系统、液压控制系统、回转装置、行走装置、工作装置及驾驶室等。

既然挖掘机等工程机械是由这么复杂的系统组成的，那么什么样的产品才是好产品呢？决定因素包括稳定的可靠性（部件、系统和整机），强大的环境适应能力，宽广的工作范围，灵活舒适的操控性，方便的维护性，节能和经济性能及远程控制与通讯等。

所以，工程机械制造商要在市场上占一席位，便要懂得把复杂结构件的性能在多样要求和工作环境下发挥得最好。

二、世界和中国工程机械行业简述

工程机械行业复杂而竞争激烈，企业数量众多，质量参差不齐。全球有一定规模的工程机械生产企业约在2 000家左右，其中比较著名的有100家左右。经过多年的竞争、兼并和重组，形成了10余家大型跨国公司，如卡特彼勒、小松、特雷克斯、日立建机、沃尔沃建筑设备、利勃海尔、约翰·迪尔、凯斯－纽荷兰集团、山特维克矿山工程机械公司。

跟欧美日等国家相比，中国的工程机械行业资历尚浅。中国政府在近20多年才大力度地投放资源在工程机械行业，累计到现在从事有关工程机械的厂家和供货商超过2 000多家。在2006年，中国全行业的固定资产净值只有270多亿美元，相对于世界工程机械行业巨头卡特彼勒超过400亿美元的销售额，可算是小巫见大巫。虽然某些中国工程机械制造的龙头企业，如徐工、柳工和三一重工等近年都积极扩充国外市场，但从市场份额来看（见图3－1），中国占总销售量不足5%，排世界第五，远远落后于占总销售量超过七成的欧美国家；而中国规模最大的徐工的销售额也只是卡特彼勒公司的7%左右，日本小松公司的13.5%左右，可见中国工程机械行业在世界市场上的地位还是不够分量。

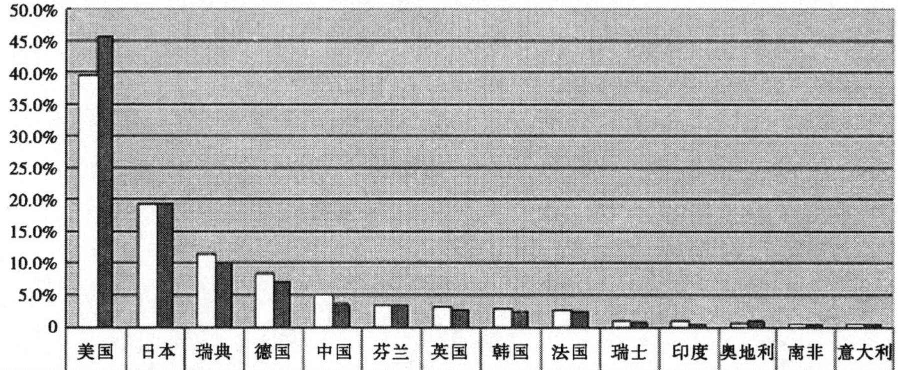

	美国	日本	瑞典	德国	中国	芬兰	英国	韩国	法国	瑞士	印度	奥地利	南非	意大利
□2007年	39.6%	19.4%	11.6%	8.5%	4.9%	3.4%	3.2%	3.0%	2.7%	1.0%	0.9%	0.6%	0.4%	0.3%
■2006年	45.6%	19.5%	10.1%	7.0%	3.6%	3.3%	2.7%	2.6%	2.5%	0.8%	0.4%	0.9%	0.3%	0.3%

图3－1　2006、2007年世界主要国家工程机械市场份额分布

中国工程机械行业的发展只有20多年的历史，毕竟和国际先进国家相比，技术和管理水平还比较落后，公司和产业规模还相对较小，当中的原因包括以下几个要点。

1. 产业集中度低

自20世纪80年代初中国政府开始大力投资，中国企业都一窝蜂去投入工程机械行业，目前全国已有工程机械生产企业及科研单位超过2 000家，例如叉车企业100多家、装载机企业200多家，市场集中度非常低。这些企业在没有了解市场状况下盲目扩张产能，错配资源，形成了一种在低附加值生产环节上恶性竞争的市场结构。

2. 自主开发和创新能力很弱

中国厂家一直缺乏研发的设备和经验，所有重要的产品和工艺技术都主要从国外引进。比如说，四川齿轮厂1989年引进的美国卡特彼勒公司的动力换挡变速器技术；浙江临海海宏集团引进美国、日本技术研制开发的各种液压阀；徐工集团与德国PAT公司合资生产工程机械控制组件等，例子数不胜数，引进的全都是核心部件的技术。企业对引进的技术往往就只停留在消化阶段，对软件技术消化吸收的速度很慢，对于硬件设备也只停留在使用上而没有投入研发，结果便陷入“引进、落后、再引进”的恶性循环里。它们没办法掌握核心部件的技术，唯有大撒金钱引进国外技术。设计图纸、工艺专利所占费用的比例高达六成以上，而且超过一半的产品产业化是在引进技术基础上完成的。

3. 基础机械、机械基础件发展滞后

与国外先进产品相比，国产工程机械关键基础部件，无论在技术性能，还是在质量可靠性指标上，总体上要相差20年左右，寿命一般为进口件的1/2甚至1/3。主要基础件的性能指标也只相当国外20世纪七八十年代水平，所以大部分出现质量问题的货品都是由零部件质量问题造成的。这些都严重影响着主机及配套系统的性能和可靠性。

产品品种不多也是中国在国际市场上停滞不前的原因之一。它们只懂得把大路货产品低水平重复投资，同时亦忽略高中档产品以及市场需求大的精密度高、数字化、智能化和具自动化控制系统功能等的产品。

4. 重主机轻零部件发展

中国企业从全球市场购进原材料和零部件对优化产品本意是很有利的，但其过分依赖进口货，不但容易使生产受到限制，亦增加制造成本。

一般厂家主要进口的基础零部件包括液压元器件、发动机、控制元器件、传动系统等等。由于对国外关键零部件的依赖性很强，所以完全受制于外国供货商的要求。比如说，一些特殊钢材的国外供货商企业依靠市场垄断地位，制定“霸王条款”，将部件价格提高或者减产；另外，一些国际大型零部件生产商联合起来给中国企业设计同规格尺寸的零部件，让中国的出口产品在同质上进行竞争。

从2007年下半年开始，从国外配套的液压器件及其他零部件出现供应不足的情况，导致厂家生产受到限制。中联重科曾经因为订购国外企业的液压件将周期已经从6个月延长至1年；又例如三一重工曾因为液压器件缺货被迫重新调整生产进度和计划。有的企业为减少订单推迟时间，甚至不惜采取航空运送原材料，增加不必要的开支。

过分依赖进口货亦增加制造成本。三一重工的液压件、发动机两项就占成本的五至六成；徐工2007年出口创汇5亿美元，购买国外零部件就花了20亿元人民币。这些中国厂家亦承受了来自产业上游的成本压力，包括钢铁原材料和零部件进口成本的涨价。由于零部件的涨价，国内企业大约有七成的利润被进口零部件吃掉。各种的不利因素导致各类整机产品进口增长都呈下降趋势，而零部件产品的进口增长却逐年递增 。

基于上述四个原因，国内产品的性能都追不上外国品牌，唯有以数倍低廉的价格作为攻势。从2002～2007年国家主要产品的进出口平均价格来看，工程机械进口价格远远高于出口价格（除了挖掘机的出口价格超越进口价，但这只集中在非市场重点的中挖上）。另外，强烈依赖进口零部件令零部件的进口价格一路快速上升，出口价格却升不上去（只有进口价格的1/4）。

和这些强者相比，看来中国缺少的不仅仅是技术。究竟还欠缺什么呢？卡特彼勒能够取得别人无法模仿的成功，秘诀就在运用资源整合。何谓资源整合呢？资源整合是可以应用到整个产业链上，比如说一体化设计对技术的整合就是关乎零部件、整机、系统和技术之间的协调配合，而强大的一体化设计能力能保证领先的技术、迅速的产品升级及改进。又例如供应商管理对零部件资源的整合，因为性能优良、质量可靠、成本可控的零部件供应就是对整机的质量和成本的保证。

第二节　解读卡特彼勒——产业链的动态融合

【本节导读】

卡特彼勒的成功之道并不神秘，关键在“融合”，融合产业链各个环节，也就是6+1产业链的融合。那什么是融合？融合就是使一条完整的产业链融合为一个有机整体，进行一体化运作。真正意义上的“一体化”，是要赋予整条产业链以生命力，使它具有灵活机动的活力足以适应外在商业环境的多变。一言以蔽之，不但要把产业链“串”起来，还要让它“活”起来，活与死的分别在于“动态”二字。

1. 产业链整合——无可比拟的采购成本优势与标准

(1) 标准化——严格苛刻的标准；

(2) 供货商分级化——互为因果，缔造互赢；

(3) 融合 6 Sigma 的 CMA 系统。

2. 产业链整合——创新的产品设计

对于卡特彼勒来说，更重要的、更高层次的是充分条件——产品设计的融合思维！

3. 产业链整合——卡特彼勒的生产大融合

卡特彼勒的每一家工厂里都通过精益化生产和 6 Sigma 管理来控制和改善生产程序和管理，同时运用数据挖掘（Data Mining）方法改进产品质量、生产工艺。

4. 产业链整合——服务层面的竞争优势

(1) 订单处理及交货期控制；

(2) 全盘统筹；

(3) 卓越的售后服务。

动态融合的策略使得卡特彼勒通过全盘统筹供应链，运用数据统计模型优化各环节存货量，并借此有效控制产品提前期，最终达到了在保证稳定的供货期的同时降低整体仓储成本。而售后维修保养服务与产品设计、生产等部门的信息共享和紧密结合促进了整条产业链的融合互动，使得卡特彼勒的产品改良创新紧跟用户需求，它带来的已经不单纯是好质量加好服务，而是在企业整条产业链的运作中培养出一种改良创新的“惯性”——这才是动态融合无法复制的竞争优势。

一、公司简介

卡特彼勒是世界工程机械巨头，产品线包括 400 多种工程机械、各种动力装置、配套齐全的零部件，甚至有服装鞋帽。卡特彼勒拥有覆盖全球的生产、销售、服务网络。其一贯的黄色的醒目商标已经成为工程机械行业的经典。

卡特彼勒从一家名不见经传的拖拉机工厂发展到现在的庞大的工业联合体，几十年间进行了多次策略性的并购，从这些并购中可以看出卡特彼勒的发展其实就是一个行业整合的历程（表 3 -1）。

表3－1　卡特彼勒的并购

公司	地点	年份	产品
Towmotor	美国俄亥俄州	1965	起重车
Solar Turbines	美国加州圣地亚哥	1981	天然气涡轮
Barber Green	美国明尼苏达州明尼阿波里斯市	1991	铺砌产品
Krupp MaK Engines	德国基尔	1997	船用柴油引擎
Perkins Engines	英国彼得堡	1998	小型柴油引擎
F. G. Wilson	北爱尔兰莱恩	1999	发电机
Hindustan Motors Earthmoving Equipment Division	印度钦奈	2000	建筑设备
Elphinstone	澳洲泊尼	2000	地下采矿设备
Sabre Engines Ltd.	英国	2000	船用引擎
Wealdstone Engineering Ltd.	英国鲁斯顿	2004	汽油及柴油引擎再生产
Williams Technologies, Inc.	美国南卡罗来纳州	2004	再生产自动的传动装置，转矩变流器及引擎
Turbomach SA	瑞士	2004	工业气引擎及相关产品包装
Progress Rail	美国亚拉巴马州	2006	路轨设备再产
Hindustan PowerPlus Ltd.	印度	2006	发动机零件及重型柴油引擎
Eurenov	法国肖蒙	2007	汽车零件再产
Blount International, Inc. Forestry Division	美国俄勒冈州波特兰	2007	木材收割及处理设备、装货机及附加装置
Shandong Engineering Machinery (SEM)	中国	2008	建筑设备
LOVAT	加拿大	2008	隧道钻孔机
Shin Caterpillar Mitsubishi	日本相模及明石	2008	建筑设备
MGE Equipamentos & Serviços Ferroviários	巴西	2008	路轨设备再产
Gremada Industries	美国北达科他州西法戈城	2008	再生产传动装置，转矩变流器、引擎及最后传动装置

二、卡特彼勒的产业链融合

卡特彼勒的成功之道并不神秘，关键在“融合”二字。融合什么？融合产业链各个环节，也就是 6 +1 产业链的融合。那什么又是融合？融合就是使一条完整的产业链融合为一个有机整体，进行一体化运作。仅仅是把产业链串起来就能做到“一体化运作”吗？一个简单拼凑起来的产业链是不可能发挥如此巨大威力的，真正意义上的“一体化”，是要赋予整条产业链以生命力，使它具有灵活机动的活力足以适应外在商业环境的多变。一言以蔽之，不但要把产业链“串”起来，还要让它“活”起来，活与死的分别在于“动态”二字，因此要把“动态”加在融合之上——动态融合造就的就是卡特彼勒不败的神话。

卡特彼勒的动态融合有什么特别之处呢？先举个例子简单说明一下。

客人发现一部 336D L 系挖掘机操作时出现问题，挖掘机行走时老是发出“咔咯、咔咯”不正常的声音。

⬇

服务部的维修人员到现场检查后，发现故障原因是装合回转平台和行走装置之间的轴承出现裂痕，导致两套组件的装嵌不协调。他们将这些数据带给卡特彼勒工程人员作详细研究。

工程人员发现导致轴承出现裂痕有几个可能性：

• 轴承跟其他组件产生摩擦？这个问题需要设计部来解决——重新考虑适用的轴承物料来降低因摩擦而产生的破坏力；

• 轴承跟其他组件的装嵌不配？这个问题需要设计部来解决——改良轴承的形状大小；

• 轴承的质量不符合标准？这个问题需要采购部来解决——需确定同一批次其他部件的质量也达到公司设定的标准；

• 在机械制造过程中出现错误而导致轴承受到损坏？这个问题需要生产部来解决——检查及优化生产流程，加强技术培训和提高质量监控技术，减少劣件的产生。

⬇

各部门共同研究改良方案，挖掘机的机能大大改善。如此，透过产业链环环相扣的融合下，产品不断得到改良和优化，达到最符竞争力的层面！

对照上面这个例子，可以想一想如果换成中国的工程机械企业会怎么做？中国企业也是很重视售后服务的，一定会尽可能帮助客户排除故障，更了不起的企业还会由此延伸到产品的生产质量检控程序，这大概已经很不错了。而我们看到卡特彼勒又怎么样呢？一个小小的产品故障，并不仅仅停留在售后服务和生产质检环节，它的影响可以深远到产品设计和零配件采购。故障信息反馈回去后由多个部门共同分享，不但能够更快速地找到排除故障的方法，更重大的意义在于当产品设计和采购部门都对这个故障问题有所正视的时候，他们就会努力去改进产品设计，这样在新一代的产品中就杜绝了同样故障发生的可能性，这不但减轻了维修部门的负担，精彩的是从根源上改进了产品质量，于是留在客户脑海中的印象就是卡特彼勒的产品质量好，因为它很少出现别的品牌经常出现的那些故障。

你可以想象一家企业的售后维修服务可以好到根本不让故障发生吗？也就是说某一类的故障根本不用修，因为它们早在设计环节就已经被排除了！这就是动态融合的神奇所在，它依靠的是两大策略：信息共享和协同运作，目的是要在产业链各环节之间建立一个共同的平台（见图3－2），提供一个可供沟通协作的环境。建立这样的平台要通过两个途径：数据挖掘（Data Mining）和精益化6 Sigma策略。

1. 数据挖掘

数据挖掘指从大量的数据中自动搜寻隐藏于其中的特殊关联性的过程，旨在从大量数据或者数据库中提取有用的信息。简而言之，数据挖掘的关键词就是量化加分析。这个过程是先将产业链各环节的运作情况数据化，然后用适当的统计分析来寻找出对生产运营有用的策略指引信息。

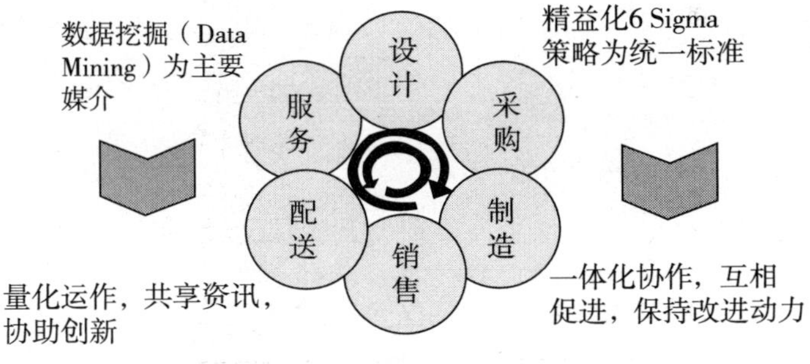

图3－2　产业链各环节之间的共同平台

数据挖掘为卡特彼勒动态融合提供的是一个主要媒介。它的重要意义在于量化运作使得产业链各环节有了一个可以互相理解的统一的平台，环节与环节之间因此可以用数据沟通，更可以共享信息，整条产业链就这样像打通了血脉，使信息可以在所有环节中流通并加以分析使用。只有这样，才能使部门间真正的协调合作成为可能，因为他们靠量化运作彼此理解，更通过数据挖掘的分析结果找到了彼此的内在联系所在，这里就是促进部门间协调合作的切入点，而当各个相关环节找到协作切入点并开始改善彼此间的互动和运作时，他们也就找到了产品和运营创新的可靠依据。

2. 精益化 6 Sigma 策略

精益化 6 Sigma 策略是现今在各行业中广泛应用的管理策略，目的在于通过识别并消除生产和运营过程中的误差来改善品质。6 Sigma 策略应用包括统计学方法等一系列品质管理手法，通过设定明确的步骤和制定清晰的量化目标等来达到改善绩效的目的。

精益化 6 Sigma 策略为卡特彼勒的动态融合提供了一个统一标准，事实上，正是卡特彼勒在 2000～2001 年全面实施了 6 Sigma 策略以后，它的业绩才得以在短时间内有巨大的飞跃。一体化运作除了要有一个统一的沟通媒介外，还有一个重要的因素就是要有一个统一的运作标准，这样不同部门和环节间才能有一个共同努力的目标和标准，在此基础上才能谈所谓的协调配合。而部门间有了达标的需要才会产生互相协作、互相促进的动力，这个动力除了推动产业链环环相扣的配合运作，同时因为不同部门的运作不一样而又必须协调起来以达成统一的标准，这就在互相沟通协调的过程中提供了无处不在的创新改进的契机，把握住这些契机，企业就能培养和保持鲜活的生命力，也就是对多变环境的适应力。

下面就来探讨一下动态融合策略是如何在产业链各个环节中具体体现的。

三、产业链整合——无可比拟的采购成本优势与标准

对于工程机械业，稳定的零部件输送就好比人体的血液供应养分一样重要。那么，卡特彼勒是怎样于这个非常重要的价值链作出融合，从而达到别人无法比拟的成本优势及标准呢？

1. 标准化——严格苛刻的标准

各零部件相同的标准对于实现优良的设计，创造最大的价值和建立最好信誉的名品牌具有极其重要的意义。工程机械业的产品如挖掘机都是在非常极端、恶劣的环境工作，要确保挖掘机无论是在如北极般严寒抑或在沙漠般酷热的环境下都能顺畅运作，产品在设计时就需要准确预计各种可能的情况，确定包括气温、压力、震动和酸性等等不同的要求。产品中各个零部件均需完全符合达到各要求的标准，因为即使当中最细小的零部件只轻微出现问题，便有可能令整机停止运作，甚至出现危险情况，导致人员伤亡、财产损失。例如在温度上，所有电子仪器及控制系统，包括显示器、表靶、控制捍和电阻等都能严格遵照卡特彼勒所订立的苛刻标准——能于 −40～85℃范围内正常操作。每一个卡特彼勒的零部件供货商都得确保提供予卡特彼勒的部件严格符合标准。

2. 供货商分级化——互为因果，缔造互赢

另一卡特彼勒在零部件上的成功之处是能够令原材料和部件供货商会以能成为卡特彼勒的伙伴为荣，争相与其建立紧密关系。

能够成为卡特彼勒的供货商已经不容易，而卡特彼勒更有一个秘方令其全球7 000多个供货商无不各出奇谋，争取在卡特彼勒供货名单上站上更高的位置，因为除了可以赢得更多的关注，更可向外界证明他们在行内有更高的标准和实力。这个秘方就是“供货商卓越素质过程奖项”（Supplier Quality Excellence Process Award）。

卡特彼勒的供货商本来已是其业界的翘楚精英，例如有专门用于坦克军事用途的防盗门窗的生产厂——ADSI，它的产品应用于阿富汗、伊拉克战场上的坦克；有中国唯一可用于挖掘机的耐磨钢生产厂——武汉钢铁，卡特彼勒能在中国内地找到这个强大先进的合作伙伴，确保了其在中国所需特种钢材的稳定供应，更重要的是为其节省了时间及运输成本。

要成为卡特彼勒供货商的一分子，厂家们必须符合卡特彼勒对质量、服务、成效及6 Sigma的要求。卡特彼勒在全公司贯彻实行6 Sigma方法以提升成效，同时也要求合作伙伴能够符合其对零部件和原材料6 Sigma的要求。另外，卡特彼勒为了精益求精，不断突破，要求各供货商主动提出可创新的方案，共同协力实现2010年零瑕疵的生产目标。供货商也因此受益互惠互利，利用这个强大的伙伴提升本身生产力，并改革成为更有市场竞争力的公司。

卡特彼勒最强的绝技就是将所有供货商以等级区分，给予不同的权利，而且重要的供货商可进入卡特彼勒的设计数据库。此数据库有大量供货商可供参考的数据，供货商亦可透过此数据库了解行业的最新发展及客户的需求转变，继而大大提高自身的效率，从而可比同业快6个月或以上推出新产品。卡特彼勒此为一石二鸟之举，既可以令供货商为保持此权利继续竭力争取在卡特彼勒供货商名单上更上一层楼，亦可提供极佳平台让最强供货商突破以前质量，卡特彼勒亦同时得益。总而言之，卡特彼勒此举跟世界最顶尖供货商建立了无可取代的互赢关系，在降低成本和突破质量上不断进步，形成了行业内最强大的供货联盟，使其他对手难以模仿，甚至无法获得其中的一些供货商的零部件供应。

3. 融合6 Sigma的CMA系统

最后帮助卡特彼勒形成无可比拟采购成本优势与标准的秘方，就是以6 Sigma概念形成的成本管理分析系统（Cost Management Analytics，CMA）。卡特彼勒为了追求不断突破进步，坚守达到零瑕疵生产的目标，成立了一家独立公司Akoya。目的是每年都要在成本、流程、成效、设计质量上确实得到提升。CMA 系统平台能自动在谈判机会、物流机会和设计机会中寻找可发展的空间，并融合 6 Sigma 的先进概念，在供货商及工程师团队的共同努力下，确切达到每年增效减源的目标。此系统能够处理在 22 个国家过百家工厂的复杂管理，以不间断、全方位及 6 Sigma 标准成功地融合全球的策略采购，降低原料成本和仓储费用。

总体来说，要达到无可比拟的采购成本优势与标准便需要（见表 3－2）：

表 3－2　达到融合的采购的方法及效果

融合描述	融合的效果
• 制定严格苛刻的标准，各供货商都必须遵从。	• 为实现一体化设计，确保不会因为单一部分的失误导致全盘失误。
• 把全球超过 7 000 个供货商，以 Supplier Quality Excellence Process Award 分为不同级别，各享不同待遇。	• 稳定有质量保证的供应，供货商之间亦需互相竞争。
• 跟全球行业最顶尖的供应制造商建立互惠互利互长，难以模仿的关系，主要供应制造商有机会进入数据库获得极具参考价值的数据。	• 提供极佳平台予供货商各取所需，同时确保其供货商组成全世界最强班底。

四、产业链整合——创新的产品设计

工程机械种类繁多，功能复杂，客人的需求更是千变万化。例如，某工程承包商要在新疆的沙漠上进行水管铺设工程，所以挖掘机的操作性能必须避免受到极大温差影响。再如，产矿商要开采矿物，所以装载机必须选用强度极高的轮胎齿轮组件，来保持在矿场上的稳定运作。又例如，某客户投诉机械车车身庞大，造成运输不便和成本极高，工程机械制造商便需要设计一个简易装嵌的模式来帮助客户降低运输成本。还比如，美国环保部门近年积极提倡工程机械的废气排放量须达至欧Ⅱ标准，工程机械制造商必须改良引擎的设计来保持产品的竞争力。

产品设计是将用户的各种需求转化成体验的首要步骤，因为满足客户需求的产品才能在市场上受欢迎。那么，设计人员怎样才能成功地将所有需求放到产品设计里呢？下面这个方程式可行吗？

$$产品设计 = 人力 + 物力$$

这些东西中国巨企都拥有，例如徐工集团的技术中心是国家首批认定的企业技术中心，当中高中级技工及硕士、硕士以上学历的科研人员有

240 余名，实力雄厚。但是，为什么只有 20% 的产品能达到国际先进水平呢？产品设计上欠缺什么呢？

对于卡特彼勒来说拥有十足的人力物力只是基本条件，更重要的、更高层次的是充分条件——产品设计的融合思维！

产品设计 = 人力 + 物力 + 融合

融合就是卡特彼勒产品设计的成功关键，就像无法被模仿的 DNA。在这个融合思维下诞生的就是创新的产品设计——包括准确的和令产品发挥最佳性能的设计！那么，卡特彼勒是如何进行融合的？

1. 需求和产品的融合

以满足客户的需求为中心，透过设计部门的内部融合和供应链各环节的合作，来设计符合（甚至超越）客户需求的产品（见图 3 -3）。

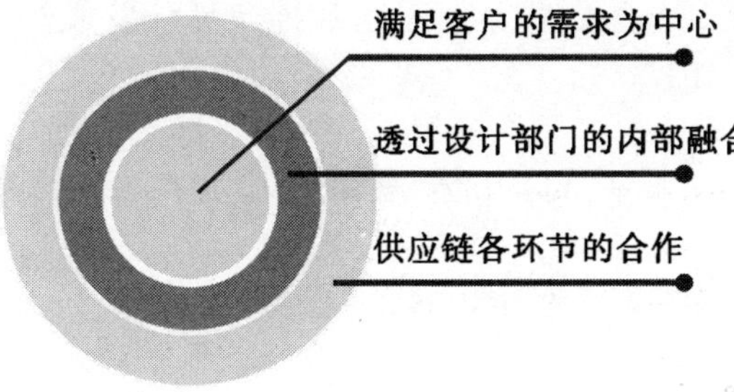

图 3-3　以客户需求为中心的产品设计

• 满足客户的需求为中心：以前线人员作桥梁，将客户的宝贵意见转交工程人员跟进，为改良产品提出一针见血的方案，确保设计能符合（甚至超越）客户需求的产品。

• 设计部门的内部融合：订立产品的发展方向，制定相关的长远技术发展策略和产品的研发计划。最重要的是确保每个环节的需求能够融入产品，务求达到最准确的设计。

• 供应链各环节的合作：将设计、生产系统及其他相联系部门的计划一体化和自动化。大大降低研发成本和减少资源浪费。

现在以这个改善柴油引擎的设计作为例子，去解释一下卡特彼勒怎样以需求和产品的融合来达到“保马力、低排放”目标的设计。

他们首先了解环保部门、汽车生产商和市民大众对柴油引擎的各种需求，然后便根据客户对这些需求的重视程度作排位。根据调查发现提高马力和减少废气排放是客户群最关注的，所以他们以“保马力、低排放”为产品的主要发展方向。跟着，他们便找出相关的设计要求和其对“保马力、低排放”的重要性，并为各项设计要求定出参数（见图3－4），产品必须按照这些性能目标来设计。

• Power density:	56 kW/liter (75 HP/.liter)
• Rated Power (4 200 rpm):	168 kW (255 HP)
• Peak Torque:	550 Nm (407 ft-lb)
• Peak Cylinder Pressure:	165 bar
• Maximum Exhaust Temp:	850℃

图3－4　设计要求参数

确定所有设计要求参数后，便运用各种产品开发成套工具软件为引擎进行精确的设计。如：

- OneSpace Designer Modeling：做逼真的3D模型，对设计有精确的调整；
- Advanced Design：对工作流程进行模拟，调整使其适合最佳的运作参数；
- FE Analysis：计算重量和强度的界限，在节约材料的同时亦不会损失强度；
- Model Manager：将材料信息同时储存至生产系统、图纸和机器编程，减少因编程错误所导致的错误，并作日后设计同类型产品的参考。

他们在产品设计过程中亦考虑到设计和各种生产技术的配合，确保设计得以实践，不只是纸上谈兵。假若现有的部件不适用于新设计，他们便需要物料部寻找新供货商；另外，亦需要确定现有的生产线达到配合设计的技术水平。

他们亦跟供货商建立紧密的合作模式，运用资源共享的理念来建立研发和技术交流的平台。例如面对废气排放条例的收紧，卡特彼勒与全球著名的柴油发动机废气排放控制系统供货商天纳克进行产品共同研发和生产。将卡特彼勒先进的废气处理技术和天纳克的废气排放控制技术互相配合，为发动机排放提供一个长期的解决方案。

最后，他们的产品设计完美地符合客户的需求——NO_x排放减少

22%，同时引擎动力比同类型号增加10%。

2. 产品各部件之间的融合

由采购部提供统一标准的部件，将各部件在天衣无缝的配合下发挥最佳性能。这种无法被别人模仿、独一无二的产品设计能够大大提升产品竞争力。

再引用柴油引擎作为例子来说明这一点。引擎是工程机械的心脏，卡特彼勒是如何让构造如此复杂的核心部件发挥其性能的极限的？而且卡特彼勒超过1/3的销售收入是来自引擎的，他们是如何保持产品的竞争性的呢？

卡特彼勒在2003年成为第一家完全符合美国环保署要求并得到认证的清洁柴油发动机生产商，就是因为拥有“突破性排放控制技术”（Advanced Combustion Emission Reduction Technology，ACERT）。这种技术是运用部件之间的紧密配合来创造无法模仿的协同效果。

现在来理解一下ACERT技术的精髓——引擎的各项表现要素与结构件完美匹配！引申来说便是将引擎四大部分，包括空气管理系统、燃油系统、电子控制和废气处理系统同步进行优化，集中处理降低废气排放（符合美国环保署的标准）的问题，亦无需牺牲性能、可靠性或燃烧效率。

在空气管理系统，运用涡轮增压器（High Performance Turbocharger）将洁净和低温的空气打入燃烧室；同时运用可变阀门（Variable Valve）控制空气的注入量来确保完整的燃烧，提高燃烧效率，亦提高发动机在所有转速范围内的动力性。

在燃油系统，运用HEUI或MEUI燃油系统，将燃油透过细小和复合的射管注入燃烧室，而注入量和时间是靠微型燃油喷射电子控制模块和自动电子燃油喷射系统控制（Variable Injection System），燃油雾化程度得到提高。同时亦运用FCT技术改变燃油喷射时间和增加喷射压力，可改善燃烧并将煤烟排放减少75%。

再加上于废气处理系统里运用氧化催化剂进一步降低污染物排放，所有技术和部件之间的配合都只有一个共同的目标，就是达到“保马力、低排放”。这就是产品各部件之间融合所带来协同效应的完美效果！

总括而言，要做到创新的产品设计，必须透过需求和产品的融合及产品部件之间的融合，来创造符合（甚至超越）客户需求而且无法被别人模仿的产品（表3-3）！

表 3－3　达到融合的产品设计的方法及效果

融合描述	融合的效果
• 需求和产品的融合： 满足客户的需求为中心，透过设计部门的内部融合和供应链各环节的合作。	• 符合（甚至超越）客户需求； • 降低研发成本，减少资源浪费。
• 产品部件之间的融合： 将部件作天衣无缝的融合。	• 无法被别人模仿的设计大大提升产品竞争力； • 缩短新产品新技术的研发时间。

五、产业链整合——卡特彼勒的生产大融合

卡特彼勒在全球范围内拥有 110 多家工厂，产品线包括 400 多种工程机械车辆、发动机、发电设备等等。在卡特彼勒的工厂里，千千万万的零部件在复杂的生产管理流程控制下被组装成门类齐全的机械设备。卡特彼勒的生产管理系统（Caterpillar Production System，CPS）集大成地体现了融合的理念。这种融合的管理系统使复杂的工程机械设备生产更加精益、可靠，在提高产品质量的同时实现成本的降低。这一系统并且把设计、生产、服务等等各个不同的职能部门有机地融合在一起，使公司、供应商、服务商等不同资源得以优化整合和最大化应用，并避免了内部利益冲突从而达到协调一致的公司目标。

卡特彼勒的每一家工厂里都通过精益化生产和 6 Sigma 管理来控制和改善生产程序和管理，同时运用数据挖掘（Data Mining）方法改进产品质量、生产工艺。卡特彼勒生产管理系统然后把所有生产单元中的精益化生产和 6 Sigma 管理系统进行有机的融合，并把这种融合通过三大系统——运营系统（Operating System）、文化系统（Cultural System）、管理系统（Management System）——进行具体的实施（表 3－4）。

表 3－4　产业链各环节之间的共同平台

融合描述	融合的效果	本质
用精益化生产管理把非常琐碎的细节进行有机的组织和融合。 • 零部件验收和库存管理 • 零部件供应流程管理 • 组装车间工作布局	• 整洁有序的生产过程 • 提高效率和减少浪费	精益化生产

（续表）

融合描述	融合的效果	本质
应用 Data Mining 系统整合利用庞杂的生产和运营数据。 • 系统整理和分析变量关系 • 实际应用来改进生产和产品 • 利用 6 Sigma 进行控制	• 有效利用历史数据改进生产工艺和产品质量 • 把设计、生产、运营等环节和产品提升进行融合	资料综合分析
利用 6 Sigma 控制所有生产环节制定标准和流程。 • 死循环控制，循序不断的改进 • 细致广泛的培训	• 先进管理的具体实施 • 严格的标准和方便的流程 • 深入人心的管理理念 • 源源不断的人才输入	6 Sigma 和 Lean 理念的融合
CPS 管理系统对全球所有生产单位的统一融合。 • Lean Manufacture 和 6 Sigma 的融合 • 操作体系、文化体系和管理体系的融合	• 协同合作的管理体系 • 目标统一、沟通顺畅 • 融合的卡特彼勒大家庭	CPS

1. 精益化生产

精益化生产（Lean Manufacture）是美国麻省理工学院的研究小组对日本汽车工业的生产管理方式进行调查研究之后，对这种生产方式所赋予的名称。实际上，原来在日本并没有这个名称。研究小组认为日本汽车工业（特别是丰田汽车公司）之所以取得成功，正是由于他们采用了这种新的生产方式，而且这种生产方式将取代 20 世纪初开始的大批量生产方式，在世界上产生重大的影响。精益中的“精”是完美、周密、高品质的意思，而“益”表示利益、效益。精益生产是指通过消除企业所有环节上的不增值活动，来达到降低成本、缩短生产周期和改善质量的目的。

精益生产有两大支柱。其一为 Just In Time（JIT），即准时生产。它不采取预测性或计划性的生产，仅在接到客户的订单之后才开始依照订单的产品规格、数量及交货时间组织生产，以降低库存资金积压及积压品库存增加的风险。另一支柱为自动化。与传统的追求“高速度、大产量、多用途”的自动化截然不同，它是以最低的成本制造出“适速化、专用化、小型化”的自动机器，以使不论大批量还是小批量的产品都能够快速、合格地被制造出来。以把看得见的浪费最大限度地消灭，同时把看不见的浪费也最大限度地消灭。

卡特彼勒的工厂大部分是用零部件组装各种机械设备，精益化生产主要是通过对零部件流程管理、物料供应、组装线设计和管理等方面科学细致的安排和管理来提高生产效率和减少浪费。这里面包括了零部件安排（Business Process）、物料供应和流程控制（Flow Path）、组装台优化等环节。

（1）首先对各种零部件进行分类（表3－5）：

表3－5　按照零部件的特性进行分类

	BP1	BP2	BP3	BP4
价值	高	中高	高低	低
供货商件	次序供货	按需求	原料需求计划负责	生产商管理库存
内部件	内部次序供货	Kanban	Kanban	Kanban
组装台位置	单一位置	两个位置或以上/件号分配	两个位置或以上/件号分配	两个或以上盛装盒
组装台供应班次	一班	最少一班	最少一班	最少一班
例子	框架	液压管	小型组装件	螺母、螺钉

注：BP：零部件安排（business process）　Kanban：存装箱（two-bin Kanban system）

（2）根据部件分类和生产组装需求制定合理的生产控制流程，来管理从接收到检验到库存再到生产使用的整个生产流程（见图3－5）。

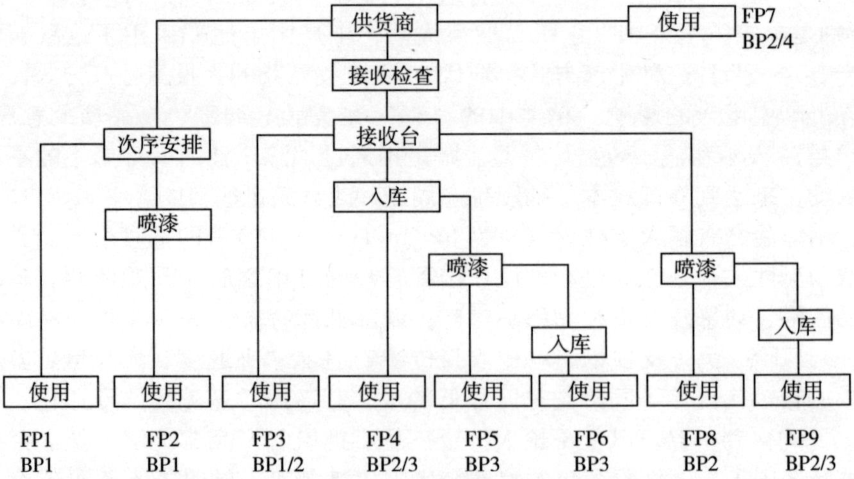

图3－5　生产流程控制

注：FP：生产流程控制（flow path）

a. BP1 零部件：由于 BP1 的零部件具有重要的、高价值的属性，所以需要对它们串行化分，也就是给部件安排一个序列号码。这样将来可以对部件进行有效和方便的跟踪，并且方便在数据库里的存储和查找。

b. BP2/3 零部件：这一类的部件最为繁杂，包括液压系统的管件、接头，电子电气系统的导线、接头等等。这些部件可能需要在整机安装之前进行组装来提高组装台的生产效率，有些可能要直接供应到组装台使用。有些部件可能需要较多的库存来避免缺件导致的生产延误，有些则需要在整机组装或入库存前进行处理，例如喷漆。

c. BP4 零部件：这一类的零部件大多是很简单的、很常用的标准件，例如螺钉、螺帽、铆钉、扎带、夹子、锁扣等等。这些零件在组装生产中被大量使用，管理取用这些零件费时费力，所以卡特彼勒的库存管理中配置了零件自动供应系统，通过计算机管理和自动化装置实现了标准件自动供应，极大地减少了人工浪费并提高了生产效率。

（3）根据实际生产需要设计合理的物料供应流程来提高效率和降低差错，在实际的组装之前，对部件进行组合来提高效率和准确性：

a. 大量的、细小的零部件在取用时很费时费力，所以要考虑用存装箱来供应到组装。

b. 另外如液压管件，为了提高整机组装效率，以在供应到整机组装台前先成套组装。

c. 标准件自动化供应系统等等，都是卡特彼勒在实际过程进行优化的一些方法。

图 3 －6 简要地解释了生产的精益化过程。

（4）下面要做的就是要把这些细致的物料供应和流程控制程序融合到具体的现场生产中。组装工作台就是所有步骤最终融合的体现。不同工厂和组装工序采用不同的模型以提高效率，下面是一个简单的组装工作台的模型：仓储自动化供应、特殊设计的零件箱供应和成套组装部件供应与整机组装工作台的有机结合（见图 3 －7）。

（5）深度挖掘分析生产过程中的各种浪费，利用 5S 方法减少浪费并保持整体生产秩序。精益化生产的理念在生产中得到了具体地执行和保持，细致地检查、精心地管理和持续地改进带来了生产效率的巨大提高。

5S 包括：

Sort——区分整理

Straighten——有效安排

Shrine——整洁有序

Standardise——安全标准的行为规范

Sustain——良好的保持习惯

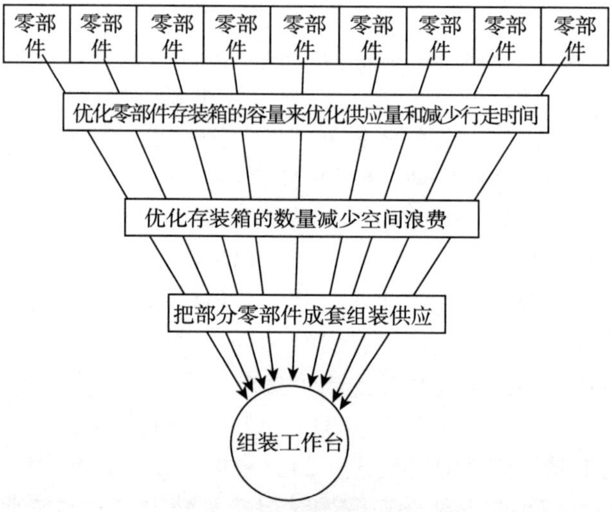

图3-6 物料供应流程

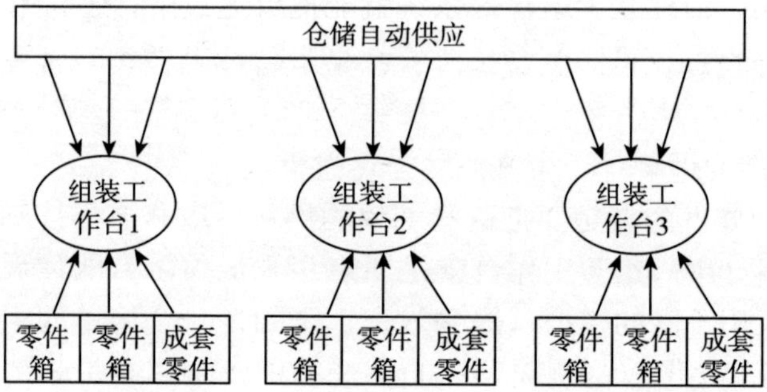

图3-7 组装工作台和生产情况的配合

精益化管理系统融合了生产过程中的诸多细节，还有什么需要考虑的呢？如何利用现有的和历史积累的数据和经验来改进生产和产品质量？怎样制定标准和工作程序？如何执行统一的管理体系？如何继承先进的生产管理经验？

表 3 - 6　Data Mining 和 6 Sigma 的实践

	目标	卡特彼勒的实践
1	迅速、有效、持续不断地提升产品质量	Data Mining 和 6 Sigma 的融合应用
2	严格统一的标准、高效可行的程序	6 Sigma 优化生产管理和开发
3	先进生产经验的继承、源源不断的人才输入	6 Sigma 培训和生产管理精英培训

2. Data Mining（数据挖掘）和 6 Sigma 的融合应用

产品生产和运营中会积累大量的数据，有效地整理、分析和利用这些数据是解决生产问题和提高产品质量的最省时、省钱的快捷方式（表 3 -6）。但是历史数据大多是：

- 杂乱地存储；
- 数据之间有很多的关联性；
- 太多的变量以及因果关系；
- 数据分析和具体实施之间有太多的不确定因素。

所以，公司一般会引入 Data Mining 来整理、综合、分析数据的专用的统计分析系统，但建立了这样的系统就能把历史数据有效利用了吗？

因为把纯粹的数据和具体的生产融合在一起需要更进一步，卡特彼勒有效地把 6 Sigma 应用到了 Data Mining 的管理中，把二者紧密地融合，实际有效地利用历史数据来进行产品改进。

让我们来看刚才那个例子，“故障发生在正在使用的 336DL 挖掘机上，机械在行走时发出‘咔咯、咔咯’不正常的声音。”让我们来仔细了解每一个步骤：

（1）分析原因：机械行走时的响声，故障被确定为回转轴承出现裂纹，并确定造成裂纹的原因。卡特彼勒和服务商之间的紧密融合：卡特彼勒服务商的工程师和卡特彼勒总部工程部门联络，进行现场检查并准确提供了所有的故障信息。

- 轴承质量问题？和供货商协作定位解决。
- 间隙配合问题？和设计部门协作定位解决。
- 生产组装问题？和生产部门协作定位解决。

（2）查资料：查找和回转轴承操作、组装相关的所有生产环节，确定相关的、可用的历史资料。

• 操作和组装的具体环节的整合，历史数据和记录系统的整合，人为差错可能性的整合，生产设备和操作环境因素的整合；

• 剔除无关因素，减少变量，优化数据收集，确保相关变量不被遗漏；

• 确定可用数据，为将来的数据收集整理奠定基础。

（3）分析建模：原始数据被分组整理为各个输入变量、输出变量以及限制变量。建立数字模型来分析问题和寻找可能的解决方案；确定最终解决方案，进行计算机模拟，调整具体生产过程，最后落实解决方案的实施。

• 具体生产和数据分析模型的融合，工程技术和生产操作的融合，计算分析系统和生产操作系统的融合；

• 生产程序进行调整，组装工艺进行优化，操作过程进行调配，生产设备进行改进；

• 改进方案得以实施，实施后在工厂内部的质量检查，分析模型进行优化，为将来的分析奠定基础。

（4）控制：在实际生产和使用中跟踪问题并不断改善质量。

• 卡特彼勒的服务商不间断地反馈 336DL 的使用情况，并通报回转装置的故障信息；

• 对改进后的行走装置进行客户满意度调查并反馈客户的改进建议；

• 对可能出现的故障反复或者客户建议重新进行定义，形成产品改进的循环可控系统。

Data Mining 和 6 Sigma 的融合，不仅仅为综合整理利用历史数据提供了解决方案。二者之间的融合也造就了产品服务、设计、生产加工和供货商管理等各个环节之间的全面融合。

3. 6 Sigma 和精益化理念的融合

6 Sigma 整合生产过程中的各个操作流程和生产环节，制定标准和规范生产程序，以提高生产质量和减少差错，做到工作人员和具体流程的全面融合。并且把精益化的理念融合到 6 Sigma 的管理中，提高管理效率，加快周转速度，减少浪费，最终做到节约成本和客户满意。

精益化的理念就是要在生产的细节中找到可以提高效率减少浪费的地方，然后进行总结、分析、论证和改进，从而实现生产过程的精益化、高效率。6 Sigma 的方法可以高效地推进精益化生产的过程，这可以在采用新技术和工艺，改善现有技术和工艺两大过程中得以体现：

（1）DMEDI（Define，Measure，Explore，Develop，Implement）的 6 Sigma 方法融合工程技术和新工艺的应用。在新技术和工艺推出的整个过程，利用这种 6 Sigma 方法可以有效地对此技术或工艺进行评估、利用和跟踪，从而达到提高效率、避免差错，以及确保和现实生产紧密结合的目的。这种方法体现了现代化管理中关于从设计、理论、生产的最初级阶段降低成本和提高效率的理论。

（2）DMAIC（Define，Measure，Analyze，Improve，Control）的 6 Sigma 方法来融合现有生产技术和工艺的改进。现有生产流程、技术、工艺、工序等各方面不可避免地会存在各种问题，很多环节都会存在需要改进和提高的地方，DMAIC 方法对解决这些问题和改进现有生产提供了积极有效的执行手段，同时也为生产的精益化提供了可靠的、实际的保证。

卡特彼勒精益化（Lean）和 6 Sigma 的融合造就了 Lean 6 Sigma 的典范。

确保 Lean 6 Sigma 的执行需要从上到下的融合进而统一所有员工的思想认识，这就需要全方位的培训（表 3 –7）：

表 3 –7　Lean 6 Sigma 的培训

	受众	内容	结果
黄带培训	所有员工	简要介绍 基本概念 常用的基本方法	统一了所有员工的思想认识，Lean 6 Sigma 管理得以流畅地执行
绿带培训	中坚力量	简要介绍 基本概念和方法 进阶方法	27 000 名绿带活跃在公司各个部门深入推进、执行 Lean 6 Sigma 管理系统
黑带培训	骨干力量	简要介绍 基本概念和方法 创建和管理流程理论、方法	3 500 名黑带在各个组织和生产单元中，领导程序的制定和改进

目光长远的培训计划：卡特彼勒挑选那些在工程技术、机械制造、工程管理的专业领域中有领导才能、团队精神、善于沟通等潜质的年轻人参加 MPDP 项目，来培养未来的生产制造管理精英（MPDP——Manufacturing Professional Development Program）。

卡特彼勒有几十个不同的部门或生产厂，被选中参加这个培训项目的人会在不同的角色进行工作来获得管理经验，例如，在经过了三个主要阶段（采购和物流管理、运营管理、制造工程管理）培训后的员工，最终被安排在适合他们的工作岗位上。他们的经验里已经融合了三个主要领域的管理技能和知识，他们就成为：未来的管理者、公司系统的传承者和生产队伍的培训者！

4. CPS 的大融合

CPS（卡特彼勒生产管理系统）融合了所有部门的精益化生产和 6 Sigma 管理体系。这种融合统一了全公司的思想认识，避免了利益冲突，提高了公司的可持续发展能力，建立了卡特彼勒大家庭。

CPS 运用了三大系统从整个公司层面对所有的生产单元进行了全方位的融合。

（1）运营系统（Operating System）：利用精益化生产和 6 Sigma 管理减少浪费、提高生产效率。

（2）文化系统（Cultural System）：统一部门和员工的所想所为，创造融合的卡特彼勒文化。

（3）管理系统（Management System）：建立规范的生产组织结构、合理可行的程序管理。

（4）利用 Value Stream Transformation（VST）流程——即学习（Learn）、执行（Do）、巩固（Deliver）的流程——来融合三大系统，做到真正的 CPS 大融合。

总结以上各点，打造完美产品，必须（表 3 –8）：

表 3－8　达到融合的产品设计的方法及效果

融合描述	融合的效果
用精益化生产管理把非常琐碎的细节进行有机的组织和融合。 • 零部件验收和库存管理 • 零部件供应流程管理 • 组装车间工作布局	整洁有序的生产过程，提高效率和减少浪费。

（续表）

融合描述	融合的效果
通过 Data Mining 和 6 Sigma 的融合，把庞杂的生产和运营数据科学有效地应用到生产工艺的改进。	成功有效地把大量的历史数据和生产经验加以利用。
通过 6 Sigma 和生产管理精英等培训把精益化生产和 Lean 6 Sigma 的生产理念融会贯彻到每一个人员和环节中。	先进生产管理理念容易得到执行，源源不断的人才输入。
CPS 把全球范围内的所有生产单元的管理进行统一融合。	统一思想认识，避免内耗，协同合作的管理体系。

六、产业链整合——服务层面的竞争优势

零配件采购、产品设计和生产围绕的都是工程机械产品制造，关注的是对产品本身质量的改进；从整机成品出厂到交货至客户手上、然后再到售后使用过程中的维修保养，还有很长一段路要走，这一段属于服务层面，概括起来主要包含销售及配送（即订单处理）和售后服务两个方面。服务层面的表现虽然不再影响产品本身的质量，但是由于这个层面直接面对客户，所以服务质量的高低对于建立品牌形象发挥着举足轻重的作用。而对于卡特彼勒来说，服务层面的工作对于整条产业链的动态融合更是极其重要的环节，因为动态融合的优势就在于能够更灵活地适应市场、更有效地满足客户需求，而服务层面恰恰就是这条产业链的“触角”，内部所有环节的互动融合都是依这条“触角”反馈回来的信息而动。所以，服务环节与客户、市场的互动一方面能够满足客户需求，建立优质服务的品牌形象，另一方面更是洞悉客户需求、捕捉市场动向的信息重镇。事实上，可以说卡特彼勒式的动态融合中，真正启动这条产业链融合改进的龙头是服务环节。

卡特彼勒是怎样利用动态融合的策略来改进它的服务的呢？下面就从订单处理和售后服务两方面详细说明一下。

1. 订单处理及交货期控制

工程机械商在服务层面的竞争优势主要体现在，对产品质量的保证、交货期的快捷准时以及维修保养的及时周到。其中高效的订单处理和准确的交货期是高质量服务的一个主要体现。工程机械产品的用户主要是建筑承建商、港口矿山等项目，一般都是工期紧迫，购买工程机械产品时首要关注的是，能否配合其项目进展需要适时交货，能做到这一点，对客户计划工程进度及统筹设备配置是有很大帮助的，也给他们带来了极大的便

利。所以保持稳定快捷的交货是建立客户品牌信心的一个最直接有效的渠道。

卡特彼勒可以做到一般情况下把交货期准确无误地控制在 45 天之内，同时因应客户工期的特殊需要和对产品配置的不同要求灵活调整交货期。这样高标准、高质量的表现使得卡特彼勒多年来一直在客户当中享有很高的品牌服务形象，也令很多中国工程机械制造商心存向往却无从模仿。那么卡特彼勒又是怎么做到的呢？关键是四个字：全盘统筹。

2. 全盘统筹

交货期，这个看似只发生在销售环节的一个简单的动作，实则需要整条供应链的有效协作来提供坚实的支持。而“整条供应链的有效协作”靠的是整体考虑供应链各个环节，做全盘统筹。

卡特彼勒的全盘统筹主要向三个方向努力：订单分类，调节不同环节的存货量，控制不同环节的提前期。

（1）订单分类

工程机械不是单一品种大批量生产的产品一般是根据不同客户的使用需求，小批量组装带有不同配置的产品。而随着科技的发展，现代工程机械产品因配置的不同，可以组装出成千上万带有细微差别的产品。这就使得订单处理过程变得异常复杂，因为不同订单要求不同的产品配置和交货期，而生产和交货期也相应更难控制。解决这个问题的第一个关键步骤就是订单分类，将不同类型的订单按照产品配置和交货期要求，分开处理，区别对待，这样在订单处理的过程中资源分配更加合理，效率更高。卡特彼勒制定了清晰的订单处理策略，将订单分为 4 个类型：

- 快运单：将少数几个流行规格组装成标准配置产品批量生产，客户从下订单到交货只需 2 星期，但是这类订单价格稍贵，客户需要付额外费用；
- 销售单：4 ~6 星期交货；
- 存货单：6 星期交货；
- 租赁单：这类订单中客户对产品的特殊配置要求最多，需要因应要求特别组装，所以交货期也最长，需 14 星期交货。

有了这个策略指引，生产和供应链统筹也就有了清晰的依据，可以按照订单的数量和要求合理计划生产和安排物流，减少盲目性。

（2）调节不同环节存货量以控制提前期

卡特彼勒根据供应链不同环节的实际情况，对存货量制订策略性的优化组合。

卡特彼勒对供应链的统筹采取的是前高后低的组合，即大幅提高零部件环节的存货量，而在成品整机环节则大幅降低存货量。这有别于传统上认为存货量越低越体现绩效好的管理理念，却更符合实际需要。

在产品提前期的控制中，主要控制的是生产及运输的时间，而在这当中，装配厂的生产过程和整机运输到经销商的时间都是可以稳定控制在较短时间内的，只有零部件的供应和运输是最难控制的。制造工程机械所需的零配件多达上千件，品种繁多，而卡特彼勒的零配件供货商又分布世界各地，在其制造和运输的过程中出现延误的可能性最大，也最难操控。换言之，可以说能否控制好整机产品的提前期很大程度上取决于零配件供应提前期的有效控制。这样一来，就不难理解卡特彼勒为什么要将零配件环节的存货量大幅提高 75% ~150%，目的就是储备充足的零配件以避免整机装配生产中断，从而控制好整机产品的提前期，保证订单的供应。在整机产品可以快速准时供应的前提下，装配厂和经销商环节自然就可以大幅降低整机存货量，以节省仓储成本并促进产品更新。

简而言之，卡特彼勒全盘统筹供应链策略的关键就在于以优化存货量来控制提前期，从而保证整条供应链的顺畅高效运作。

（3）融合、精益化 6 Sigma 与供应链全盘统筹

前面提到过，订单处理和交货期控制不仅仅是只发生在销售环节的一个简单的动作，它需要整条供应链的有效协作来提供坚实的支持。这正是卡特彼勒价值链融合策略的又一体现，而实际操作这一理念依靠的依旧是数据挖掘（Data Mining）和精益化 6 Sigma 策略。

卡特彼勒制定的以优化存货量来控制提前期的策略依据的是一个强劲的数据统计模型。这个模型将供应链各个关键环节的日常运作量化为一组组数据，并收集大量的数据进行统计分析，找出各环节及各组数据间的内在联系，在此基础上找出一个能够因应不同情境、不同要求制定出不同优化组合的运作模型。这个模型不仅为卡特彼勒全盘统筹供应链提供科学可靠的数据依据，而且为供应链各环节之间提供了可沟通的便利平台，使各部门、各环节之间更容易互相理解，促进了彼此间的配合。

前面提到卡特彼勒建筑产品部开始制定前高后低的存货量策略时，公司其他部门和供应链相关环节是存有疑虑的，因为该策略与传统存货量管理理念不同。例如，零配件供应部门还在用低存货量来作为绩效考核的一个项目，对大幅提高存货量（即意味着大幅增加零配件环节的仓储成本）的建议是不容易接受的；而经销商处于直接面对客户的最前线，也对大幅降低整机存货缺乏信心。卡特彼勒建筑产品部在推行这个策略时做了大量

的沟通说服，那么靠什么沟通说服呢？可想而知，数据和统计分析模型是最强有力的支持论据，也是使多方最快得到互相理解、融入合作的基本环境。这个模型在 2003 年试推行时即带来明显的效果：供应链整体存货量减少 16%，订单处理时间减少 20%，提高效率的结果使得当年即赢得了 2% 的营业额增长，更重要的是大大改善了交货期的稳定性。

3. 卓越的售后服务

卡特彼勒及其代理商为客户提供卓越的售后服务。以 336DL 挖掘机为例，此机装备了 Cat ET（Cat Electronic Technician）软件来提供机器即时状况（real-time updates）及代码，并运用无线及卫星科技，集合及传送重要机器资料到 PLS 系统（Product Link System）。其好处为：第一，遥控监察，若机器出现故障，能尽快知道问题所在，并进行维修；第二，资料储存于资料数据库，为改良研发提供重要资料。当客户的 336DL 挖掘机发生故障，客户可即时通知卡特彼勒代理商，代理商会即时派专人到现场察看及维修，找出故障原因，机器即时状况及代码透过 Cat ET 软件遥控地传送到 PLS 系统，然后卡特彼勒生产部研究发生问题的原因，研发部改良新型机械设计来避免发生相同故障，从而完满地为客户解决问题（见表 3-9）！

表 3-9　达到融合的售后服务的方法及效果

融合描述	融合的效果
从售后服务回到产品设计，形成一个完整的融合过程。	为产品的改良和创新提供源源不绝的动力与契机。
机器即时状况透过 Cat ET 软件传送到 PLS 系统。 • 卡特彼勒生产部研究发生问题的原因 • 研发部改良新型机械设计	有的放矢地改良适合用户需求的新型号机械。

综上所述，动态融合的策略使得卡特彼勒通过全盘统筹供应链，运用数据统计模型优化各环节存货量，并借此有效控制产品提前期，最终达到了在保证稳定的供货期的同时降低整体仓储成本。而售后维修保养服务与产品设计、生产等部门的信息共享和紧密结合促进了整条产业链的融合互动，使得卡特彼勒的产品改良创新紧跟用户需求，它带来的已经不单纯是好质量加好服务，而是在这个企业整条产业链的运作中培养出一种改良创新的“惯性”——这才是动态融合无法复制的竞争优势。

第四章
外资如何并购蚕食中国化工及医药行业

【本章导读】

一、中国化工及医药市场成为外资并购热门

美世在2006年的调查显示：65%的全球高管人员认为，外国企业在中国进行的合并及收购投资将在五年内大幅增加。而在众多热门行业之中，最近的有关调查更显示，化工及医药行业更是热门行业。

在化工方面，虽然市场相对集中并且国企占主导地位，但是外资仍然热衷收购具发展潜力的本地民企，从而希望打进国内市场，对抗国企龙头；从我们研究的案例中，在润滑油行业里，中石油和中石化已拥有60%的市场占有率，但是壳牌收购了行业中最大民企“统一”，从而希望挑战两大国企，打入中国市场。

而中国的医药行业正处于萌芽阶段，行业相对分散，没有一家优质和具竞争力的大型中国药厂，外资药厂进入中国市场所面对的挑战相对较小。再者，近年来，中国经济增长强劲，国民收入和生活水平提高，对外资药品的需求有增无减。以上诱因都促使外资尽快把自身的产品推向中国市场，罗氏、辉瑞等外资近年来都纷纷大力发展中国业务。我国很多沿海城市的药房都被外资药企所控制，老百姓倚赖的都是昂贵的进口药。随着人口老龄化时代的到来，将会大幅提高医药的需求，我国对外资医药的倚赖只会有增无减。

中国企业面对外资来势汹汹的收购合并明显地变得无所适从，招架不住了。要么尽快答应外资合资的要求，将自己辛苦打拼的江山拱手让人。

例如，沈阳轮胎厂和回力牌轮胎，都在财政困难时，卖给了米其林。要么把自己的企业出售，例如，可口可乐收购汇源果汁（虽然最终未成功，但已经昭示了可口可乐的并购野心）。外资甘愿投入天价购买中国企业，让众企业家心动不已。

二、初步收购合并只是外资小试牛刀

面对中国庞大的市场，收购合并只是外资进入中国的第一步。接着，外资凭着本身在产品研发、物流优化、产业链高效整合等的优势来争取国内市场份额、增加销售额，其高效整合体现在IPD和ISC技术上。

企业对收购对象的IPD和ISC需求促使了外资并购中国企业的行为十分活跃。外资凭着自身优点去改变国内企业的生产系统；夺取国内优化过的物流供应链达到他们的快速销售目的，使他们更立于不败之地，这些都是我们值得借鉴的地方。

不同行业的收购受到各自行业性质所主导，而有本质的不同，重工业与轻工业的差异，亦会同时影响企业对收购对象的IPD和ISC需求的高低。在化工行业中，各自公司的产品都相当接近，如石油、润滑油等，而且，产品售价都接近一致。面对同一价格，化工业必须尽量控制成本，争取最大利润。IPD和ISC在节省成本方面，便起了相当重要的效用。医药行业的最大投资是药物研发，而药物研发需按照监管部门的指引来进行，每一步都有严格规定，不能随意增减，故此IPD所能发挥的作用有限；但新药完成后，ISC却能发挥极大作用，ISC加快新药推出市场的速度，增加投资回报。

三、外资高效整合并购企业，完善产业链

本章所讨论的是化工及医药两大行业，探讨外资怎样实施高效整合，增强其合资（或全资）的公司竞争力，进入中国的庞大市场，增加其市场占有率。

概括来说，实施高效整合，进行成本优化基本上是大部分企业收购合并的催化剂。高效整合可从两方面实践，就是我们常常说的IPD（Integrated Product Development）和ISC（Integrated Supply Chain）的概念。IPD是产品研发、生产制造流程整合，使生产成本降低及使产品更能迎合顾客所需。ISC是在整条产业链整合，从产品研发、原材料采购、产品制造、仓库储存、货品物流到产品销售，把每一个环节的时间缩短，而环节与环节之间的过渡时间也尽量缩短，从而减少时间成本和机会成本。IPD和ISC都对降低产品的制作成本起着重大作用。

此外，我们会透过IPD、ISC来深入分析这两行业在中国并购合资的

概况。

基于各行各业本质的差异，IPD 与 ISC 的影响力于各行业亦有着相对的分别，如 B2C（Business To Consumer）的行业，因与客户有直接联系，因此普遍以能改善终端销售服务的 ISC 影响较大，而 B2B（Business To Business）的行业，因主要涉及同业之生意往来，则重生产成本及质量为主，所以 IPD 的影响力较重。

而化工业性质接近 B2B（Business To Business）。IPD 优化是化工行业的核心。外资企业透过并购中国化工公司，整合其 6+1 产业链，其后，外资引入先进系统，改善并购公司的 IPD 工序，从而加速生产，节省成本，以保持在行业中的竞争优势。在我们的案例中，可以看到外资公司壳牌收购了统一石化后，壳牌便把自身先进的润滑剂提炼技术移植到统一的生产线，提高了统一润滑油的质量；如米其林透过 IPD 优化便俭省了设厂费用 62%，大大提升了其竞争能力。有了良好的 IPD 系统，外资更进一步加强其 ISC 系统，以争取更大市场份额，赚取更多的利润。改善了 ISC 后，统一石化稳定了原料供应，缩短供货期。生产能力提升 10 万吨，供货及时性加强，交货时间降到 3 日内。订单处理系统由本来处理每张订单需 2 分钟提升至每张少于 1 秒钟。另一化工业案例米其林收购回力轮胎后，米其林同样把 IPD 和 ISC 移植到中国企业，使其合资企业更具竞争力。

与化工行业相反，医药行业性质接近 B2C（Business To Consumer）。ISC 优化才是医药行业的主要核心。医药行业讲求创新，新药物往往是医药企业重要的生财武器，外资医药企业于研发、生产已有相当成熟的技术，要闯入中国庞大的医药市场，外资医药企业纷纷与中国公司并购合资，透过中国医药公司已有的销售网络，加快把其新药推出市场，以实现在中国医药市场大举赚取利润，分一杯羹。从上海药业和广州药业案例中，外资药商看到中国的庞大市场，通过合并国内同业和优化其 ISC，达到增加销售量及扩展其市场份额的目的。如本章案例中，经过 ISC 优化后，广州医药的日常营运显著改善；在销售品种、配发货数、动销品种数这三方面的优化最为明显，整合后效率比以前高 30% 以上。

四、并购凶猛：中国化工及医药产业前景不容乐观

不难发现，我国化工行业和医药行业正面对被外资日渐吞并的危机。面对中国庞大的市场，我们更看到外资从以往与中方试探式合资变成现在的大规模并购，令外资企业能够扎根于中国的土地上。

透过本章分析，可解释种种并购的诱因均来自对 IPD 和 ISC 不同程度的需求。在化工业，中方需要生产技术和物流系统改造，外资也来个顺水推舟，将领先的 IPD 和 ISC 系统移植到中国企业上，使其成为外资企业产

业链的一部分，进而占领中国市场。在医药业，情况更明显。外资药企均拥有数以百计的药品专利，要在有限的专利期内获取最大的利润，他们不惜代价地收购中国药企优良的ISC系统，尽可能将自己的药品用更快的速度，更广的范围卖给中国13亿老百姓。可见中方与外资在并购合作是与虎谋皮，不知不觉地变成了人家的傀儡。

外资在这场并购角力上尽领风骚，凭借的是对自身行业里IPD和ISC很强的认知，国内企业家认为天价的收购，在外资眼中却是一块璞玉，只要将被收购的国内企业加以雕琢，价值是不能同日而语的。那么，中国何时才可在合资并购上少吃点亏？答案是有的，就是在中国企业家们洞悉什么是IPD和ISC的时候。

第一节　化工及医药行业的6+1分析

【本节导读】

为什么化工和医药行业成为外资并购重点？这两个行业产业链各有什么行业特性？这两个领域的国内外企业在国内市场各有什么优势与短板？外资并购中国这两个行业企业的切入点是什么，并购后又如何整合？

本节将从收入比重、研发及生产过程，以至行业本质三方面对IPD及ISC于医药和化工行业的重要性进行多角度分析，并指出两个行业的差异性。

先说化工业，化工企业将大部分资金都花在生产销售上，企业如能在这庞大的费用中节约俭省，就能将其业务大大提升，甚至能将其利润大大增加，中国化工企业在这一块优化提升的空间很大，反过来说，优化空间巨大也正是中国化工企业的短板所在。

因此，IPD优化对化工行业十分重要，是化工企业竞争力所在。与国内企业在这个方面的短板不同，这个方面外资都十分强大。

既然IPD对化工行业如此重要，那么企业只进行IPD优化即可？当然不是，企业有了对内IPD优化的基础后，的确能让企业在行业中占一席之地，但是，要把这席位提高，就得靠ISC优化。

相对其他行业，IPD优化对医药行业成本节省或业务提升的作用相对较少。综合来说，整个药物的研发过程，没有可整合或优化的特质。所以，药物的营运本质不是节省成本，而主要是开源、争取收入。而在国内市场，销售渠道是国内药业的强项，这恰恰是外资药业的短板，外资收购国内药企，看中的正是国内药企的长板可以弥补外企的短板。

一、化工行业的 IPD 举足轻重

IPD 在化工行业中扮演十分重要的角色，是其核心价值。以下将会从收入比重及行业本质对 IPD 的重要性进行分析。

1. 从收入比重分析

由图 4 -1 可见，成本于化工行业的收入比重中占了很大的百分比，成本（cost of goods sold）占米其林的收入 70%，研发支出却占少于 4%；而成本在辉瑞的收入中，只占 23%，但研发支出却达到 17%。可见，不同行业在资源分配上有各自的不同。医药业便把很大部分的收入都投放在产品研发上。

化工企业则将大部分的资金都花在生产销售上，企业如能在这一笔庞大的费用中节约俭省，就能将其业务大大提升，甚至能将其利润大大增加，可优化提升的空间这么大，企业不对举足轻重的 IPD 进行自我优化整合，能在行业中占一席之地吗?

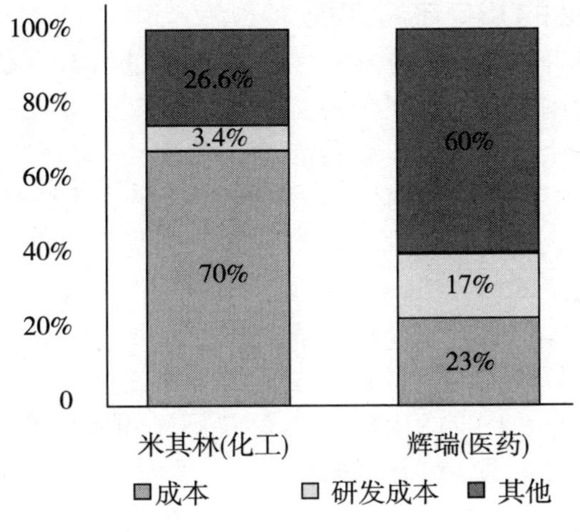

图 4 -1　米其林和辉瑞各项成本占其收入的比重①

2. 从行业本质分析

化工行业的流程大致可分为三部分：原材料采购、以化工技术进行开采提炼以及销售。化工厂主要的工作流程，是从原材料生产商购买原料，然后进行化学加工将原材料制成产品，最后推出市场或销售给用户。如润滑油制造商，厂商从石油公司订购基础油，然后进行化学加工制成润滑油。

---

① 资料来源：http：//www. michelin. com/portail/home/home. jsp？lang = EN。

化工产品的价格，大多都是较一体化的，像石油、黄金都是由市场来定价，价格相对公开、统一，个别商家难以随意将成本转嫁到买家身上，故此，化工产品的定价空间实际上是非常有限的。再者，由于不同的化工产品需要不同的设备及技术，研发或发展新的化工制品往往需要庞大的投资，对一家化工企业来说是一个极大的冒险，所以很少化工企业会贸然研发或生产新的化工制品，同时，亦因为机器的庞大，技术的复杂，使大多化工企业只会专注某一类型化工产品的生产。

原有化工制品没有太大的定价空间，发展新产品来拓展业务又不大可能，那么化工企业该如何在行业中保持优势？答案就是在其开采提炼的过程中进行 IPD 优化整合。面对产品同一销售价格，谁能够降低开采提炼成本、加速生产程序，谁就较别的企业优胜，透过 IPD 优化整合的手段，化工企业就在市场上占据了有利的地位，可见 IPD 优化对化工行业是何等重要。

二、化工行业的 ISC 不容忽视

既然 IPD 对化工行业如此重要，那么企业只进行 IPD 优化即可？当然不是，企业有了对内 IPD 优化的基础后，的确能让企业在行业中占一席之地，但是，要把这个席位提高，就得靠 ISC 优化。如原材料供应对化工企业就有着很大的影响，万一原材料供应有所延误，或原材料质量出了问题，就会直接影响企业能否如期交货给客人。但是，企业又不能为此购入过量的原材料，过量的原材料需要储仓，此举会带来昂贵的仓储费，导致成本上升。两者该如何达致平衡就得靠先进的系统，透过对系统的不断改进，就能准确地计算所需的原材料，这不但能稳定原材料供应，亦能降低仓储成本，由此可见，ISC 优化对化工行业不无重要，更是不容忽视的。所以，化工业的营运本质主要是节省成本。

三、医药行业 IPD 的微不足道与 ISC 的不可或缺

下面将从收入比重、药物研发及生产过程和行业本质三方面对 IPD 及 ISC 于医药行业的重要性进行多角度分析。

1. 从收入比重分析

由图 4 -1 可见成本及研发成本在医药行业的收入比重中分别只占 23% 及 17% ，相对其他行业，IPD 优化对医药行业成本节省或业务提升的作用相对较小。

2. 从药物研发及生产过程分析

如图 4 -2 所见，药物研发的流程大约可分为三部分：发展阶段、临床前及临床。在发展阶段这一部分，必须通过数以万计的试验才能找出最佳

的化合物配方，过程中，实验次数及步骤不能减少，否则药物质量会降低。至于在临床前的部分，涉及需要调配师、药剂师等参与的非常重要及复杂的研究及评价程序，若然有任何差误，研究成果出现错误的机会便增加，药厂在这阶段没有俭省的空间。在最后的临床部分，可分为临床一至四期药物测试阶段，须得到政府审批及按照既有程序进行，缺一不可，在所需时间上亦不能减免。综合来说，整个药物的研发过程，没有可整合或优化的特质。可见，IPD 在药物生产研发流程上能整合的空间不大。

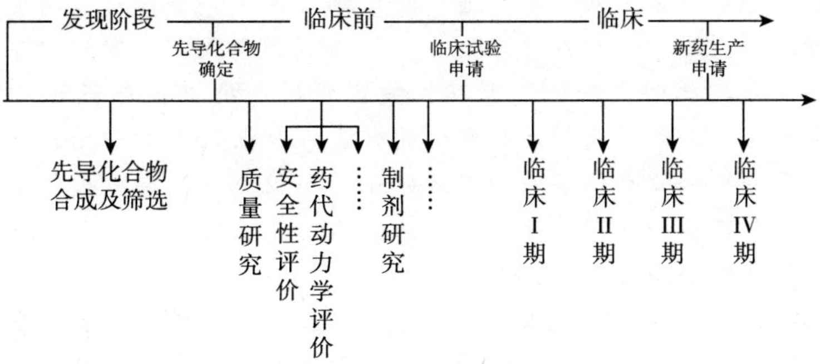

图 4-2　药物研发流程

若然研发没有 IPD 的整合空间，那么在药物生产过程中可以优化吗？当研发完成后，药厂得到的是一条新药化学合成配方，药物生产过程便是，按照那条新药配方，把所需的原材料通过化学合成制成新药。药物的研发过程往往以年月来计算，一般药物的研发过程为 15 年左右，投资金额庞大；至于生产时间则相对较短，只以时分来计算，所占的投资金额亦较研发少很多。所以，即使有效地运用 IPD 优化研发及生产流程，当中只有占少份额的生产部分可以整合，并且，IPD 所能发挥的效用十分有限。

3. 从行业本质分析

一般医药产品的流程大致可分为药物研发、生产过程及销售三个主要部分。在经过药物研发及生产后，即使得到新的药方，也必须在第三部分取得市场份额，有足够订单及销售网络才能成事。否则，没有销售收入，单靠节省成本、提高生产根本赚不回投资研发的资金，由此可见，优化 IPD 成效不大，反而应该把注意力放在优化 ISC 上，因为这样才可以降低销售的成本，取得更多的利润。所以，药物的营运本质不是节省成本，而主要是开源、争取收入。

第二节 外资并购中国化工企业

【本节导读】

中国化工的6+1产业链覆盖7个环节：产品设计、原料采购、仓储运输、制造生产、订单处理、批发经营、终端零售。

在化工行业，外资尚未取得绝对的优势，可是外资的步步紧逼已经不容忽视。外资多年来对中国化工公司不断进行收购合并，例子可谓数不胜数。外资的野心不单单只是要闯进中国市场，许多外资透过收购合并进入中国市场后，更进一步吞占中国企业，从而成为最大单一股东，夺得控制权；如上海米其林回力轮胎，米其林集团现时已拥有合资公司72%的股份；而壳牌统一，外资壳牌现时亦已拥有统一石化75%的股份，两家所谓的合资公司的控制权都已落入外资的手中。不仅如此，有些被收购合并的中国企业甚至已被外资完全独资拥有，如常州空山峰化工、阿克苏诺贝尔装饰涂料已完完全全被外资吞食。

外资实力都很强大，技术优势明显，那么外资为什么还要大规模并购中国企业？外资对化工企业并购后，首先就是利用自身在IPD和ISC系统上的优势，对所并购企业进行IPD和ISC系统进行优化，迅速提升并购企业的产能和分销能力，弥补自身产品线和分销能力不足的短板。

一、合资并购概况

外资多年来对中国化工公司不断进行收购合并，例子可谓数不胜数。

- 2001年，外资米其林集团与上海轮胎橡胶股份有限公司，合资成立上海米其林回力轮胎，米其林集团占合资公司72%的股权，而上海轮胎橡胶则占合资公司28%的股权。
- 2005年，外资美国空气化工产品有限公司入股常州山峰化工有限公司，现时，美国空气化工产品有限公司已全资拥有常州山峰化工有限公司100%的股权。
- 2005年，外资阿克苏诺贝尔与广州涂易得公司，合资成立阿克苏诺贝尔装饰涂料有限公司，现时，阿克苏诺贝尔已完全独资占有合资公司100%的股权。
- 2006年，外资加拿大钾盐企业入股中化香港控股公司，购入其股权10%，现时，外资加拿大钾盐企业的持股量已增至20%。
- 2006年，外资德州恩卡公司与中国吉林化纤股份有限公司，合资成立吉林艾卡粘胶纤维有限公司，德州恩卡占合资公司30%的股权，中国吉林化纤服务有限公司则占合资公司70%的股权。

- 2006年，外资美国库珀轮胎橡胶公司与库珀成山（山东）轮胎有限公司，合资成立库珀成山轮胎，美国库珀占合资公司51%的股权，而库珀成山（山东）则占合资公司49%的股权。
- 2007年，外资美国赫格里斯公司与上海氯碱化学公司，合资成立上海赫格勒斯化学公司，美国赫格占合资公司40%的股权，而上海氯碱则占合资公司60%的股权。
- 2007年，外资阿曼石油公司入股青岛利东化学公司，购入其股权30%，现时，外资阿曼石油公司的持股量已增至60%。
- 2007年，外资壳牌中国集团与北京统一石油化工有限公司，合资成立壳牌统一，外资壳牌占合资公司75%的股权，而统一则占合资公司25%的股权。
- 2007年，外资润英联控股有限公司与中国石化集团，合资成立上海海润添加剂，外资润英占合资公司50%的股权，中国石化也占合资公司50%的股权。
- 2008年，外资黑石集团入股中国化工全资子公司中国蓝星，购入其股权20%。

由全资收购的例子有：

- 常州山峰化工有限公司。
- 阿克苏诺贝尔装饰涂料有限公司。

而外资拥有控制权的收购、合资例子则比比皆是：

- 壳牌统一，壳牌现时拥有统一石化75%的股份。
- 上海米其林回力轮胎，米其林集团现时拥有合资公司72%的股份。

由以上例子可见，外资的野心不单单只是要闯进中国市场，许多外资透过收购合并进入中国市场后，更进一步吞占中国企业，从而成为最大单一股东，夺得控制权；如上海米其林回力轮胎，米其林集团现时已拥有合资公司72%的股份；而壳牌统一，外资壳牌现时亦已拥有统一石化75%的股份，两家所谓与中国企业合资公司的控制权都已落入外资的手中。不仅如此，有些被收购合并的中国企业甚至已被外资完全独资拥有，如常山峰化工有限公司、阿克苏诺贝尔装饰涂料有限公司已完完全全被外资吞食。

二、化工行业的核心

如上文所述，IPD 和 ISC 系统对化工行业影响深远。产品配方类似，制作方法大同小异，加上产品价格稳定，必须运用 IPD 系统将各生产环节成本优化，使自己的产品脱颖而出。另一方面也需要运用 ISC 系统将产品用最快、最便宜的管道推出市场。结果，透过 IPD 和 ISC 系统的优化都对化工产品销售起了正面的作用。

三、案例分析

1. 统一石化

（1）中国润滑油行业概况

中国是世界第二大润滑油消费国，年消耗量 600 多万吨。其中，外资占据了国内高端润滑油市场近 80% 的市场份额；而中石化、中石油两大集团则主要占据中档润滑油市场；民营及地方润滑油厂则主要占据低档润滑油市场。长城、昆仑的市场份额占 60%，统一等民营企业则占 20%，这一大批本土品牌的国产油品虽然在市场整体份额上占绝对优势，总共有约 80% 的市场份额，却仅仅在高端市场分得 1/5 的利润，也就是说中国品牌虽然卖得多，可是赚得少，反之，外国品牌虽然卖得少却赚得多。

由于中石油、中石化为国有企业，要进行收购不太可能，所以外资如果要在中国进行业务扩展，要么自己独自发展，要么就要向民营企业下手进行收购合并。外资既已从高端市场取得成功，下一步就是要向中、低端市场进发。

2006 年 9 月 22 日壳牌中国宣布购买统一石化 75% 的股份 。统一的加盟大大丰富了壳牌的产品线，为壳牌全面攻克中国润滑油市场打下坚实的基础。统一作为润滑油二三级市场管道最畅通、配送能力最强的润滑油品牌，是壳牌抢占这一巨大市场的致命武器。而统一石化则可以依靠壳牌稳定的原料供应得以做大做强，达到双赢的局面。以下就让我们分析壳牌的收购。

（2）壳牌收购统一的主因：多元化产品、强大的销售网络

图 4 -3 是壳牌中国的主要业务，总括来说壳牌已经囊括了中国油品的上游业务包括石油/天然气勘探和生产，中游业务包括气制油和煤制油及煤气化项目，下游业务包括石化和油品零售。尽管如此，壳牌还是希望能够扩大其销售管道和市场占有率。而统一石化，一家全国销量排行第三的民营石化企业便成为壳牌收购的目标，统一拥有几个条件吸引壳牌收购：

①多元化、中档的产品

统一石化的润滑油产品多元化，有工业油、工程机械油、摩托车用油

和车用油，有过万种油品以适用于不同的环境和气候。举个例子，黑龙江有时气温达到 −40°C，使用传统润滑油发动机不易启动，统一石化立刻开发 5W −30 机油，这种机油在 −40°C 也能表现出良好性能。

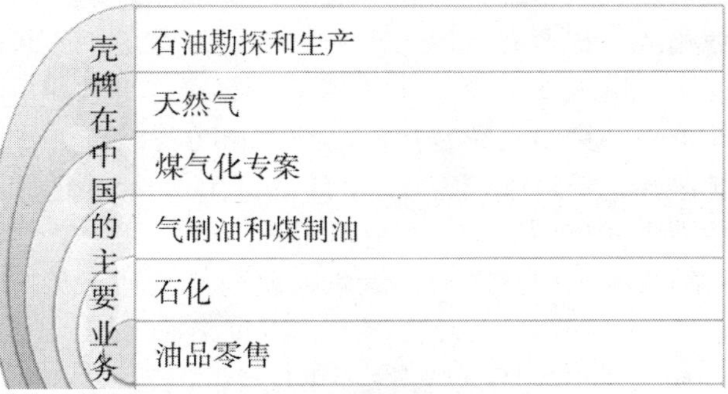

图 4 −3　壳牌中国的主要业务

润滑油的分级从 SA 开始，S 后面的字母愈靠近 Z，润滑油的等级愈高。统一石化产品主打中、低端市场，油品大多是 SD ~ SG 级的，而壳牌在中国的产品大部分是 SG 级或以上的高档油。尽管看起来壳牌对开发中、低档产品的能力绰绰有余，可是相比起自己在中国建立生产线、品牌等等，收购一个样样具备的公司还是会省点时间。

②中国市场占有率最高的民营润滑油企业

回到 2005 年，也就是收购未发生前，我们可以从图 4 −4 中看出中石油和中石化两大国营的油品巨头已占去 54% 的市场份额，统一作为一家没有上游业务的民营润滑油公司，在市场占有 7% ，甚至包括壳牌、BP、埃克森美孚的各 5% 还要多。壳牌对统一作出收购后，市场占有率马上提升 1 倍多，一跃成为全国第三大润滑油商，成为众外商之首。

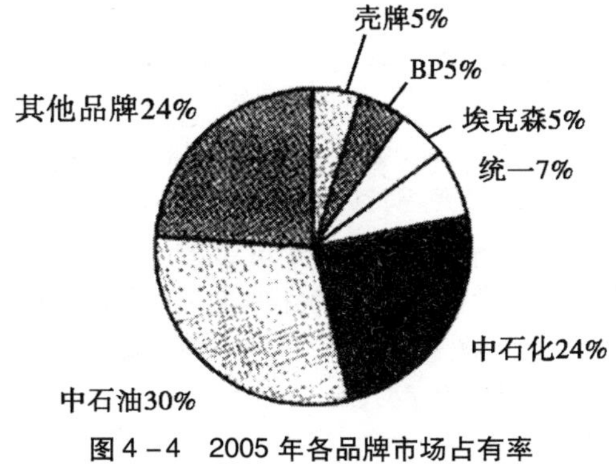

图 4 −4　2005 年各品牌市场占有率

③有效的销售网络

车用润滑油现时零售管道主要有两个：加油站和汽车维护中心。可是由于消费者大多缺乏专业的汽车维修知识，更换润滑油多数会与其他维修同时进行，这就是说汽车维护中心是销售润滑油的主要管道。

现时壳牌和统一都拥有大量汽车养护中心，可是相比起来，统一在全国的 847 个还比壳牌的 397 个多出 1 倍多。而两方的客户群也不一样，壳牌喜力汽车养护中心集中高端客户，而统一自由行汽车养护中心则主打快速换油，专业保养，针对中端客户，而且售卖的润滑油适合用户的实际需要，加上产品不会在市场流通，避免对手价格竞争。

可见两者结合后不但没有恶性竞争，反而能互补不足。壳牌收购统一后就可以接手其销售网络及市场占有率，进军中端市场。

（3）统一被收购的主因：取得稳定的原料供应

润滑油主要的原料是基础油、添加剂和增稠剂。统一无上游资源，而在 2000 年下半年，一向与统一石化合作的国内石油巨头下令停止对民营石化企业的基础油供应。国内基础油源被掐断，此后统一石化不得不在国际市场招标采购，进口基础油供应高达 95%。随着销售量上升，统一库存的 2 万吨油，只能应付公司 1 个月的销售。

雪上加霜的是，国际油价自 2005 年起便节节上升，从 40 多美元到 2008 年的 140 美元以上，3 年间上升幅度几近 4 倍，这样会直接影响润滑油产品的价格。且看表 4 –1 的比较：

表 4 –1　三种润滑油涨价幅度比较

品牌	2006 年涨幅（因油价上升）
昆仑润滑油（中石油）	6%
长城润滑油（中石化）	10%
统一润滑油	12.5%

在 2006 年，基础油价达到 70 多美元，比起 2005 年涨了大约 20%，昆仑和长城同为润滑油品，它们在 2006 年的涨幅分别只是 6% 和 10%，对比起统一石化在国际上采购基础油，在油价上升的时代它的油品涨幅达到了 12.5%。其中一个主因是昆仑和长城分别是中石油和中石化公司的产品，它们的母公司掌握了上游业务。而在 2006 年，统一的销量更是不升反跌。可见基础油价对润滑油公司的深远影响。

受到国内打压的统一，与拥有优秀上游资源，如南海西江油田、长北天然气开发和油叶岩的壳牌一拍即合，因为这样刚好可以用双方现有的

IPD 和 ISC 进行整合和优化。

（4）先进的 ISC 营运系统

上文提及中国化工的 6 +1 产业链覆盖 7 个环节，而当中的 6 可利用 ISC 进行优化，从而节省成本，提升效率。

统一石化是全行业率先采用德国 SAP 公司 R/3 ERP 系统①，对其生产流程电子化、提升效率的企业。此系统采用基于 SUSE LINUX Enterprise Server 的解决方案，降低营运成本，而且实现与无线物流（RF）系统的集成，推动企业的发展。统一石化信息中心潘北平主任也表示引入系统后不必再将全部时间用来维护，将更多精力从事战略性项目。

统一在收购前面对一系列问题：原料售价高，缺乏原料，引申出产能过剩等等，这样会使产业链出现断口，以致整个生产及销售过程过慢。壳牌收购统一后把原有的 ISC 系统加以整合，从而解决以上的问题。

原料采购：统一合资前，欠缺上游业务，基础油基本上都得进口，这里引申出来的问题是原料价格很容易成为最大的成本，像刚才我们谈过的油价上升对统一的影响。壳牌能够以其本身的上游业务，提供稳定的基础油和添加剂来源，2007 年 10 月由于天气影响②，统一所预订的基础油要延迟一星期运到工厂，在合资前，按照北京工厂满负荷的生产计划，将使北京工厂一个星期内无原材料可用，经销商将断货一星期。出现这种意外情况，合资之前的统一基本没有办法处理，合资之后壳牌透过 ERP 系统支持了 1 000 吨的优质基础油和两货柜的添加剂，再加上基础油配比合理，经销商仅有一天缺货。

制造生产：尽管统一生产力高至 60 万吨，其 2006 年销售只有 30 万吨润滑油，也就是说统一有一半产能浪费了。壳牌在中国的产能每年 20 万吨，仅是统一的 1/3。合资后壳牌不用建厂也能马上把产能提升至每年 80 万吨，还可以获得统一的市场份额。

统一在合资前已经在襄樊、无锡、咸阳建立生产基地③，这样可以分散生产和销售，以降低运输成本，提高运输效率。合资后更与壳牌完成在珠海建厂的工作，进一步完成在基础油、添加剂生产与采购方面的资源整合，统一品牌的生产能力提升 10 万吨，供货及时性加强，交货时间降到 3 日内。

订单处理：合资前统一已实现订单处理系统由本来处理每张订单需 2 分钟提升至每张少于 1 秒钟，而物流一体化将供应物流、生产物流、销售物流有机结合起来，强化各部门之间的关系，提升效率。合资后的统一可

---

① 资料来源：http：//solution. chinabyte. com/cshyjjfa/45/2056045. shtml。

② 资料来源：http：//www. people. com. cn/GB/43063/107687/107724/107988/6783575. html。

③ 资料来源：http：//www. pcauto. com. cn/qcyp/rmlm/cpxw/0708/499849. html。

以通过搜查壳牌内部系统，看到全世界壳牌公司的科目、资料、指标、成本，从而挑选最低成本的原料方案，达到成本优化。

客户反馈[①]：客户关系系统录入每辆车的基础数据，如里程数、换油服务信息等，自动提示预估更换机油的预估时间，自动识别上一次服务的项目、时间和价格，信息在一天内反馈给产品设计队伍，使研发团队及时了解客户的反馈。

（5）外资优化 IPD 系统

壳牌统一 IPD 的整合作用体现在：

- 引入先进的技术；
- 改善工作环境；
- 提高产能。

基本上，壳牌通过把自身成功的软系统和硬系统移植在统一石化上，从而达到优化整体 IPD 的效果。

- 软系统：HSSE 系统[②]；
- 硬系统：产品配方重整，优化生产质量。

①硬 IPD 的引进——优化润滑油的制造过程

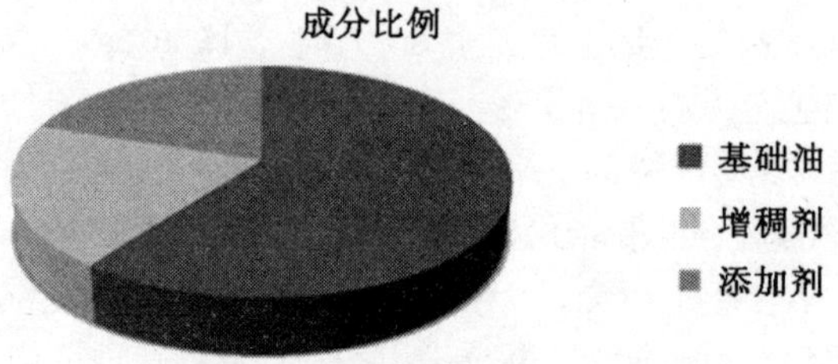

图 4－5 润滑油的成分比例

从图 4－5 可见润滑油是由三种原料构成：基础油、添加剂和增稠剂[③]。大体上，润滑油的成分比是基础油占七成，其余两种原料占余下三成。润滑油加入不同的化学添加剂是必须的，它可用来增进润滑油的特性

---

① 资料来源：http：//info. chem. hc360. com/HTML/001/006/010/4221. htm。

② 资料来源：HSSE 专访，http：//www. chinaccm. com/24/2418/241801/news/20080124/113202. asp。

③ 资料来源：《润滑油》，第 20 卷第 2 期，http://www. equiplube. com/bbs/uploadimg/2005121301935225. pdf。

如极压性、抗磨损性、抗氧化性。而增稠剂则可适量地增进产品的润滑性。不同的配比可变化出不同黏度及特性的润滑油，从而应用于不同的工业层面。

润滑油因基础油不同特点，氧化安定性和黏度指数分为若干不同的级别。大致上，质量好的会用作内燃机、齿轮润滑之用；质量差的则普遍用于重工业机器、柴油机上。随着汽车工业的内燃机技术不断提升，更高档的润滑油需求更大，例如法拉利跑车所需要的润滑油质量显然要比日本轿车的高。相比国内品牌，壳牌这些外国知名品牌更有能力生产不同功能的润滑油。原因很简单，可先从润滑油的制造流程说起。

②润滑油生产流程

图 4 -6 的流程大致地描绘了基础油的生产情况。

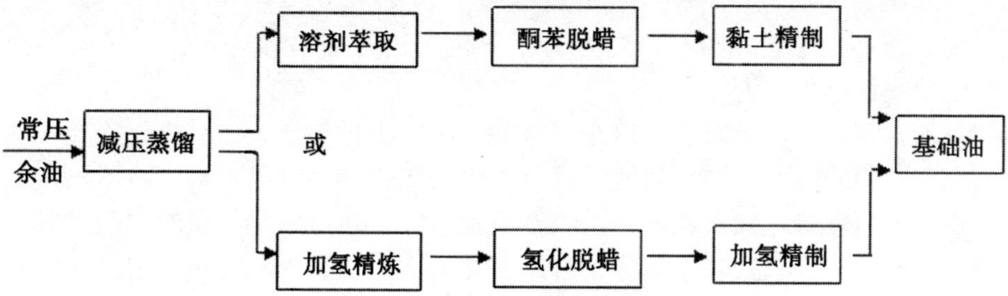

图 4 -6　基础油生产流程

润滑油的质量直接取决于基础油的质量。基础油的制法主要分成两种：上层的流程是传统制法；下层的是现今国外主流的新制法。传统炼制方法是减压蒸馏、溶剂萃取和酮苯脱蜡，最后加氢精制而成。行内也将前三个步骤称之为“老三套”。在今时今日的中国，这种工艺仍然是主流基础油生产技术。

减压蒸馏：原油被引进真空蒸馏塔下，按其沸点高低将原料油的重油和轻油分馏。就本质而言，不同馏分的基础油可供不同质量润滑油制造之用。

溶剂萃取：真空蒸馏油及脱沥青油，因油中仍含有大量对润滑有害的不安定的成分，不仅使油料黏度指数偏低，而且氧化稳定性低。

溶剂脱沥青装置：一般以丙烷或丁烷为溶剂采用超临界流体抽提，用沉降法释出不同等级的轻、重脱沥青基础油。经溶剂处理之后，油中所含的重沥青大都为溶剂所萃取而除去。整个过程将抽提回收原油至少 95% 的理想部分，而效率很大程度上取决于溶剂的品种和相应的技术，例如将一段抽提改为两段抽提，回收采用多效蒸发均可提高精制油回收率，亦能节省能源及新鲜溶剂消耗。

糠醛精制装置：应用于溶液抽提装置及分离余液。因为原油中对润滑有碍之各种杂质在糠醛中拥有一定程度的溶解性，用糠醛为溶剂再抽出分离能将原油的理想部分更多的析出。

酮苯脱蜡：原油在开采时是带有蜡质的，在高温环境下，会影响基础油的黏度从而降低润滑能力。这种普及技术通过结晶、过滤、回收、燥干、脱水、氨冷冻等过程降低油的蜡质进而提高低温性。壳牌在此装置上广泛采用助滤剂多元醇酯及聚烷基丙烯酸，用于提高脱蜡装置的处理能力、油及蜡的回收率。

这老三套技术只能生产出中低端润滑油。在制造中高端润滑油的 III 类合成基础油层面上，加氢裂化技术是一门不可缺少的工艺。现今世界基础油市场上，跨国大型石化企业早在 20 年前，都逐步以生产 III 类基础油为主，即由高度加氢裂解和加氢异构化蜡精制而成（图 4 -6 的下层制法）。这种工艺不受原料的限制，对劣质原料也可进行更有效的加工，并且能生产出更高性能的产品。

加氢裂化：简单来说，这是将重油打散，去掉杂质，再组合起来转化成可大量应用的轻油。加氢裂解是以氢气改变矿物油的分子结构，将不稳定的极性分子包含硫、氧、氮等与氢结合后被移除，也可将碳与碳的键裂开，而将较大的分子分裂成较小的分子。这种技术大大提高原油的转化率、增强基础油的低挥发性和高黏性，同时简化了生产工序和降低生产成本。

近年中国基本掌握了这种裂化技术，拥有数十部自主研发的加氢裂化装置，但相比国外石化科技已慢了 20 年。况且，用最好的物料也仅能造出很高黏度指数基础油（VHVI），即世界标准的 III 类基础油。此类基础油中硫、氮及芳烃含量低，黏度指数高，热氧化安定性好，挥发性低，是中高端润滑油的基础成分之一。此等技术虽然有效地提炼出 III 类基础油，但我国基础油质量明显与国际石化大厂存有差距，主要是加氢裂化技术掌握不足，难以制造出顶级 III 类基础油（也可称为 III +类别）。跨国石油化工都在这方面拥有不同的专利，如壳牌公司的组合加氢处理技术（Hybrid），在老三套中增加一套加氢处理装置，根据原料性质来调节溶剂精制深度，稳定加氢进料，这样在改善基础油质量的同时还可以提高润滑油回收率，降低生产成本。壳牌在此技术上更开发出全世界顶尖性能的合成基础油，运用高压加氢裂化 -异构脱蜡技术提炼出的基础油甚至可用于极地、航空、航天工程上，也就是加氢裂化 -加氢异构化生产超高黏度指数（XHVI）基础油技术①。使用无杂质、不含芳香烃的费托合成蜡（壳牌专利催

① 资料来源：润滑油发展趋势，http：//info. oil. hc360. com/html/001/014/179769. asp。

化剂）生产出接近 IV 类基础油，优点是用此原料生产的润滑剂在极高温的情况下仍能具备极高黏度，更好的抗氧化性能和沉积物控制能力。这类顶级基础油适用于高端润滑油市场，在高档跑车、F1 赛车市场需求更大。

接着，再加入不同的添加剂。图 4 –7 润滑油生产方程式显示了润滑油是由基础油加入增稠剂及添加剂。添加剂是化学复合物质，可以改善很多润滑油的性能，他们可以加强已有的性能，抑制不想要的性能，产生变化的发生速率，同时可以加入基础油新的有用的性能。较普及的如黏度指数增进剂的使用可以增加润滑油的黏度指数，它的功用是在高温下令油保持适度的黏度；抗氧化剂可防止油在金属或空气摩擦下产生氧化反应。基础油与不同的添加剂彼此调配，就成了今天各样特定质量润滑油成品。

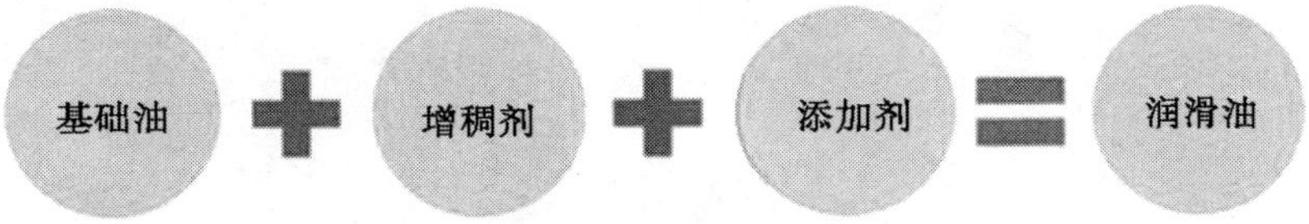

图 4 –7　润滑油生产方程式

自与统一石化合并后，壳牌顶尖的基础油提炼技术除了支持较廉价的原材料成本外，亦支持统一开发更高端的润滑油级别。2007 年初壳牌用 XHVI 合成基础油技术与统一开发“合能”摩托车润滑油系列，提供从 SF、SG 到 SJ 级不同的黏度级别，迅速拉开与中石油、中石化润滑油之间的质量与性价比的差距。

由此可见，壳牌原油提炼的各种专利技术更能细分不同基础油的特性，大幅领先国内润滑油品牌；新的加氢裂化技术提升效率使基础油成本维持低水平，对下游的润滑油生产更能提高其竞争力。

③IPD 的引进也改造了添加剂配方①

当壳牌完成了统一石化的收购后，随即派遣了产品设计专家团到统一润滑油制造工厂重新鉴定润滑油的配方，令产品更符合壳牌规定的质量。例如，增加配方中 150BS（低燃点的基础油）的含量，以提高低温油膜强度；在润滑油里添加 OCP（黏度指数改进剂），其剪切稳定性指数（SSI）不大于 25%，提高低温使用性；采用最好的雪佛龙 –伦耐新型添加剂，主要针对油品的抗氧性、极压性、分散性。

总的来说，这次的配方研究把 85 个调配配方中对 40 种添加剂的性能作了全面评估，大部分引进全新品种，提高了统一润滑油的质量。

① 资料来源：《汽车维修与保养》，2007 年第 11 期，http：//qkzz. net/magazine/1008 –3170/2007/11/2231774. htm。

④整合整个上下游生产过程

通过合并，壳牌和统一石化的生产线得到高效的整合。壳牌拥有稳定的原材料供应，先进的添加剂技术；而统一石化自身则有大规模的生产能力，完善的销售网络，令壳牌在上下游整合后，使厂房在中国增至 7 家，各单位按照订单区域分配制造和运输，大大降低了生产成本，从而强化了下游的产业链（详见图 4 -8）。

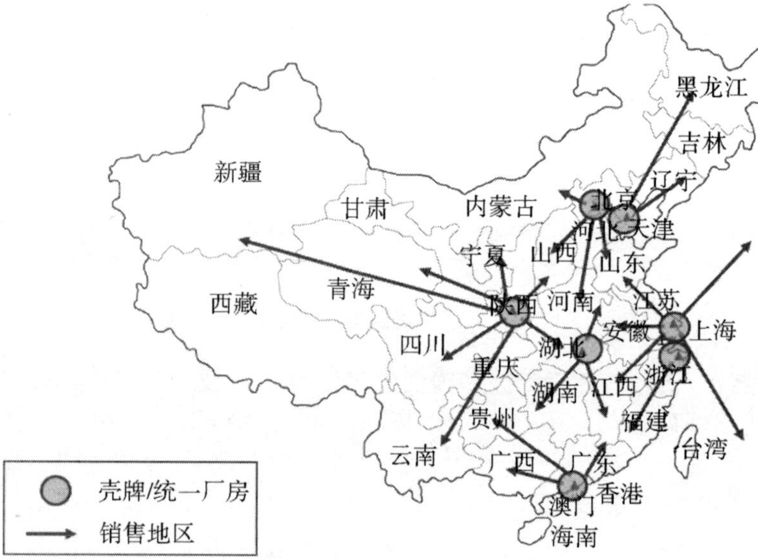

图 4 -8 壳牌/统一厂房及销售分布

2. 米其林

（1）米其林概况

米其林在全球五大洲设有 80 多家生产工厂；在巴西及尼日利亚拥有 6 个橡胶种植园；在法国、日本、西班牙、美国及中国均设有研究开发中心。

在 2007 年，米其林净销售量占全球市场的 17. 2% ，成为全球市场份额最大的轮胎制造企业，其次为普利司通及固特异。这三大轮胎制造商已占全球销售份额的 50% 。

在工业发达国家，轮胎企业劳动力成本占销售额的 25% ~40% 。但在中国，劳动力成本还不到产品总成本的 5% 。因此，外资要控制成本，它必把劳动力成本放在中国，利用中国做 6 +1 的 1——生产制造。

（2）米其林进入中国过程

1985 年在香港成立销售公司，研究中国的市场情况及政策；1989 年在北京成立第一个代表处，负责米其林在中国的产品推广及筹备分销网络，先后在上海、广州、成都、沈阳及香港设立营销办事处，打开中国的销售网络。

1995 年，米其林与沈阳市达成协议，与沈阳轮胎总厂建立了在中国第一家合资公司——米其林沈阳轮胎有限公司（MSTC）。其后在 1997 年，米其林再与沈阳轮胎厂组建了：①米其林沈阳载重轮胎有限公司（MSTT）；②米其林轻型载重轮胎有限公司（MSLT）；③米其林沈阳橡胶配件有限公司（MSRC）。在这四个合资中，米其林皆持有股份 85%，沈阳轮胎厂则只占 15% 股份。在 2001 年，米其林为这四家合资厂进行重组合并，完成后米其林持股增至 90%。在 2003 年，米其林已全资拥有这一家合资公司。

有了与沈阳轮胎厂合资的经验，米其林在 2001 年再次出击，与上海轮胎橡胶（集团）股份有限公司合资建立上海米其林回力有限公司，米其林控股 70%，掌控该公司的话语权。就这样，米其林在中国一南一北两个最老牌的工业基地建立了自己的生产厂。

（3）米其林 IPD 的整合体现在：

- 引入先进的技术；
- 提高产能；
- 改善产品质量。

轮胎制造是一个很复杂的工序，当中需要很多原料及机器配合。整个制造过程有很多步骤，如下：

密炼工序 → 胶部件准备工序（挤出、压延、胎圈成型、窗布裁断、胎三角胶条、带束层成型）→ 胎圈成型工序 → 硫化工序 → 最终检查工序 → 轮胎测试

要做到高效生产，降低成本，轮胎制造商必须优化生产程序。米其林拥有一支高技术、高学历的产品研发团队，负责核心技术研究。技术研发后，米其林把成果分发到各地区工厂生产。出厂产品会附上 RFID（射频识别，即电子标签）卷标，如果产品出现问题，损坏数据会被反馈至研发中心，进行改良。改良后结果会被再分发至工厂制造。这一循环流程令米其林能生产出及时和高质量的产品。

①产品研发

米其林在上海成立研发中心与测试中心，专门研究中国的道路状况和

轮胎使用情况，以便设计出符合中国需要的产品。米其林并为产品定期进行调查，收集客户意见，把意见反馈给研发中心，根据这些反馈改善、制造出更优质的产品。虽然如此，米其林还是把核心技术留在法国总研究中心，次要部分才分给中国研发。因此，米其林仍掌控研发技术。

②产品

米其林是第一家轮胎制造商在测试及销售环节采用 RFID 卷标系统的。米其林先在轮胎生产厂写入轮胎序列号、生产日期、生产商代号，然后在汽车制造厂的总装线上写入汽车标识号码。轮胎一旦出现质量问题，可以缩小召回范围。每天，系统由读写器读取模块数据，并将数据传送到一个运行在因特网上的软件 BibTrack。通过这个软件，车辆管理人员可以对多个终点站和车库的车辆进行监控，识别出轮胎的细微裂缝，找出经常漏气的轮胎。损坏数据会被反馈到研发中心，进行改良。产品改良后，便交至工厂进行生产。

③制造

以下是传统混炼技术与米其林的低温连续混炼胶料的比较（表 4 -2）。

表 4 -2　传统混炼技术与米其林之比较

传统混炼技术——分批混炼	米其林的低温连续混炼	米其林的优势
高温分段进行，高于 90℃	低温连续混炼，低于 90℃	
经常装料、卸料，不能充分利用电能	能量消耗稳定，没有大的耗值	低耗能 比同行低 60%
混炼过程中，排出大量有害气体	没有排出有害气体	环保
程序复杂及繁多，需要多名操作人员	程序简单及自动化，需要少量操作人员	节省人力
设备笨重，占地大，设厂费高	设备简单，占地少，设厂费低	设厂便宜 62% 占地少 70%
由于分批混炼，批料与批料之间有重量差异	预混合配合剂均匀且生产状态稳定	质量稳定
大批量混炼，热量改变	小批量排胶，热量均匀	生产稳定
待前批混料完成后，才可加料	可进行周期性加料和卸料，充分利用混炼机能	效率高 25%

从以上所见，米其林的低温连续混炼方法优于传统方法，做到制造业的核心：高效率，低成本。

胶料在混炼后，轮胎制造还要经过漫长而复杂的工序，就是胶部件准备工序。它共有 6 个部分，分别是：挤出、压延、胎圈成型、窗布裁断、胎三角胶条、带束层成型。这些繁复的工序，要花数天才能完成。

要把工序及时间缩短，就要改革。那么，米其林是怎样作出改革的呢？米其林就繁复的工序作出革命性的改变。它用了近十年时间研发出一套生产流水线系统，名为 C3M（米其林于 1985 年开始研制 C3M，1992 年宣布研究成功，1994 年 C3M 技术正式投产）。

C3M 是按照各种部件精确的最终形状来制造，不用制造部件，整个系统拥有高度灵活性。它的原理是利用移动成型鼓分段供料成型，直至流水线终点站卸下胎环，再将成型鼓通过地下输送带送回原处。C3M 无需对覆胶窗布进行裁剪，从而避免布层的不均匀性。窗布在胎圈和胎面的位置固定后，启动成型鼓，以胎圈处的旋转速度供应窗布，按成型鼓周长裁断窗。

另外，米其林 C3M 的一大突破是：C3M 不需要笨重的硫化机来硫化，胎面组件早已放在加热金属环中，在成型过程中进行硫化，在成型结束时已定型。由于硫化时间缩短，这样就可减少用以延长未硫化部件存放时间所需的稳定剂用量。以下是 C3M 的优点（表 4 -3）：

表 4 -3　C3M 的优点

优点	改进效果
占地面积减少（取消了传统制造中笨重的机器：压延机、斜裁机、挤出机、炼胶机、下片机）	占地面积减少 50% ~90%
操作人员减少	人手减少 50% ~90%
节省投资	节省 50%
原料成本降低	降低 10 倍
设厂时间短	<3 年
没有中间产品（不需冷却、储存和黏合）	减少存库空间
所需能量低（设备小，无需锅炉）	
提高产品均匀性	

米其林以最高速度生产轮胎，最大限度地降低成本并提高质量水平，真正做到 IPD 的优化。

④制造数据系统

每只轮胎包含150种以上的成分，其生产流程复杂漫长。那么，米其林是怎样操控这么复杂的流程的呢？米其林拥有一套高效、稳定、精密的系统来做具体的组态控制。其每个生产环节都拥有各自的数据系统来收集生产数据。系统中的工控主机定时地收集各工序的生产数据，然后储存于中央数据库。另外，米其林的数据系统有故障警报功能，如果生产过程中发生事故，系统会发出警报，工作人员可在远程计算机对各工序进行实时监察及维修。

在密炼过程中，编程控制器记录工序数据及设备情况，并将数据传给工控机作为控制密炼动作及密炼周期结束的依据。同时，系统根据密炼情况自动调整挤出机的速度并自动将压辊和挤出机头间的压力调整到设定值。当挤出机料斗的料位上升到上限时，挤出机会要求密炼机暂时停机，等料位下降到中位后，密炼机继续工作。轮胎在进行硫化时的压强和温度的变化直接影响轮胎硫化的质量，这就要求轮胎在进行硫化时，工控系统严格监测和控制硫化的温度和压强使之按照默认值进行，并在温度和压强不足时，采取自动延时硫化的方法进行温度和压强的补偿。有了这套系统，米其林能集中处理数据，进行分析，并作出实时监控。米其林在研发制造产品中，每一环都互相紧扣，实现了IPD的优化：高效率，低成本。

（4）米其林ISC的整合作用体现在：

- 稳定原料供应；
- 确保优质原料；
- 高效率物流运输；
- 蜘蛛网式的零售网络。

①原料采购

轮胎主要由天然橡胶（31%）、合成橡胶（22%）、窗布及钢丝（18%）、化学品（14%）等材料组成（图4－9）。由此可见，天然橡胶及合成橡胶是轮胎生产不可或缺的原料，占总成分的50%以上。

近年，原材料价格不断上升，天然橡胶由2002年每公斤50美元升至2008年每公斤250美元，当中，2006年更达到每公斤270美元，涨价500%。化学品的苯乙烯（Styrene）由2002年每吨620美元升至2008年每吨1 400美元，当中，2006年更达到每吨1 700美元，涨价200%。另外一种化学品丁二烯（Butadiene），升幅相近，由2002年每吨380美元升至2008年每吨1 200美元，涨价300%。除此之外，石油价格亦不断攀升，由 2002 年每桶 25 美元升至 2008 年每桶 90 美元，当中，2008 年最高达到每桶 147 美元，涨价 400%。

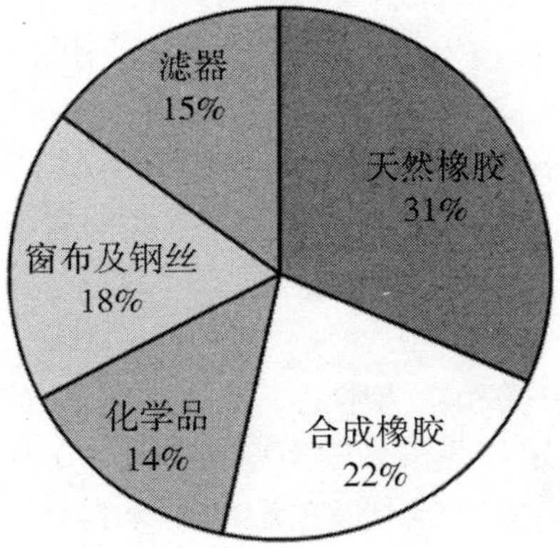

图 4－9　轮胎成分表

由此可见，近年原料价格不断上涨，令轮胎生产成本急升。为确保稳定及高质量的原料供应，米其林在中国与多家企业合作，并为其提供技术支持（表 4－4）。

表 4－4　米其林与中国企业/地区的合作

地域/企业	事项
云南	帮助种植及加工天然橡胶
中国石化	共同研制合成橡胶，合作共同提高轮胎用化学品的质量
宝钢、武钢	合作提高轮胎钢丝用钢材的质量
山东和广东等地的车轮制造商和轮胎翻新厂	提供技术协助

此外，米其林在巴西及尼日利亚拥有 6 个橡胶种植园，进一步稳固其原料供应。在产业链的原料采购一环，米其林已掌控在手。

②仓储运输

米其林主要精力放在了研制和生产世界领先水平的轮胎上，因此，米其林将物流服务委托给第三方物流供货商负责。但这并不代表米其林不重视物流运输，反之，米其林要求物流供货商为其度身定做物流方案，制定目标。米其林向中国物流供货商提出 3 项重要要求：库存管理的先进先出原则；库存数量的准确性；生产配送的及时性。

为确保达到目标，物流供货商在距离米其林工厂5公里处设立仓库，并备有近万平方米的弹性使用仓库；安装MK仓储管理软件，建立物流管理信息系统；在运送车辆上配备GPS定位系统，进行24小时监控；货物入库时配合PMC卡扫描技术，对存放库位置作出正确建议。在这安排下，米其林在物流方面做到了准确无误，并降低了运输成本。

虽然米其林把仓储运输交给第三方，但它仍紧密监控整个程序。这样，米其林就可专注自己的业务，同时又可得到高效率的物流运输。产业链的仓储运输一环，米其林已掌控在手。

③零售批发

米其林在北京有市场和销售中心，负责全国的销售和市场。在北京的公司，有20人的专业销售队伍，辐射全市200多家零售商网络。

米其林在中国的零售架构中最顶层的是米其林驰加店，全国现有400多家，跟着是指定零售商及普通零售商，有2 000多家。米其林的零售网络已遍布全中国，建立了蜘蛛网式的零售点。产业链的零售批发一环，米其林已掌控在手。

第三节　外资并购中国医药企业

【本节导读】

中国医药的6+1产业链覆盖6个环节：产品设计、原料采购、仓储运输、制造生产、订单处理、批发经营、终端零售。外资在药业产业链的一些环节已取得可观的市场占有率，中国近年来生产的西药中，本土新研发药不足3%，显示了外资在产品设计，亦即医药研发（R&D）方面已差不多占领了整个中国市场。另一方面，外资在分销市场的快速扩张亦不容忽视。

在大城市里的批发及终端零售层面上，外资已占据中国市场过半份额。而在农村市场的批发及零售方面，外资亦占有近三成份额，彰显跨国企业欲在华通过占据分销市场扩张势力的野心。

相反，外资在原料采购及医药制造只有11%和6%的市场占有率，反映其轻制药重分销的中国发展策略，响应之前提到的IPD优化不能提升药企的竞争力，只有通过高效整合ISC占据分销市场才是药企扩张的最有效方法。

自中国入世以来，跨国企业的扩张速度明显加快，独资、合资之声不绝于耳。跨国企业在华医药领域的投资不断扩大，包括辉瑞、默沙东、罗氏、葛兰素史克、诺华、拜耳等全球前20大药企均已在华投资设厂。外资每每先与中国本土大型药企合资设立子公司或收购部分药企股权，继而于适当时候作出增持谋求独资。

一、医药产业链

如图 4－10 所示，外资在一些环节已取得可观的市场占有率[①]；中国近年来生产的西药中，本土新研发药不足 3%，显示外资在产品设计，亦即医药研发（R&D）方面已差不多占领了整个中国市场。另一方面，外资在分销市场的快速扩张亦不容忽视。在大城市里的批发及终端零售层面上，外资已占据中国市场过半份额。而在农村市场的批发及零售方面，外资亦占有近三成份额，彰显跨国企业欲在华通过占据分销市场扩张势力的野心。

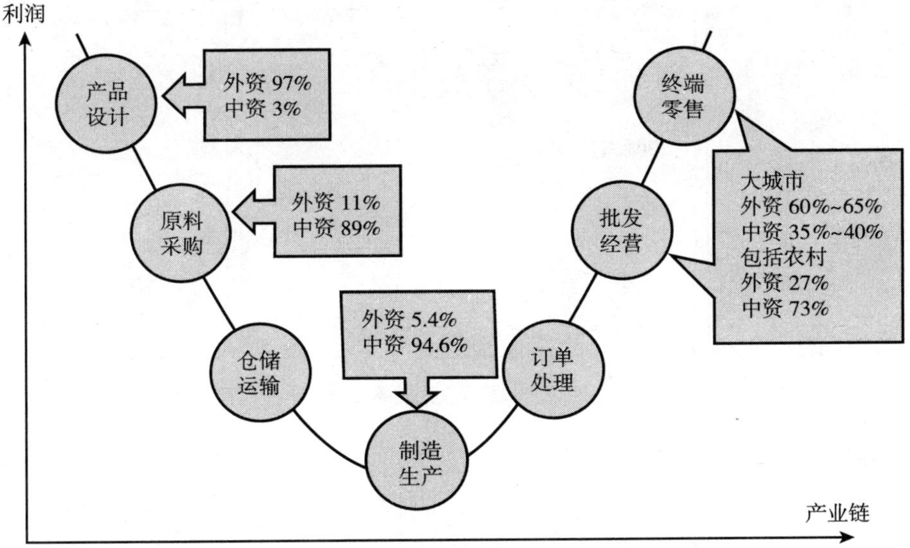

图 4－10　中国医药的 6＋1 产业链

相反，外资在原料采购及医药制造只有 11% 和 6%[②]的市场占有率，反映其轻制药重分销的中国发展策略，响应之前提到的 IPD 优化不能提升药企的竞争力，只有通过高效整合 ISC 占据分销市场才是药企扩张的最有效方法。

二、合资并购概况

自中国入世以来，跨国企业的扩张速度明显加快，独资、合资之声不

① 资料来源：http：//industry. tech110. net/html/article_ 383575. html。

② 资料来源：http：//www. tlstinfo. gov. cn/memo. php？ id＝3871。

绝于耳。跨国企业在华医药领域的投资不断扩大，包括辉瑞、默沙东、罗氏、葛兰素史克、诺华、拜耳等全球前20大药企均已在华投资设厂。从图4－11至4－14，及表4－5可见，外资每每先与中国本土大型药企合资设立子公司或收购部分药企股权，继而于适当时候作出增持谋求独资。

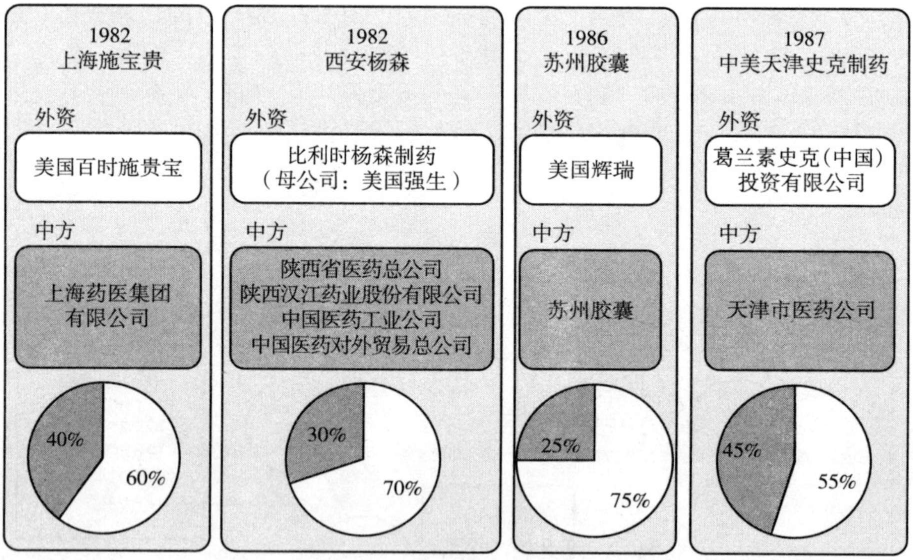

图4－11　医药合资并购列表一

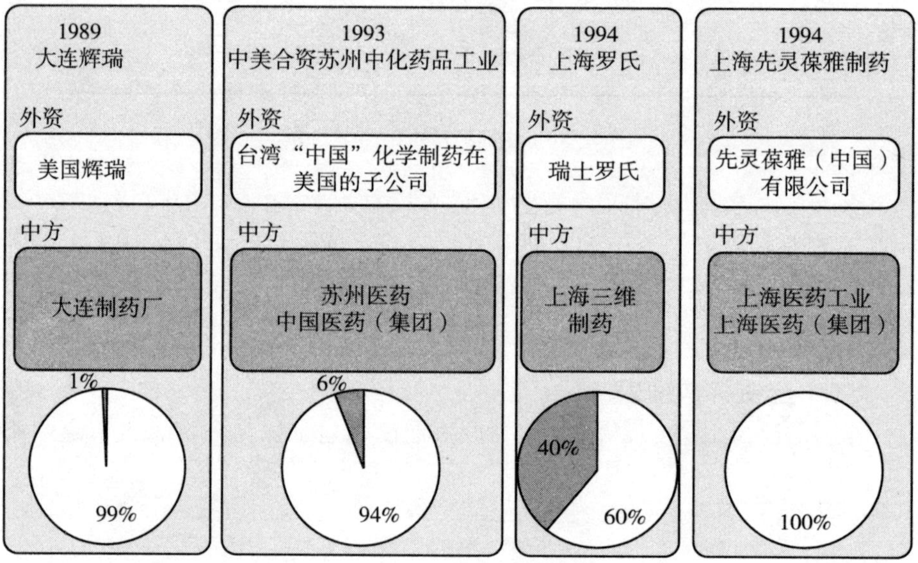

图4－12　医药合资并购列表二

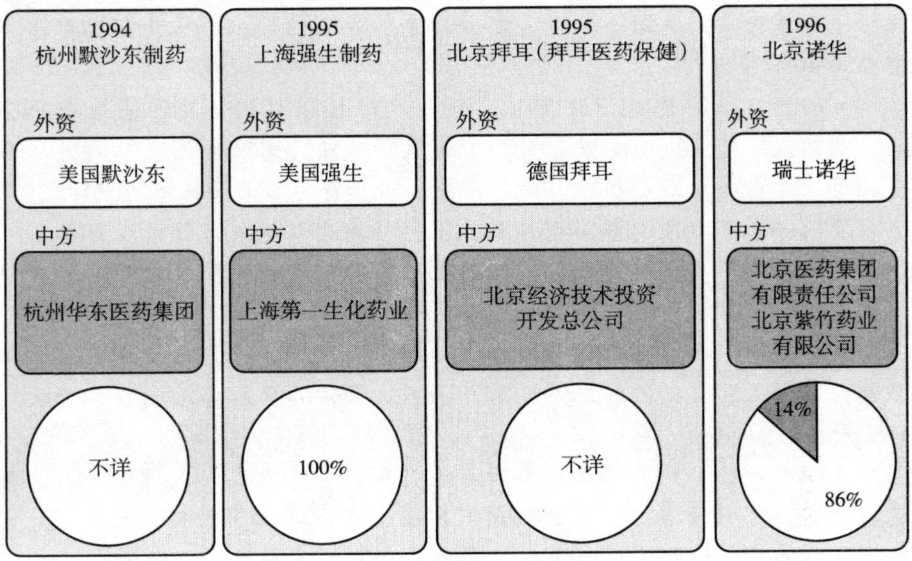

图 4－13　医药合资并购列表三

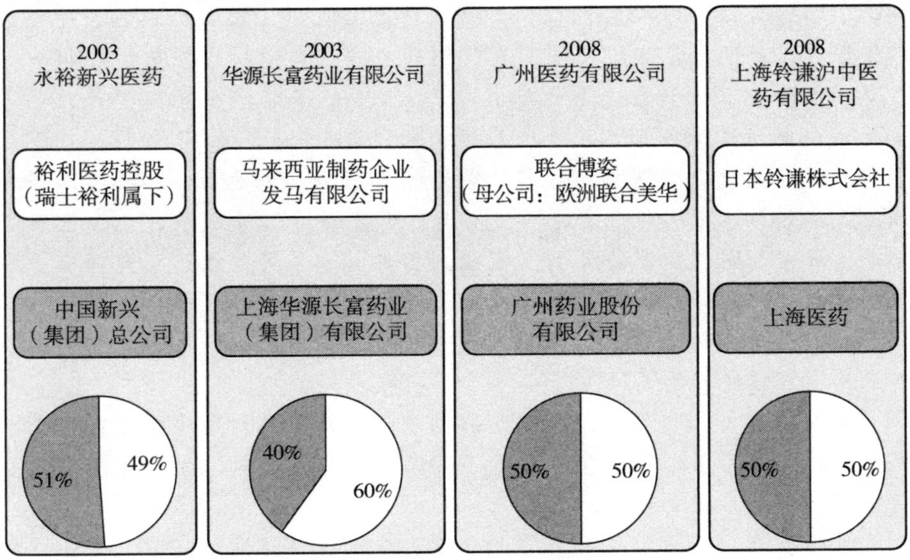

图 4－14　医药合资并购列表四

• 1982 年，外资美国百时施贵宝与中国上海医药集团有限公司，合资成立上海施贵宝，美国百时施贵宝占合资公司 60% 股权，上海医药则占合资公司 40% 股权。

• 1982 年，外资美国强生子公司比利时杨森制药与陕西省医药总公司、陕西汉江药业股份有限公司、中国医药工业公司及中国医药对外贸易总公司，合资成立西安杨森。现时，比利时杨森占合资公司 52% 股权，中方企业则占合资公司 48%。但预期比利时杨森会增加其持股量至 70%。

• 1986 年，外资美国辉瑞入股苏州胶囊，购入其股权 50%。现时，外资美国辉瑞的持股量已增至 75%。

• 1987 年，外资葛兰素史克与天津市医药公司，合资成立中美天津史克制药，葛兰素史克占合资公司 55% 股权，天津市医药公司则占合资公司 45% 股权。

• 1989 年，外资美国辉瑞与大连制药厂，合资成立大连辉瑞，美国辉瑞占合资公司 60% 股权，大连制药厂则占合资公司 40% 股权。现时，外资美国辉瑞的持股量已增至 99%，大连辉瑞实际已完全落入外资手中。

• 1993 年，台资台湾“中国”化学制药在美国的子公司与苏州医药中国医药（集团），合资成立中美合资苏州中化药品工业，当时台湾“中国”化学制药占合资公司 81% 股权，苏州医药中国医药（集团）则占合资公司 19% 股权，预期，台湾“中国”化学制药会进一步增加其持股量至 94%。

• 1994 年，外资瑞士罗氏与上海三维制药，合资成立上海罗氏，瑞士罗氏占合资公司 60% 股权，上海三维制药则占合资公司 40% 股权。

• 1994 年，外资先灵葆雅与上海医药工业及上海医药（集团），合资成立上海先灵葆雅制药，当时瑞士罗氏占合资公司 52% 股权，上海医药工业及上海医药则占合资公司 48% 股权，但现时，先灵葆雅已全资拥有上海先灵葆雅制药 100% 的股权。

• 1994 年，外资美国默沙东与杭州华东医药集团，合资成立杭州默沙东制药，各方持股量不详。

• 1995 年，外资美国强生与上海第一生化药业，合资成立上海强生制药，当时，美国强生已拥有合资公司 99% 的股权，现时，外资美国强生更已全资拥有上海强生制药。

• 1995 年，外资德国拜耳与北京经济技术投资开发总公司，合资成立北京拜耳（拜耳医药保健），各方持股量不详。

• 1996 年，外资瑞士诺华与北京医药集团有限责任公司及北京紫竹药业有限公司，合资成立北京诺华，当时各方持股量均为 50%，但现时，外资瑞士诺华已拥有北京诺华 86% 的股权。

• 2003 年，外资瑞士裕利医药控股与中国新兴（集团）总公司，合资成立瑞士永裕新兴医药，裕利医药控股占合资公司 49% 股权，中国新兴（集团）总公司则占合资公司 51% 股权。

• 2003 年，外资马来西亚制药企业发马有限公司入股上海华源长富药业（集团）有限公司，购入其股权 60%。

• 2008 年，外资联合博姿（母公司：欧洲联合美华）与广州药业股份有限公司，合资成立广州医药有限公司，各方持股量均为 50%。

• 2008 年，外资日本铃谦株式会社与上海医药，合资成立上海铃谦沪中医药有限公司，各方持股量均为 50%。

由合资变独资的例子有：

• 上海强生制药①，美国强生与上海第一生化合资，连年亏损②，目前外方 100% 控股。

• 上海先灵葆雅制药，先灵葆雅（中国）与上海医药（集团）与上海医药工业合资，14 年来连年亏损③，目前外方 100% 控股。

而外资增持合营企业股权的例子则比比皆是：

• 西安杨森④，强生与四家中方股东合资，强生预期将持股比例由 52% 增至 70%。

• 苏州胶囊⑤，美国辉瑞和苏州胶囊合资，外方由最初 50% 增持至 75%。

• 大连辉瑞⑥，美国辉瑞和大连制药厂合资，外方由最初 60% 增持至 99%。

• 北京诺华⑦，瑞士诺华和北京医药集团及北京紫竹药业合资，外方由最初 50% 增持至 86%。

---

① 资料来源：http：//business. sohu. com/20050127/n224119837. shtml。

② 资料来源：http：//health. sohu. com/20041116/n223006918. shtml。

③ 资料来源：http：//big5. xinhuanet. com/gate/big5/www. cs. com. cn/cqzk/05/200805/t20080523_1469715. htm。

④ 资料来源：http：//mnc. people. com. cn/BIG5/6555969. html。

⑤ 资料来源：http：//guanzhu. com/news/view/id－102940。

⑥ 同上。

⑦ 资料来源：http：//health. sohu. com/20050531/n225769015. shtml。

表 4-5　医药合资并购列表五（产业链部分）

合营公司	外资股份	产业链					
		产品研发	原料采购	仓储运输	制造生产	订单处理	批发经营
上海先灵葆雅制药	100%	√	√	√			√
上海强生制药	100%	√	√		√		√
大连辉瑞	99%	√	√		√		
中美合资苏州中化药品	94%	√	√	√	√	√	√
北京诺华	86%	√	√		√		
苏州胶囊	75%	√	√		√		
西安杨森	70%	√	√		√		

三、医药行业的核心

如上文所述，IPD 优化在医药行业效用亦不太明显，ISC 才是医药行业的核心。医药企业经过长年累月的研发才得到了药品新配方，必须透过优化的销售过程，把新研发的药物用最快速度推出市场。不同药物的制法各异，药物需求不一，使定价有更大空间调整，IPD 优化生产成本对医药行业效用不明显。只有庞大的分销市场，庞大的客户群才可以抵消大量早期研发的支出，所以 ISC 优化物流供应对药品快速推广具有积极的作用。

四、从中国分销市场概况看 ISC 的重要性

既然中国的分销市场对外资药企如此重要，下面我们将解释一下中国的分销市场概况：

1. 中国销售额连年递增

近几年我国药业流通领域发展蓬勃，全国医药批发企业已达 17 000 多家，新兴的全国医药连锁门店也达 12 万家①。再加上我国近年的经济持续增长，对药品的需求十分之大。从图 4-15 所示，我国药品销售额连年上升，于 2006 年已接近 6 000 亿元，需求仍有增无减。

① 资料来源：http：//www. shgzw. gov. cn/big5/gzw/xxzh/mrjj/hyxx/userobject1 ai10651. html。

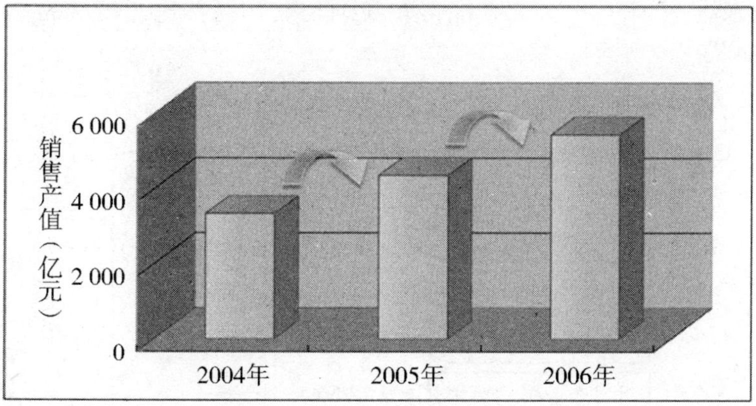

图 4－15　中国医药业销售值统计

2. 医药流通企业尚未整合

就图 4－16 所见，国内前三大医药流通企业（中国医药集团总公司、上海市医药股份、九州岛通）于 2007 年的销售总额达到 773.37 亿元，占医药商业市场销售总额的 19.21%，比 2006 年提高了 0.26 个百分点，市场份额仍少于 20%①。相对美国三大医药流通企业（Amerisource Bergen，Cardinal Health，McKesson）控制着 90% 的药品分销份额，我国的医药分销业市场集中度极其低下，整合空间很大。

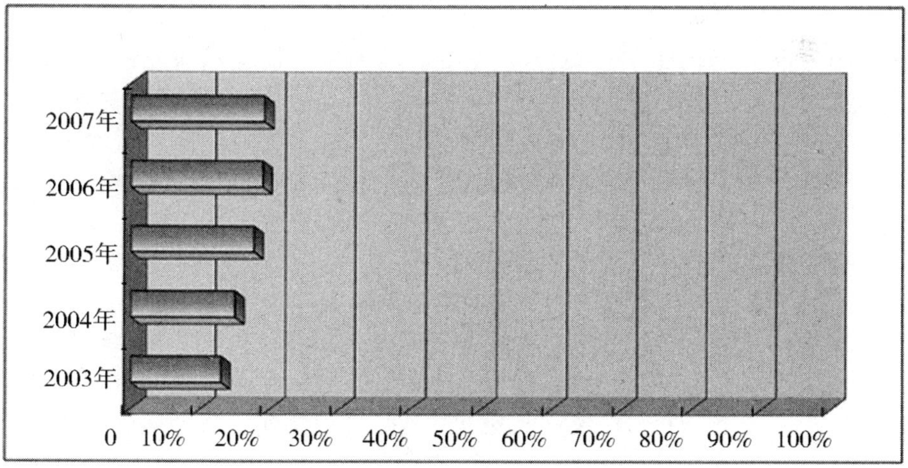

图 4－16　中国前三大流通药企市场占有率

① 资料来源：2007 年全国医药流通百强企业名单，华源医药网。

再来看一下图 4 －17[1] 就能得知我国与美国医药流通领域的差异及其存在的问题：

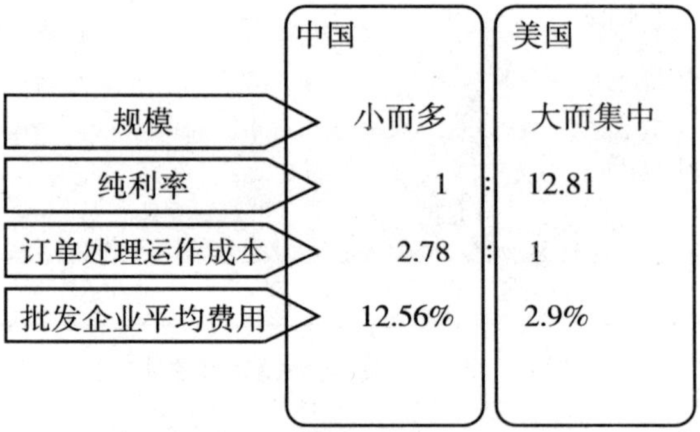

图 4 －17　中美分销市场比较

- 中国市场规模小的流通药企遍布全国，但超过 50 亿元销售额的则只有 3 ~6 家，连锁零售处于分散经营状态。
- 药品流通成本高，其毛利率平均为 12. 69%，费用率平均为 12%，销售利润率不到 1%。
- 订单处理成本及批发运作成本高，缺乏 ERP 系统、仓存配送（WMS）等高效物流系统的支持。

由此可见，中国分销市场的低效营运状况给予外资一个缺口：跨国企业可以通过 ISC 优化整合其在中国分销市场的业务及扩张其势力范围。

3. 外资入侵中国分销市场及重要药企

根据 WTO 协议，国家放开药品分销业。在 2003 年，商务部正式批准成立中国第一家中外合资医药分销企业——永裕新兴药品公司[2]。该公司由瑞士裕利医药（49%）与中国新兴医药（51%）共同投资，投资额达 1. 2 亿元人民币。自此，我国药物分销流通行业的大门正式为各国打开。

2007 年，我国药物分销行业发生了两件大事，分别是欧洲联合博姿收购广州医药（下称广药）50% 股权[3]及日本铃谦株式会社和上海市医药股份有限公司（下称上药）合资成立设立药品分销企业。联合博资是欧洲著

---

① 资料来源：《中国药业》，2007 第 16 卷第 20 期。

② 资料来源：http：//news. eastday. com/epublish/big5/paper148/20030615/class014800011/hwz963867. htm。

③ 资料来源：http：//www. ezcap. cn/News/20084408. html。

名医药保健和美容集团联合美华的下属企业，是全球领先的医药批发商和零售商，业务遍及欧亚 17 个国家，截至 2006 年 9 月 30 日的年度销售额约为 280 亿美元。日本铃谦株式会社则是日本第二大医药分销企业，药品分销为其核心业务。为什么两家著名医药企业会觊觎广药和上药两家本土药企？是否纯属巧合？

表 4-6　2007 年中国医药企业五强（按销售额）

排名	企业名称	销售总额（亿元）
1	国药控股有限公司	412.47
2	上海医药股份有限公司	177.47
3	九州通集团有限公司	159.21
4	南京医药股份有限公司	130.30
5	广州医药有限公司	109.37

表 4-7　2007 年全国商业销售前五位省市及省市企业

排名	省　　市	企　　业
1	上海	上海医药股份有限公司
2	北京	北京医药股份有限公司
3	浙江	华东医药股份有限公司
4	广东	广州医药有限公司
5	江苏	南京医药股份有限公司

首先，从表 4-6 可见，上药和广药位列中国医药业前五强，在 2007 年的销售总额超过 280 亿。在全国商业销售额前五位省市企业中（表 4-7），亦榜上有名，显示出其在分销领域的重要性。

业务领域方面，上药业务遍及上海市、山东省、江苏省、浙江省，而广药业务范围则遍布广东省。从表 4-8① 看来，将刚刚谈及上药和广药有主要业务的五个省市利润加起来，医药销售市占率已经接近半百（47%）。

① 资料来源：《中国医药统计年鉴（2007）》。

由此看来，外资选择入股/合营这两家本土药企并不是巧合，而是经过周密盘算，以沿海富裕地方为据点。总体而言，通过入股广药和与上药合资，外资在分销部分已取得了可观的市场占有率。

表 4－8　2007 年医药业销售收入前五位省市利润统计

排名	省市	利润总额（亿元）	同期增长（%）	所占市场比例（%）
1	山东省	89	67.92	14.13
2	江苏省	71	42.00	11.27
3	浙江省	51	21.43	8.10
4	广东省	50	56.25	7.94
5	上海市	35	45.83	5.56

五、实例分析——外资如何选择并购公司

下面我们将透过广药及上药两家与外资合资的公司，分析外资打入中国医药市场的手段及其入股原因。透过深入了解及研究，我们归纳出外资入股中国医药分销市场的主要考虑因素如下：

- 高效能的 ISC 营运系统：若并购前，国企公司已拥有完善及优化的系统，可省却并购后的整合时间。
- 强大的销售网络：以有较多连锁店及销售点为佳。
- 迅速增长的销售额：考虑并购公司的增长潜力及过往业绩。
- 公司架构：希望透过并购国企公司，轻易瓜分其下子公司之利益。
- 业务领域：侧重点在于并购公司是否处于行业中的领导地位。

1. 广州医药

（1）高效能的 ISC 营运系统

广州医药早于 20 世纪 80 年代中后期就把信息技术应用到系统管理上，其后，随着自身的不断发展，亦逐步开发、改进新的系统，以应变来自各方面的竞争。虽说广州医药的系统于当时已处于同行领导位置傲视同侪，但公司管理层亦力求革新，遂于 20 世纪 90 年代末与北京英克科技有限公司合作，全面更新及统一信息系统并推出 ERP 系统，使之成为首批设立高端物流及信息系统的医药公司之一。

从图 4－18 可见 ERP 营运系统之概览，从仓储运输、订单处理、批发经营、终端零售等 6＋1 产业链中的步骤都照顾得到。整个系统覆盖范围广

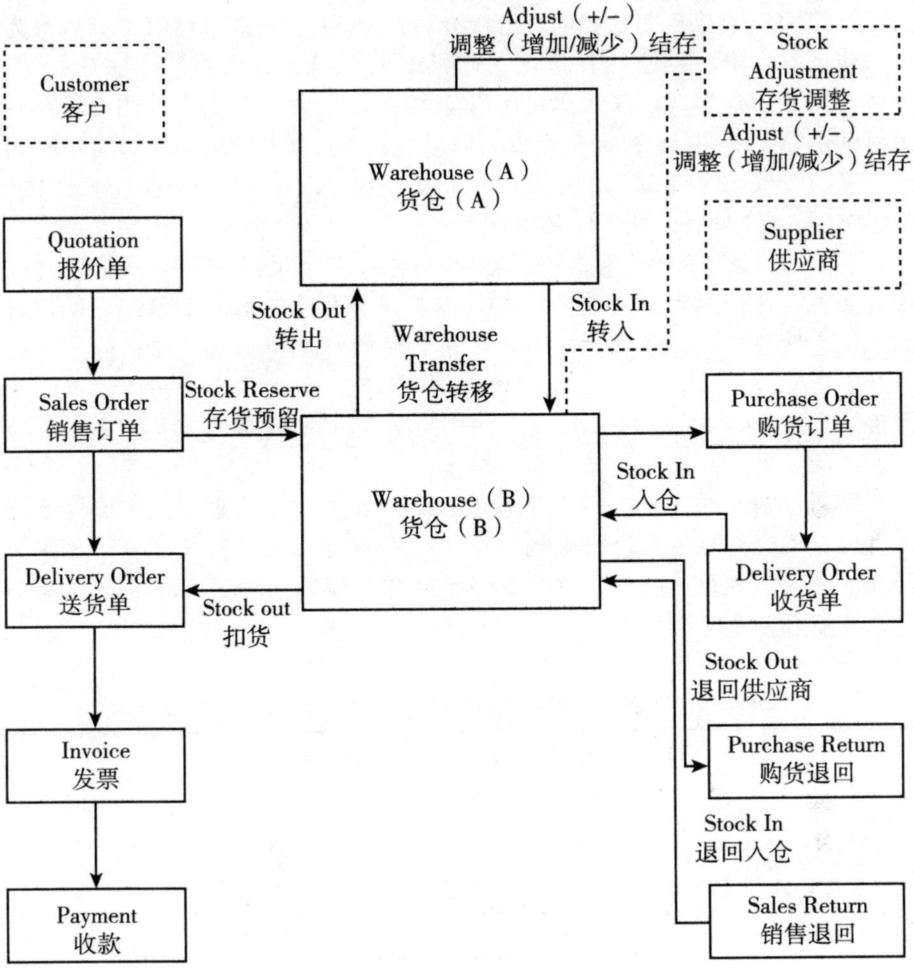

图4－18　医药分销的高效能ISC营运系统

阔，由向客户报价、整理销售订单、预留存货、转移货物至不同货仓、调整货仓结存、编印送货单、发票、收款、购货退回及销售退回等各个不同的微细环节都一一具备。在仓储运输这个环节，通过有效率的货仓转移、货物储存位置分配及自动化的运输带，使仓储周转天数由52天下降至45天①，另外，收货入库时间亦由3天大幅减少至半天，效率倍增了

① 资料来源：广州医药集团公司网页，http：//www.gpc.com.cn/it/2004831154141.htm。

600%[①②]；在订单处理及终端零售方面，通过计算机化的交易平台，营业员可直接输入顾客及交易数据，价钱亦可在 POS 系统直接存取，减少人为入账错误。由于数据已计算机化，订货单据可经计算机打印，快捷方便，俭省日常文书处理，记账人员可由以前的 9 人减少到 3 人。经整合后，开票时间由原来的 30 分钟减少到 20 分钟，提高了 50%[③]，客户的提货时间亦由以前的几小时变成了几分钟；在批发经营方面，平均发货时间则由 90 分钟节省到 20 分钟，快了 4 倍有多[④]。

以上所述之 ERP 多为软件之配合，其实，广州医药在硬件配套方面亦不容忽视，该公司旗下的黄金物流中心亦有引进顶尖科技把系统自动化及器械化，使整个仓储流程运用不少高速运输带以减少货物转送时间。在进货及出货检证方面，引入无线视频识别（RF）以达成零差错检验，系统准确性高达 99% 以上。另外，系统采用自动识别计算机条形码（Barcode）认货，优化了业务流程，减少人手操作。

随着互联网的普及，广州医药亦增设网上电子交易平台，客户可于网上直接查询经营品种并进行采购，整个过程不经人手，省却部分终端接待员，加快营运效果。此外，这个交易平台亦方便客户随时随地获得所需信息，不受办公室时间所限。

表 4-9　广州医药 ERP 实施前后财务按每日平均流量数据对照[⑤]

ERP 实施前后财务数据对照（每日平均流量）			
项目	至 1999 上半年	至 2000 上半年	增长率
销售品种	3 906	5 208	33.3%
销售票据量	552	674	22.1%
销售额	6 730 000	8 400 000	24.8%
配发货数	4 088	5 507	34.7%
动销品种数	1 255	1 666	32.7%

表 4-9 是把 ERP 实施前后（即 1999 年与 2000 年）的日常营运作了对比，特显 ERP 实施后对广州医药的日常营运的显著改善。在销售品种方

① 资料来源：英克科技有限公司网页，http://www.inca.com.cn/anli_guangyao.htm。
② 资料来源：广州医药集团公司网页，http://www.gpc.com.cn/it/2004831154141.htm。
③ 同上。
④ 资料来源：英克科技有限公司网页，http://www.inca.com.cn/anli_guangyao.htm。
⑤ 资料来源：广州医药公司实施的英克企业管理系统报告。

面，1999 年上半年为 3 906 种，至 2000 年上半年 ERP 实施后增至 5 208 种，增长率为 33. 3%；在销售票据量方面，1999 年上半年为 552，一年后增至 674，增长率为 22. 1%；在销售额方面，则由 6 730 000 增至 8 400 000，增长率为 24. 8%；而配发货数方面，亦有明显优化，数量由 4 088 增加至 5 507，增长率达 34. 7%；动销品种数亦由 1 255 种增加到 1 666 种，增长率为 32. 7%。由此可见，在销售品种、配发货数、动销品种数这三方面的优化最为明显，整合后效率比以前高 30% 以上。

表 4－10　广州医药 ERP 实施前后财务按高峰日流量数据对照①

ERP 实施前后财务数据对照（高峰日流量）			
项目	至 1999 上半年	至 2000 上半年	增长率
销售品种	5 809	11 873	104%
销售票据量	620	999	61. 1%
销售额	8 210 000	16 780 000	104%
配发货数	7 152	12 557	75. 6%
动销品种数	1 533	2 263	47. 6%

若从高峰日流量数据对照（表 4－10），则 ERP 对营运系统的优化更为明显。在销售品种方面，1999 年上半年为 5 809 种，至 2000 年上半年 ERP 实施后大幅增至 11 873 种，增长率为 104%，有明显优化；在销售票据量方面，1999 年上半年为 620，一年后增至 999，增长率为 61. 1%；在销售额方面，亦由 8 210 000 大幅增长至 16 780 000，增长率为 104%；而配发货数方面，数量由 7 152 增加至 12 557，增长率达 75. 6%；动销品种数亦由 1 533 种增加到 2 263 种，增长率为 47. 6%。由此可见，在销售品种及销售额这两方面皆录得倍增的变化率。另外，在动销品种数、销售票据量及配发货数三方面，亦录得介乎 48% ～76% 的明显优化比率。

（2）强大的销售网络

广州医药为华南最大医药贸易商，拥有华南地区最大的医药零售网络和医药物流配送中心。其覆盖范围包括广东、广西、江西、福建、湖南、海南等各省区。外资联合博姿入股后，可分享到这个强大的华南网络，成功割据有利地域。

① 资料来源：广州医药公司实施的英克企业管理系统报告。

（3）迅速增长的销售额

从经济效益方面分析，广州医药公司自1951年成立以来，效益一直稳居全国同行业前列，而且最近6年每年的销售额皆录得10亿以上的增长。从图4－19所见，广州医药公司在2002年录得45.47亿元人民币的销售额；2003年录得54.18亿元人民币；2004年录得65.99亿元人民币；2005年录得81.27亿元人民币；2006年录得93.63亿元人民币；2007年则录得110亿元人民币，由此可见，广州医药公司于2003～2007年这五年内的销售额由54亿倍增到110亿元人民币。

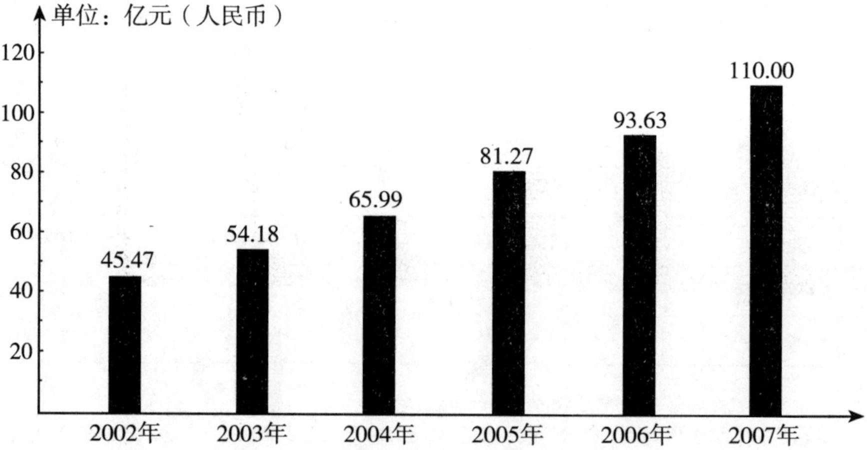

图4－19　广州医药2002～2007年的销售额

（4）公司架构

广州医药属下有广州国盈医药、广州欣特医药、广州健民医药连锁、广州器化医疗设备、湖北广药安康医药及福建广药安康医药，当中广州国盈医药、广州欣特医药、广州健民医药连锁和广州器化医疗设备为全资拥有（详见图4－20）。其中专业批发部有8个，健民医药连锁分店100多家，建立以广东省为中心辐射全国的庞大的销售网络，当中包括医疗单位网络、商业调拨网络和零售连锁网络。联合博姿透过入股广州医药可轻易取得其下的医药连锁分销公司及其网络，在医药分销市场分一杯羹。

（5）业务领域——华南地区的龙头

广州医药以广州为总部，为全国31个省、市、自治区，50多个中心城市的1 000多家商业企业提供全方位、多层次、个性化的分销服务（见图4－21）。它是华南地区经营医药商品最多、最全的医药专业公司，其业务处于华南地区龙头位置。

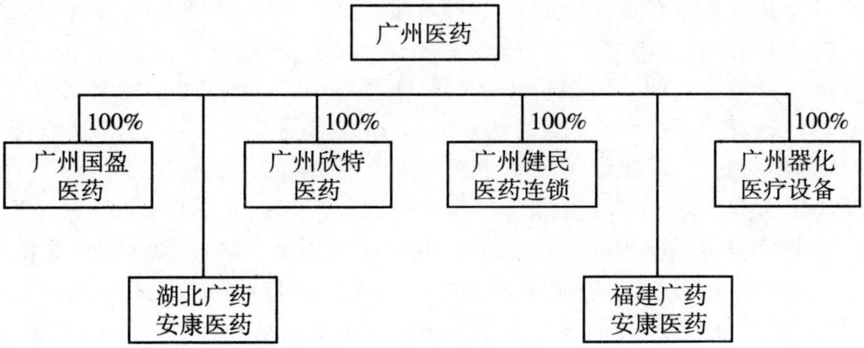

图 4－20　广州医药公司架构

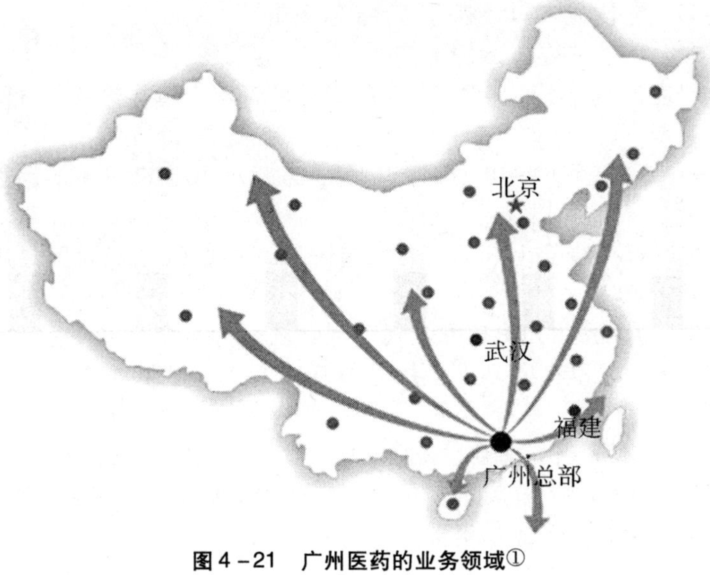

图 4－21　广州医药的业务领域①

2. 上海医药

（1）高效能的 ISC 营运系统

上海市医药股份有限公司以分销为核心业务，拥有自己的物流中心，可支持上药、上药的子公司、上药（集团）内部业务及社会化第三方物流业务（3PL 服务）总共 150 亿元的储存和配送。稍加扩充即可达 170 亿元。

公司为了完善优化企业信息管理模式，于 2004 年引入由上海讯博软件有限责任公司和上海医药信息中心合作开发的医药供应链管理 ERP 系统

① 资料来源：广州医药网页。

(iSCM 2.0) 及由美国 MA 软件公司开发实施的仓库管理系统（WMS）①。上药的 ERP 系统为用户提供图形化操作接口，易于操作，又能提供实时业务处理及管理、方便上传报价单、制订销售订单/购货订单、指定供货商入货、制订送货单/收货单、发票等。通过 ERP 系统，用户可以下达指令到 WMS 系统做统一调度药品库存调配②，从供货商买入货品、入仓、出仓、退货予供货商、处理销售退货（如客户退货）等等；上药的 WMS 系统与上海医药的 ERP 无缝对接，紧密合作，提升工作效率，降低客户处理成本。

上药就是通过整合 ERP 和 WMS 来构成“供货商 - 分销商 - 客户”的现代化供应链信息平台，照顾医药 6 +1 产业链里从仓储运输、订单处理、批发经营、终端零售等的每一个环节。在互联网电子商务高速发展的时代，上药亦设立了医药商务电子平台，供客户查询药物经营品种，进行采购，连接第三方物流 ERP 系统进行库存管理、补货。

①商业客户如何连接运用上药的 ISC 营运系统

客户要连接到上药的 ISC 营运系统有以下两个解决方案③方便不同客户需要：

方法一：网上用户→电子商务网站→第三方物流 ERP→现代物流仓库（WMS）。

客户可以直接登陆上药第三方物流网站，根据已分配的工号直接在网上进行销售开单、销售退货、采购开单、采购退货、业务查询等业务操作。因为第三方物流的 ERP 可以同现代物流仓库（WMS）进行数据实时交换传送，客户可以在网站上直接进行仓库的查询，例如库存查询，出入库台账查询等。

珠海联邦制药股份有限公司、上海三共制药有限公司采用这种方式无须派人常驻现代化物流仓库，就可透过上药的 ERP 系统直接对现代化物流仓库系统（WMS）发出入库指令。并且可实时在网站上查询订单状态、了解库存状况、出入库情况。

方法二：第三方物流厂商→进驻现代物流仓库基地→第三方物流 ERP →现代物流仓库（WMS）。

客户可以派员工直接到现代物流仓库基地使用 ERP 系统进行销售开单、销售退货、采购开单、采购退货等业务操作。上药的 WMS 实时同第三方物流的 ERP 系统进行实时数据交换处理。而且，客户可以实时通过上药的第三方物流 ERP 系统查询库存状况，出入库情况，甚至可用该 ERP

① 资料来源：上海医药网页，http://www.shaphar.com.cn/shapharWeb/default/3pl.htm。
② 同上。
③ 同上。

进行公司的管理运营。

上海拜耳医药有限公司透过这种方式，派一两个员工常驻上药现代化物流仓库使用其提供的第三方物流 ERP 系统。由 2006 年 4 月至今，上海拜耳医药已累计出入库 3 万多箱药品。

②上药的 ISC 营运系统——药品入库流程

如图 4 −22 所示，药品未进入仓库之前，上药可以因应客户订单制定预收货报表（Advanced Shipment Notice，ASN）。这样做公司能够分配未来的劳动力和运输设备作预先安排，为预定入库日期进行入库作业安排①，并且解决劳动力负荷不均这些常见问题。当收货入库的时候，按货品大小数量以托盘/整箱/零头（散件）收货，货品会经过 RF 无线射频验收，以达到零差错检验及自动贴上架区域条形码卷标，方便日后查货（减少查询时间及提升拣货效率）。货品经验收后就要上架，同样地按货品大小数量以托盘/整箱/零头（散件）上架，上药有 12 000 个有托盘位的立体货架，堆垛机（包装机），自动存仓 AR/RS，能自动将货品安放于适当货架。

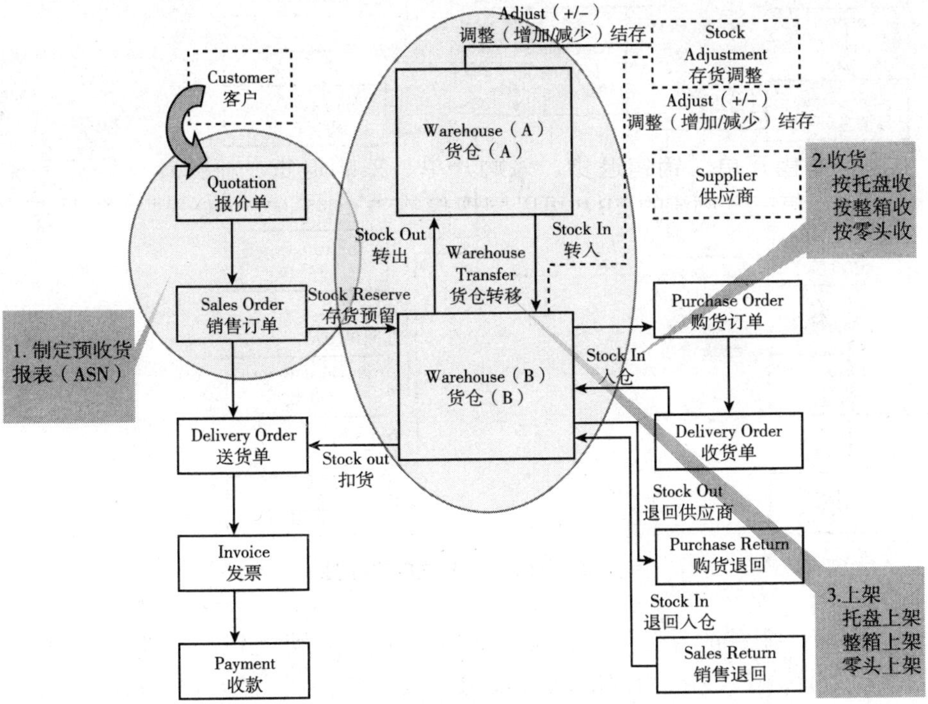

图 4 −22　药品入库流程图

① 资料来源：物流沙龙网，http：//www. logclub. com/redirect. php? tid = 799&goto = lastpost。

③上药的 ISC 营运系统——药品在库流程

由图 4－23 可见，当药品进入仓库之后，客户可如之前所述，透过第三方物流的 ERP 系统向 WMS 系统直接进行仓库的货存查询及下达从供货商处补货的指令。上药的现代物流中心仓库完全符合 GSP（Good Supply Practice）准则，拥有阴凉库（可存放的药品种类多达 9 000 种）、冷藏库、保温库、常温库和医疗器械库五种功能库区，满足不同药品仓存养护要求①。

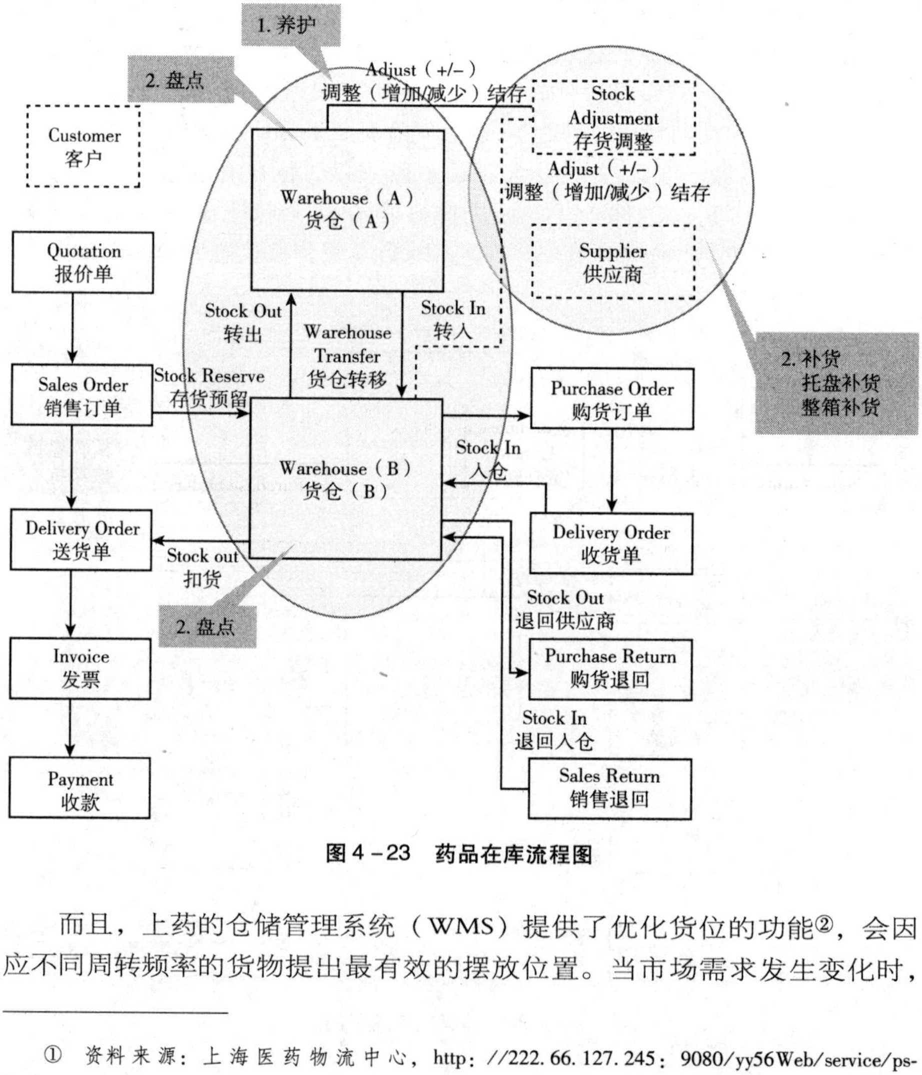

图 4－23　药品在库流程图

而且，上药的仓储管理系统（WMS）提供了优化货位的功能②，会因应不同周转频率的货物提出最有效的摆放位置。当市场需求发生变化时，

---

① 资料来源：上海医药物流中心，http：//222.66.127.245：9080/yy56Web/service/ps-fw.jsp。

② 资料来源：ChinaByte.com，http：//news.chinabyte.com/99/1921599.shtml。

该软件又可十分灵活地提出改进方案，使货物的存储位置重新达到最优，从而提升出库时候的拣货效率和速度及减少仓库内的搬运费用。

④上药的 ISC 营运系统——药品出库流程

出库的时候，如图 4 -24 所示，首先货品会经过上药的高速自动分拣系统（每小时 6 000 件）及电子卷标拣选系统（准确率高达 99.98%）按货品数量多少以托盘/整箱/零头（散件）作分拣。跟着，要进行装箱复核，RF 出货检验、打印单据，全程采用条形码管理技术。最后，药品会等待排车及装车出货。上药拥有 108 辆运输车，其中冷藏车 6 辆并与多家国内著名的承运商签约成为紧密合作伙伴，可以实现上海市内 1 天送达、华东地区 2 天送达及全国各地 3 天送达①。

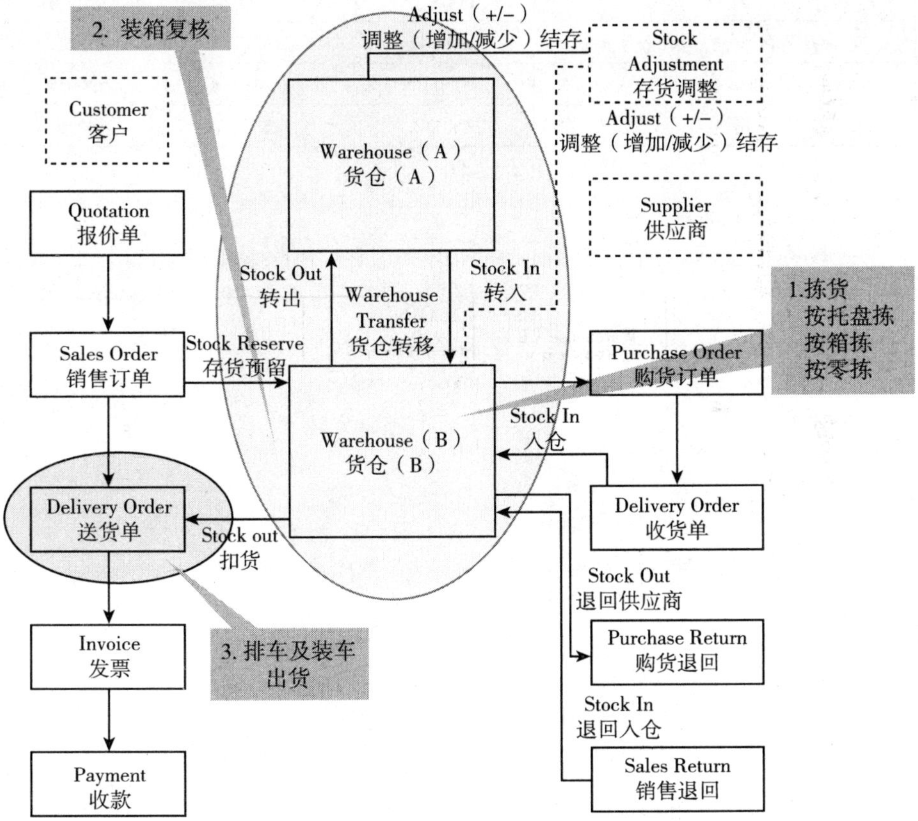

图 4 -24　药品出库流程图

① 资料来源：上海医药物流中心，http：//222.66.127.245：9080/yy56Web/service/psys.jsp。

⑤ISC 营运系统实施后的效益

表4－11是把ERP实施前后（即2005年与2006年）的日常营运作了对比，前5名客户销售额由2005年的65 541万元增至2006年的113 774万元，增幅达73.6%；主营业务收入由2005年的1 070 000万元增至2006年的1 141 000万元，增长率为6.64%；而利润方面则由2005年的5 052万元增至2006年的6 872.04万元，增长率达26%；由此特显ERP及WMS实施后对上药的主营业务有显著改善。在向主要客户销售、净利润这两方面的优化最为明显，整合后效率比以前高30%以上。

表4－11 ERP/WMS 实施前后财务数据

项目	2005年	2006年	变化率
向前五名客户销售额（万元）	65 541	113 774	73.6%
主营业务收入（万元）	1 070 000	1 141 000	6.64%
净利润（万元）	5 052	6 872.04	26%

（2）强大的销售网络

公司立足上海、覆盖华东，经营6 000多种药品及相关产品。上药客户6 000余家，控制2 000多家零售终端，营销网络主要占据医药消费的高端市场（二级、三级医院）①，拥有强大销售网络（见图4－25）。

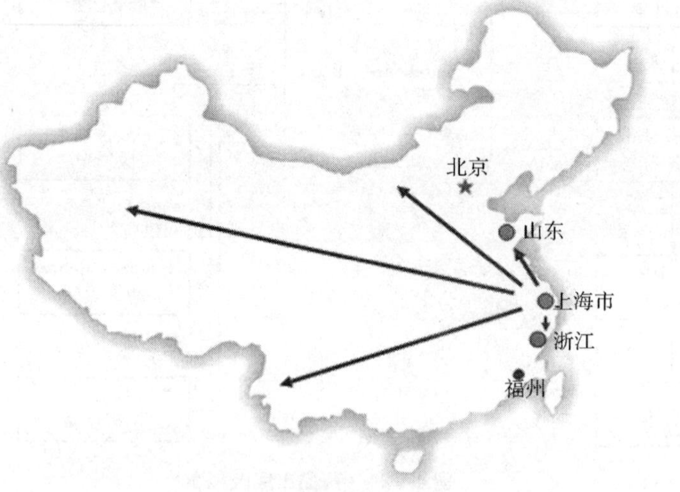

图4－25 上海医药的业务领域

① 资料来源：http：//www.p5w.net/stock/hydx/bkfx/200611/t617908.htm。

(3) 迅速增长的销售额

从销售规模效益来看（图4－26），上药的销售额连年上升，2004年销售额为108亿，2005年销售额为125亿，2006年销售额为152.9亿，2007年销售额为177.47亿，2004～2007年增加超过70%，销售规模亦从2004年的108亿上升至2007年将近180亿。

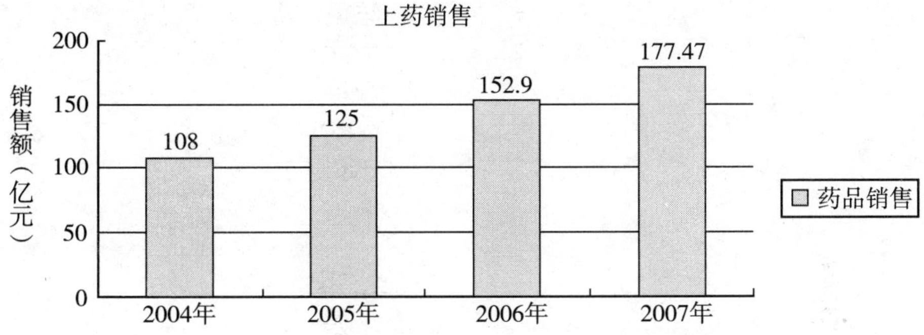

图4－26 上海医药2004～2007年的销售额①

(4) 业务领域——华东地区的龙头

上药纯销占上海市场份额的50%，占华东地区的20%，有50多年分销营运经验。华东地区如上海是沿海发达地区，富裕人群较多，能负担起昂贵药品的人亦较多，有利于日本铃谦于合资后，进口较昂贵的药品，进占中国高端客户市场。

① 资料来源：2004～2007年全国医药流通百强企业名单。

第五章
玩具行业的本质分析

【本章导读】

一、 玩具市场潜力巨大

玩具——陪伴每一个孩子长大必不可少的东西。变形金刚、芭比娃娃、四驱车等等都在我们的脑海里留下了不可磨灭的印象。正是因为与每个人的成长息息相关，玩具行业有着相当大的市场规模和发展潜力。

从 1997～2007 年十年间，玩具行业始终保持着稳步上升势头。2007 年，玩具行业全球销售额已经超过 700 亿美元。到 2010 年，预计全球销售额将会达到 863 亿美元，相当于整个保加利亚的 GDP。如此巨大的市场，自然吸引无数企业投身其中。

二、 为什么中国仅仅处于玩具产业链最低端

中国作为全球最大的玩具生产制造基地，也扮演了相当重要的角色，但这仅仅是制造层面。

2009 年 3 月，全球最大的玩具制造商美泰在上海市淮海中路开设全球首家芭比旗舰店。除此之外，美泰全球共有 4 家芭比生产厂，其中 2 家就落户在中国。国际玩具巨头如此重视中国市场，可见玩具业在中国有着诱人的前景。但为什么，占据地缘优势的中国本土玩具厂大多默默无闻，为外国品牌做“嫁衣裳”（即帮外国公司做玩具，贴人家的牌子）。为什么中国企业在玩具业也只能延续其“世界工厂”（不如说世界车间）的命运呢？为什么价值 9．99 美元的芭比娃娃，中国工厂只能赚取其中的 1 块钱呢？

玩具业的行业本质是什么？

第一节　玩具行业的金三角

【本节导读】

过往数十年，所有风靡全球的经典玩具都具有三个特质：符合安全，拥有良好的外观和质量，以及能够满足孩子的潜在需求。简单来说就是安全、感知度和情感诉求。安全在最底层，感知度居中，情感诉求在最上层，这样构成的三角形就是玩具行业的金三角，也是玩具行业成功的秘籍。

安全是一个成功玩具诞生的基石，感知度乃是玩具成功的必要条件，玩具要想完全成功，必须充分理解顾客的情感诉求与其变化，用恰当的链接将情感诉求和玩具产品联系起来。

一、安全

安全是一个成功玩具诞生的基石。孩子们是国家的希望、民族的未来，所以每个国家和家庭都希望孩子能够健康安全的成长。而玩具作为陪伴孩子长大，和孩子接触最近的物品之一，它的安全与否直接影响着孩子们的成长。为此，全世界的国家和组织设立了一系列的玩具安全生产标准，如国际玩具工业委员会订立的国际玩具自律安全标准，美国材料及实验学会订立的标准 F963，欧洲标准委员会订立的欧洲标准 EN71 等等，希望透过法律法规来规范玩具市场，保证孩子们的安全。

如果玩具厂商为了利益降低成本而忽视玩具安全，那么会带来什么后果呢？

2007 年 9 月，美国最大玩具商美泰公司宣布，由于玩具涂料含铅成分过高，将在全球范围内召回 82. 4 万件中国生产的芭比玩具。此次召回是美泰对中国产玩具进行继续调查之后所做出的决定，美国国内外分别召回 52. 2 万和 32. 2 万件玩具，其中涉及中国市场的有 8 600 件。这是美泰在一个月内第三次宣布召回中国制造的玩具。美泰上一次召回行动是在 2007 年 8 月 14 日，涉及召回的玩具多达 1 900 万件。此前 8 月 2 日，美泰已经召回了 150 万件玩具。

由此可以看出，即使是国际玩具巨头生产的玩具因为安全不过关，依然会在全世界范围内被召回和被拒绝入境。连市场都无法进入，纵使玩具有着多好的创意和设计也无济于事，企业也会因此陷入困境或者直接倒闭关门。

正因如此，安全才会是玩具行业成功的必要条件和基础。

二、感知度

安全是通往成功之路上的第一步。跨出第一步之后，接下来要做的就是做好玩具的感知度。感知度指的是玩具所拥有的外形、材料、手感等可以被触摸的直接感受。

经过上述分析后，我们明白安全和感知度乃是玩具成功的必要条件。但纵观市场上的无数玩具产品，做到了“安全 + 感知度”的玩具其实不在少数，但为什么成功的玩具品牌只有那么寥寥数个呢?

原因就是玩具公司抓不住玩具的行业本质——情感诉求。玩具要想成功，必须充分理解顾客的情感诉求与其变化，用恰当的链接将情感诉求和玩具产品联系起来。

三、行业本质——情感诉求

情感诉求才是玩具业的行业本质。简单四个字，要真正做到谈何容易?

要想成功，首先最基本的要求是知道、明白、了解玩家的情感诉求，然后，从两方面着手：

1. 玩具本身的功能和上文提到的感知度，都应该以满足情感诉求为目的；

2. 用各种手段（或利用现成的），建立玩具与情感诉求之间的链接。

太抽象了？接下来，我们将通过几个例子为您解答公司该怎么做，才能使玩具成为情人节的玫瑰和巧克力，俘获玩家的心。

第二节　NICI 家族中郁闷的“马里奥三世”

【本节导读】

NICI 是德国一家著名的玩具公司，它的年销售额超过 2.5 亿欧元，产品销往全世界 40 多个国家，在中国已经开了 86 家分店。但就是这么大、这么成功的一家公司，2006 年却因为生产的大批世界杯吉祥物“狮子马里奥三世”卖不出去，差点破产了。在安全和感知度方面，“马里奥三世”自然延续了 NICI 一贯的高水准，但是没有抓住消费者的情感诉求。从球迷的角度来讲，对世界杯吉祥物的情感诉求不外乎两点：第一，民族归属和国家荣誉；第二，足球的运动激情。“马里奥三世”既不能象征德国，也带动不了球迷们的运动激情。就是这两点原因让这只狮子在德国严重滞销，叫 NICI 这个玩具大亨也吃不消。

由此可见，安全和感知度只是玩具成功的必要条件，而情感诉求才是玩具业的行业本质。

一、拥有高水准的安全和感知度还远远不够

NICI 是德国一家著名的玩具公司，它的年销售额超过 2.5 亿欧元，产品销往全世界 40 多个国家，在中国已经开了 86 家分店。想必大家搭乘飞机时也见过 NICI 那堆满毛绒玩具的铺头。它的玩具不仅样子乖巧讨人爱，摸上去也绵绵软软，十分舒适。

但就是这么大、这么成功的一家公司，2006 年却差点破产了。现在大家上网，依然可以看到轰动一时的 NICI 破产案风波：2006 年世界杯在德国举行，NICI 生产了大批的吉祥物“狮子马里奥三世”，结果卖不出去。

我们看看这只“狮子马里奥三世”，跟 NICI 平时卖的狮子也差不多，只不过多穿了一件球衣、一双球鞋，腋下夹了一个足球。都是一个厂家设计生产的东西，品质能差到那里去呢？那在安全和感知度方面，“马里奥三世”自然延续了 NICI 一贯的高水准。如此，再借着世界杯的东风，应该卖得盆满钵满才是。我们不禁奇怪，这狮子犯了什么错，竟被如此冷落？其实从需求面分析一下我们就不难得出答案。

谁最可能买这个“狮子马里奥三世”呢？——既然德国是东道主，自然德国境内最多的是德国球迷。所以德国球迷是 NICI 的目标消费群。这点 NICI 是把握住了，狮子马里奥就穿了德国的“6”号白色球衣。仅靠此它就能把握德国球迷对吉祥物的情感诉求吗？门都没有！

从球迷的角度来讲，对世界杯吉祥物的情感诉求不外乎两点：第一，民族归属和国家荣誉；第二，足球的运动激情。

二、它象征德国了吗

“它是一头狮子”，这个事实本身就是“马里奥三世”最致命的缺点。狮子根本不能代表德国。提起狮子，人们恐怕更容易想起那个英国狮心铁汉查理，他徒手搏狮，勇夺王位，挥师东进，平定叛乱；或是法国的标致汽车公司，从生产拉锯弹簧起家，1976 年吞并雪铁龙，如今已成汽车行业霸主之一；再不就是那个水清沙影中闲逸海上的新加坡鱼尾狮。怎么想也想不到德国对不对？

自古以来，德国人对雄鹰的崇敬都是虔诚而深沉的。雄鹰图案的渊源可追溯到 12 世纪曾经统治过普鲁士、后成为德国王室的霍亨索伦家族。早在古罗马时代，雄鹰被看做是至高无上的上帝的象征，它保护着上帝的子孙和信徒不受侵害。同时它又是太阳之鸟，它的锐眼能经受住太阳神的照射。今天，德国的国徽和国家队队服上都有鹰的图案。

所以“狮子马里奥三世”并不能满足球迷们对民族归属和国家荣誉的情感需求。

三、它带动球迷们的满腔运动激情了吗

我们注意到，马里奥有球衣、有球鞋、有球，独独没有穿球裤。球裤，那对运动员是太重要了。你见过不穿球衣的队员，但是应该没见过不穿球裤还跑得虎虎生风的吧。所以“狮子马里奥”在德国球迷眼里要多窘有多窘，更别说联系运动激情了。

就是这两点原因让“狮子马里奥”在德国严重滞销，叫 NICI 这个玩具大亨差点破了产。它虽然满足了安全和感知度两个必要条件，却没有抓住消费者的情感诉求。由此可见，安全和感知度只是玩具成功的必要条件，而情感诉求才是玩具业的行业本质。

通过 NICI 的案例分析可以总结发现，对于玩具行业，只做到“安全＋感知度”是不能成功的。没有情感诉求的玩具只会是一种漂亮的摆设，它无法满足消费者的种种需求。情感诉求决定了玩具行业的成败，它才是玩具业的行业本质。

第三节　迷你四驱车——情感诉求和玩具之间的链接

【本节导读】

迷你四驱车曾是热血青年的必备武器，它的盛衰反映了情感诉求和玩具之间的因果关系。20 世纪 90 年代中，动画片《四驱兄弟》在全球热播，形成迷你四驱车鼎盛时期，因为动画片的热播，使迷你四驱车跟爱好者形成了良好的情感诉求形成了很好的链接，但 1998 年后，《四驱兄弟》停播，迷你四驱车销量急剧下降，直到现在，模型店更是鲜有迷你四驱车出售。不难察觉：迷你四驱车的销量跟《四驱兄弟》有着密切的关系。

一、什么是迷你四驱车

迷你四驱车是由日本田宫模型（Tamiya）所生产的汽车模型之一，模型与真实赛车比例为 1/32。在安装马达和电池后，迷你四驱车能于设有墙壁导行的赛道上进行比赛。此外，玩家还可透过添加不同的配件（如高速齿轮、轴承等），提升迷你四驱车的速度。

二、迷你四驱车的兴衰

20 世纪 90 年代中，动画片《四驱兄弟》在全球热播。迷你四驱车热

潮随即席卷中国内地、中国香港、日本，以至东南亚、欧美等地。以中国香港为例，各大百货公司、商场、模型店及社区中心都纷纷举办迷你四驱车比赛；不少玩家不仅拥有多台迷你四驱车，甚至还在家里设置专门赛道。

1998年后，《四驱兄弟》停播。迷你四驱车热潮如昙花一现，销量急剧下降。直到现在，模型店更是鲜有迷你四驱车出售。风萧萧兮易水寒，迷你四驱车一去兮不复还……

不难察觉：迷你四驱车的销量跟《四驱兄弟》有着密切的关系。这是为什么呢？这正是由于利用动画片《四驱兄弟》，迷你四驱车成功抓住了玩家情感诉求。

三、《四驱兄弟》如何满足情感诉求

《四驱兄弟》讲述两热血青年兄弟与其迷你四驱车驰骋在赛道上，不畏艰辛险阻往前冲的冒险故事。该动画片描述了满怀对赛车的感情、对比赛的执著的两兄弟，以无所畏惧的勇气和冒险精神，经历种种磨难，克服一切劲敌，成为世界第一的迷你四驱车赛车手的故事。

在《四驱兄弟》中，赛车世界是没有极限的。赛道设置上天入地，无处不能——高山瀑布、云间吊桥、银色沙滩，甚至是有险恶黑洞的太空！哪个少年没有闯荡世界、尽情冒险的梦想？看，你们可以带着迷你四驱车一起，闯荡极限赛道、极限世界！

《四驱兄弟》的世界，是热血青年的世界。角色们虽然高矮胖瘦、形态不一，但哪个不是满腔热血？哪个不是充满梦想、勇往直前？哪个不是冲啊冲，跌倒了，爬起来，继续冲？"这才是人生嘛"——看着动画片的人们这么想着——"这才是人，特别是少年应该有的活法嘛！"

《四驱兄弟》迎合了玩家们对冒险、对热血人生的幻想和渴望。这是核心精神，《四驱兄弟》掌握了。看看他们如何把玩具和动画链接起来。

《四驱兄弟》详细介绍了迷你四驱车的玩法和技术要点。这些玩法和技术都适用于现实，而非天花乱坠的胡吹。年轻人观看动画的过程就是深入学习如何玩迷你四驱车的过程。迷你四驱车甚至拥有同角色一样的人格特点。比如，直爽急躁的弟弟的车子便擅长直道，速度快；冷静沉默的哥哥的车子则擅长弯道，灵活度高。最后，田宫模型公司刻意制造与动画中外形完全相同的迷你四驱车，在动画片里心仪的车子，你在现实中完全可以得到——梦想成真了！如此，《四驱兄弟》便把冒险奋斗、热血帅气等青年人梦寐以求的情感注入迷你四驱车。

在《四驱兄弟》的洗脑下，青年人看到现实版的迷你四驱车，便会联想到动画中两兄弟的冒险故事。青年人的热血和激情让他们自然而然地仿

效动画中的主角：为了冒险，为了梦想，一定要有迷你四驱车！

有着如此强烈渴望的玩家，迷你四驱车会孤单吗？从图5－1我们可以看出，玩具公司成功利用了《四驱兄弟》作为迷你四驱车和玩家之间的媒介，满足了玩家的情感诉求，赢得满堂彩。

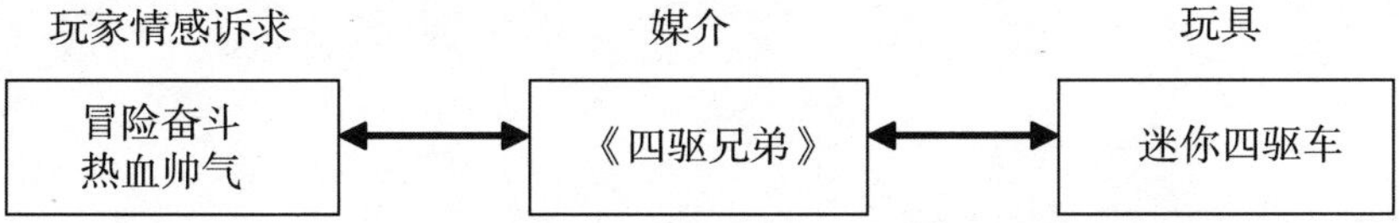

图5－1　玩家、《四驱兄弟》及迷你四驱车关系示意图

四、迷你四驱车的衰落

1998后，《四驱兄弟》停播，迷你四驱车的销量随即一落千丈。这一现象，用同一理论验证就不难解释了。从图5－2中我们可以看出，《四驱兄弟》停播后，其联系玩具与玩家的情感诉求的媒介出现断层。通俗地说，年轻人看到迷你四驱车，他们看到的仅仅是汽车模型，这跟市场所有的仿真模型没什么两样。什么冒险奋斗、热血帅气——扯太远了吧？迷你四驱车不再能满足年轻人的冒险精神、热血情怀，也就失去了令人疯狂的魅力了。

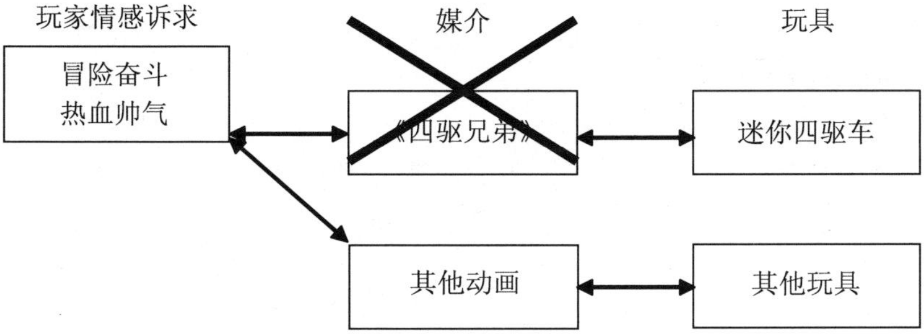

图5－2　媒介断层示意图

第四节　失宠的电子宠物机——产品功能的缺失

【本节导读】

Tamagotchi是日本万代公司开发的一款电子玩具，中文译为“电子鸡”，或“电子宠物机”。就是这样的一个简单的小玩具，在推出之际便风靡全球。

然而，这样的荣耀没有持续太久。在 1998 年末电子宠物机热就开始退烧，价格和销售量都大幅下降。电子宠物机凭什么风光一时？又为什么很快失宠？电子宠物机的热卖，就是因为它最先通过互动的方式，满足了人们的情感需求；它的失宠，是因为功能单调、程序机械，无法持续满足人们的情感需求。

这个例子再次证明了，一个玩具要成功必须不断满足人们的情感需求。

一、什么是电子宠物机

Tamagotchi 是日本万代公司开发的一款电子玩具，中文译为“电子鸡”，或“电子宠物机”。简单来说，它就是掌上游戏机。

液晶屏幕上有一个会动的小动物，你要精心照顾它：喂它、陪它做游戏、给它解闷、把屎把尿、哄它睡觉……它也没闲着，每隔几小时就会发出“哔——哔——”的声音提醒你它饿了、无聊了……如果不及时照顾，它可能会饿死、病死，甚至气死。就是这样的一个简单的小玩具，在推出之际便风靡全球。

1996 年推出，在短短几个月内销售了 450 万个，广岛甚至有一座寺庙建立了电子鸡“公墓”，为不幸“死去”的宠物鸡送葬。更夸张的是，凡豢养电子宠物的日本公司职员，上厕所频率都大大增加——以躲到厕所照顾电子鸡。很快，电子宠物热潮传向世界各地，学生“人手一机”。逼得中国、泰国、韩国、美国等各国政府教育部门、中小学校校长甚至明令禁止其进入校园。

然而，这样的荣耀没有持续太久。在 1998 年末电子宠物机热就开始退烧，价格和销售量都大幅下降，错估市场趋势的万代斥资在中国内地开设新生产线，导致之前所有盈利瞬间化为 5 000 万美元的巨额亏损，甚至造成了公司的危机。

二、电子宠物机凭什么风光一时

电子宠物机是怎么被发明出来的呢？其发明者是万代公司的小职员——真阪亚纪。她注意到日本小孩子对养宠物非常感兴趣，却又因为过分狭小的生活空间和饲养宠物可能带来的种种麻烦，往往不能如愿。电子宠物机灵光由此乍现。

由此可见，电子宠物机，其实某种程度上是真实宠物的替代品。现代人，尤其是城市居民，养宠物的理由早已经不是为了实用，如狗看门、猫抓老鼠。更多的是为了满足精神上的需求：孤寡老人像对待儿女一般养宠物聊解孤寂，小孩子把宠物当玩伴。养宠物，正是通过人与动物之间的交流，满足爱与被爱的需要。由于城市生活的快节奏、商业化，造成的人心冷漠、距离遥远、缺乏信任等等情感危机，这种需要就愈发强烈。其实这样的需求，正是城市孩子特别需要玩具的原因。如真人模样的洋娃娃、模型、软绵绵的布偶，不都是为了满足孩子们爱的需要吗？

电子宠物与他们相比，最大的优势就在于交流。布偶、模型是不说话的，全依赖于孩子们的想象。因此孩子与布偶、模型的交流更多是单方面的。而电子宠物会饿、会成长、会高兴生气，并且通过发出“哔——哔——”来表示请求，会因为得到满足而高兴，因为没有得到合适照顾而死亡，这都是交流，使情感需要更好地得到满足。

饲养宠物对城市居民，实在不是简单的事情：昂贵的花费、公寓的规定、宠物的拉撒都是麻烦事。电子宠物在满足了情感需求的同时，没有这样的副作用。于是电子宠物机，以一种更具互动的方式，省事经济地满足了人们的情感需要，快速占据了大孩子、小孩子的心。

三、电子宠物的失宠

既然电子宠物那么“完美”地满足了人们的情感需要，为什么它仅仅风光了两年，便兵败如山倒？

请饲养过电子宠物的回忆一下，没饲养过电子宠物的想象一下：拥有电子宠物不久，你发现，每次宠物饿了，你知道喂多大食量它会吃饱；你知道它吃饱了会有什么样的反应；你知道它什么时候上厕所，一天几次；玩游戏呢，就是按下一个键，然后宠物毫无疑问会变得开心起来；如何表现呢，就是跳一跳，甚至跳几下你都知道；饿死了呢，按下键，就立刻“重生”了……你感觉如何？从前让你牵肠挂肚的“哔——哔——”声响，仍让你感到被需要吗？一天天“长大”的宠物，还是你的亲密伙伴吗？剩下的，大概只有不停被机械程序打扰的恼怒和如刷牙洗脸般例行公事的无趣了吧。

你如何能从一个电子程序里，从例行公事的行为中，得到真正的交流？得到爱与被爱的满足？

四、电子宠物的重生

万代公司并没有放弃电子宠物机。2004 年、2005 年、2006 年陆续推出第二、三、四代新型宠物机。有什么不同呢？新功能出现了！

你的小宠物有性别了。新增的红外线通讯功能，使你的小宠物跟别的小宠物交朋友、谈恋爱，甚至结婚生小宠物！以前你只能养一只小宠物，现在你可以同时养 3 ~ 5 只，但是要照顾好每一只，协调好关系，才能组成一个和谐的宠物家族。

万代不仅在产品上做文章，更陆续推出了以电子宠物为主角的漫画、卡通、NDS 游戏和电影。电子宠物不再只是一个在屏幕上跳一跳的影像。现在的宠物角色已达 70 个！每个性格、脾气、相貌都不一样；它们有自己的世界（一个外层空间星球），有自己的生活和故事。

新型宠物机销售如何呢？虽然已经没有受到如刚面世时的疯狂追捧，但到 2007 年 12 月，“拓麻歌子系列”在日本国内已经卖出了 3 000 万只，而在全球范围则达到 7 000 万只。另外，其 NDS 版游戏目前也推出了数款，每次发售都会打进销售榜 TOP10 位置并持续热卖。在中国，也同样受到中小学生的欢迎和喜爱。

第五节　ELMO 异军突起

【本节导读】

美国美泰玩具公司于 2006 年 9 月 19 日推出了芝麻街玩偶“哈痒艾默”的 10 周年纪念版——红色的“T. M. X. Elmo”。Elmo 真可谓是世上最有趣的玩具，它使得全北美的小孩子都为之疯狂，而且开卖不到 15 分钟美国和加拿大都卖到缺货。美国、加拿大的电视新闻都报道了这神奇的一幕。而且售价也从 39. 9 美元卖到 150 美元左右，还供不应求。到底是什么令这个红色毛茸茸的 Elmo 如此风靡呢？他成功的秘诀到底是什么呢？

这主要归功于其在产品设计以及宣传推广上的成功，特别是全美家喻户晓的电视节目《芝麻街》的推动。

一、满足情感及媒介催化的完美结合

Elmo 是来自美国的一个婴幼儿玩具品牌——费雪牌（Fisher-Price）玩具，由美泰公司为宝宝量身定做。然而，为宝宝而设计的玩具何其之多，为什么 Elmo 就能够脱颖而出、独占鳌头呢？这主要归功于其在产品设计以及宣传推广上的成功。首先，Elmo 在产品设计上充分地满足了宝宝们的归属需求；其次，公司亦通过木偶剧作为媒介强化了 Elmo 最佳玩伴的形象。接下来让我们分别讨论 Elmo 就上述两点是怎样做的。

二、Elmo 的特殊魅力

在竞争日益加剧的今天，人们生活的节奏越来越快，那些刚刚为人父母的中青年则更是在为未来努力拼搏，而鲜有时间陪伴在宝宝左右。所以，宝宝们难免因为缺少他人陪伴而强烈地希望有和自己相似的玩伴。然而，这种归属需求通过一般的毛绒玩具并不能很好地被满足，因为普通的玩具往往不能和宝宝有互动和交流，只是如同装饰品一般。

然而，Elmo的出现填补了市面上满足宝宝们归属需求的玩具的空白。它可以说是最酷最搞笑的公仔娃娃了——只要你触及Elmo的敏感处，比如下巴、肚子或左脚，Elmo就会拍手爆笑并且开始坐着拍打他自己的膝盖，做出倒退走等各种古怪、可爱的反应，甚至会倒在地上滚来滚去。调皮的Elmo还会要求你搔他痒，配上捶胸顿足死去活来。它的任务是让孩子们看到喜不自禁的滑稽样子和实在动作，而这在原来的公仔娃娃中是不曾见到的。一旦触动Elmo敏感的神经，你会惊叹它的爆发力，说它疯了，但它这看似滑稽的疯狂举动，不正和3岁左右的宝宝们一样吗？Elmo在产品设计上和宝宝的相似性使得它能够成功地扮演玩伴的角色，从而充分地满足孩子们的情感需求——归属需求。

正如Elmo的开发商尼尔·弗里德曼所说，没有宝宝会对Elmo厌倦，它总是能把你逗笑，能带给宝宝欢笑的玩具总是会获得青睐。

三、媒介的牵引

虽然Elmo本身拥有完美的设计，但若是缺少了媒介的链接，必然不会有今天的成功。全美家喻户晓的《芝麻街》则是这个牵桥搭线的“红娘”了。那么，《芝麻街》是怎样将Elmo和宝宝们紧密联系起来的呢？

《芝麻街》早于1969年10月10日，就在美国的国家教育电视台上（National Educational Television）首次播出。它针对各个不同民族和不同宗教信仰的儿童，角色形象和蔼可亲深受观众喜爱。《芝麻街》能够连续近40年长盛不衰感染着美国儿童，还在于这个节目给家庭增添了阳光，给孩子们的生活带来了笑声。现在《芝麻街》节目在世界120多个国家和地区广泛流传，获奖无数，令《芝麻街》题材的玩具经久不衰，成为备受全美及各国少年儿童喜爱的玩具常青树，而《芝麻街》之中最成功的角色就是红色毛茸茸的Elmo了。借助着《芝麻街》深入人心地渗透以及广泛的覆盖面，Elmo也成功地成为孩子们众所周知且喜爱的角色。而且，《芝麻街》木偶和真人同台表演的形式，融合动画、喜剧、纪录片等多种风格，也加入很多流行文化元素，并且迎合孩子们需求的变化及时添加新人物，使得该节目百看不厌，且其中的角色Elmo长期不断地受到孩子们的喜爱。加之Elmo在《芝麻街》中的年龄为3岁半，和宝宝们的年龄非常接近，于是更拉近了它和孩子们的距离，并使Elmo能够更好地满足孩子们的归属需求。

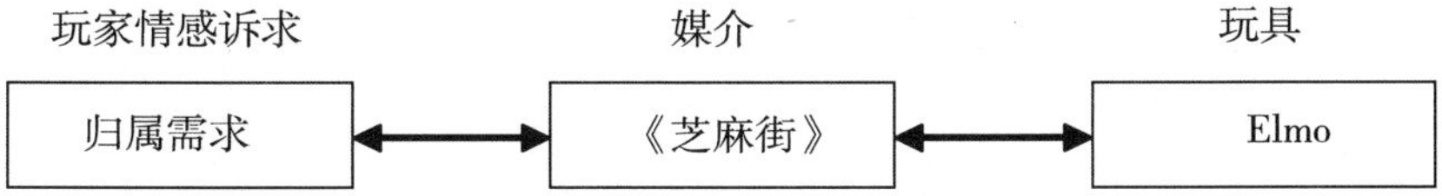

图5－3 玩家、《芝麻街》及Elmo关系示意图

总而言之，《芝麻街》赋予了 Elmo 理想玩伴的形象，而其作为媒介且经久不衰也确保了 Elmo 销售的常青及畅销。

第六节　“万人迷”芭比娃娃的陨落和活死人娃娃的崛起

【本节导读】

芭比娃娃为什么能风靡世界玩具市场 40 余年而不衰？主要有两点原因：

第一，家长通常基于安全和便利的角度考虑，而将孩子关在家中。于是玩具便不仅仅是玩具，而是一个可以用心与之交流，用情寄托的忠诚的朋友、伙伴和母亲。

第二，由于平时的耳闻目染和孩子们天生的幻想，孩子对自己的将来常常会有一些童话般的想象，芭比正是通过对孩子们这种心态的成功把握，创造了玩具界的奇迹。

但在美泰没有注意及掌握新一代孩童需求的情况下，芭比娃娃的销售情况开始恶化。同时另一款娃娃——活死人娃娃——开始崛起。

在 1998 ~ 1999 年时，芭比娃娃及活死人娃娃在市场上有着截然不同的表现。为什么由一个默默无闻的玩具商生产的娃娃能够媲美一个由美泰生产、拥有 50 年历史、世界闻名的芭比娃娃呢？原因就在美泰没有掌握到孩童的心态变化。

一、芭比娃娃的辉煌

芭比娃娃的大名可是无人不知、无人不晓啊，它曾经是所有女孩子心中的梦想玩伴，是娃娃的终极梦想版本。

1959 年首次推出便迅速地成为儿童的宠儿。据《美国玩具制造商》杂志估计，1993 年芭比为生产它的美泰公司盈利 12 亿美元。1994 年销售纪录已经突破 50 亿美元大关，是美泰公司最著名的产品，公司 80% 的利润来源。1997 年，芭比娃娃在世界上 100 多个国家和地区以每 3 秒钟一个的速度销售。平均每个美国女孩拥有 8 个芭比；几乎所有女儿在 3 ~ 10 岁的母亲都能叫出每个芭比的名字。它创造了风靡世界玩具市场 40 余年经久不衰的奇迹。

那么，在如此竞争激烈，潮起潮落的玩具市场中，芭比娃娃为什么能风靡世界玩具市场 40 余年而不衰？要回答这个问题，我们需要追根溯源地问一个问题：孩子为什么要玩娃娃？

主要有两点原因：

第一，家长通常基于安全和便利的角度考虑，而将孩子关在家中。而且父母无法时常陪伴孩子，即使在家，也无法时常地陪伴在孩子身边。孤独寂寞的孩子们往往因为缺少一个与自己平等沟通的对象，便将玩具当作倾诉的对象。于是玩具便不仅仅是玩具，而是一个可以用心与之交流，用情寄托的忠诚的朋友、伙伴和母亲。

但是由于众多玩具都能实现陪伴儿童和与之沟通的目标，所以虽然芭比娃娃很好地实现了这一点，但是这却不是令她从千百娃娃中脱颖而出的主要原因。

第二，由于平时的耳闻目染和孩子们天生的幻想，孩子对自己的将来常常会有一些童话般的想象，虽然自己不能实现，但是在孩子们的脑海中，玩具娃娃能代表自己，演绎心中的梦想。芭比正是通过对孩子们的这种心态的成功把握，创造了玩具界的奇迹。

那么芭比是如何成功把握这种心态的呢，我们来看一下几个事例。

1. 梦想一

20 世纪 50 ~80 年代的孩子们，大多是听着童话故事长大的，其中最有名的莫过于安徒生童话和格林童话，众多的童话故事中往往都塑造了一个公主的形象，如《白雪公主和七个小矮人》、《海的女儿》、《白天鹅》、《睡美人》……在故事中公主们美丽 、可爱、善良、备受宠爱。我们且来看几段描写：“她是值得大大的称赞的，特别是因为她非常爱那些小小的海公主——她的一些孙女。她们是六个美丽的孩子，而她们之中，那个顶小的要算是最美丽的了。她的皮肤又光又嫩，像玫瑰的花瓣，她的眼睛是蔚蓝色的，像最深的湖水。”（《海的女儿》）

“不久以后，王后果然生下了一个可爱的小公主，这个女孩的皮肤白得像雪一般，国王和王后就把她取名为‘白雪公主’。全国百姓都为白雪公主深深祝福。白雪公主在国王和王后的宠爱之下逐渐长大了，终于成了一个人见人爱的美少女。白雪公主非常善良、有爱心，她经常和动物一起玩耍。森林的动物，像小鹿、小兔子、松鼠、小鸟都喜欢接近白雪公主，因为白雪公主会给它们吃食物，还会讲故事给它们听。个性善良有如天使般的白雪公主，过着幸福快乐的生活。”（《白雪公主》）

渴望被宠爱的孩子自然而然的被这些形象给迷住了，她们也渴望成为公主，如同公主般美丽、可爱、善良、备受宠爱。而此时世界上第一个金发碧眼、头戴皇冠、身着公主服、美丽无比的芭比娃娃出现了，她正好符合了这些故事中公主的形象，随后美泰推出的王子更是丰满了芭比娃娃公主的形象。美泰借助儿童众所周知的童话故事，将符合故事中公主形象的芭比娃娃和孩子们渴求宠爱的心态连接了起来，抓住了行业本质，从而芭比获得大卖。

2. 梦想二

小时候，当我们想学着母亲轻轻地往唇上涂抹口红时，母亲会阻止我们说，当你长大就可以了；当我们听父母说着我们完全听不懂的事的时候，父母会告诉我们说，当你长大就明白了；当我们在渴望某些东西的时候，常常会听到父母的劝告说，当你长大就能得到了。向往长大，是孩子们永恒的梦想。大人的世界对孩子来说，光怪离奇，充满了神秘和不可思议。孩子们在好奇地打量着成人世界的同时，也往往会在心中勾画属于自己的成人世界。

这时女性化芭比娃娃出现了，她拥有 39 −18 −33 的魔鬼身材，一副天使般的面孔，一头金黄色的披肩长发，她曲线玲珑、优美迷人，始终保持着青春、时尚、魅力的形象。这与美国亚利桑那大学关于十全十美的少女的调查不谋而合。此外她的衣柜中放着过亿件名牌时装，她的配饰多得不计其数，拥有芭比玩偶屋，芭比赛车，芭比游船……不久，芭比的男朋友也来了，他叫“肯”。她有了一只狗、一匹马、一只熊猫、一只小狮子……而芭比也不再仅仅是公主，她是医生、警官、宇航员……她就是女人童话里的公主，是每个女人的梦想，此时也成就了孩子关于自己成长的梦。

芭比娃娃女性化的创意和设计思想打破了美国以往玩具娃娃幼儿化的传统，通过辅助场景玩具的设计和芭比故事的塑造，与孩子们日常所见所闻的成人世界的场景连接，满足了孩子们天生的“成长”的心理需要。

由于芭比娃娃成功地把握了行业本质，芭比娃娃铸造了奇迹。但是自 1997 年以来，美泰销售额不断下滑，加上强悍的竞争对手纷纷涌现，使得公司的处境雪上加霜。2000 年，芭比的全球盈利为 16 亿美元，这个数字比 1997 年的 18 亿美元少了 2 亿美元。让人不禁疑惑，美泰到底怎么了？

二、芭比娃娃的弱化

芭比娃娃能够在前几十年成为世界上最畅销的玩具是因为美泰成功地掌握了孩子们（玩家）的心态。清楚地了解了小女孩们的情感需求配合了亮丽及安全的设计和制造，让芭比轻易地成为美泰的主力盈利来源。但是，也是这种心态使得芭比娃娃在 1999 年后开始弱化。

据英国巴斯大学在 2005 年出的一份儿童心理研究报告指出，芭比娃娃在 1998 年已开始成为 7 ~11 岁儿童憎恨的对象。研究报告指出，被研究人员访问的 100 名儿童当中，大部分的孩童都曾经以摧残自己拥有的芭比娃娃来表达自己对娃娃的憎恨。研究人员也发现，这个年龄群的儿童不再把芭比娃娃当成一种沟通对象或者自己的化身。相反的，孩童们觉得芭比过分孩子气、不时髦及太过于不切实际。而在这几个理由当中，最常被听到的是过分孩子气。小女孩们觉得芭比娃娃本身代表了自己幼儿的形象，而玩芭比娃娃把自己觉得已脱离的形象与现实中的自己联系起来了。因此，这些孩童通过摧残芭比的方式来表达这种思想。

此外，孩童们不再觉得正常的芭比玩法有趣，他们反而觉得摧残芭比是一件非常酷的事情。

三、心态的变化

很明显地，芭比的弱化最大的祸根是玩家心态的变化。在巴斯大学的研究报告里也清楚地列出了在这个年龄群 12 项最常提到的话题。在这 12 项话题里，有一部分是以黑暗、暴力、色情为主。话题可以归纳出 4 个主题，分别是：音乐、动画片、玩具、电子机动游戏。

随着科技的发展，孩童可以很轻易地接触音乐、动画和电子游戏。也因为如此，和过去的儿童相比之下，现今的孩童拥有比玩具更多的玩乐选择，导致玩具不再是唯一一样占领孩童大部分时间及影响孩童心理的要素。在能够拥有先进的游戏和娱乐的现今，孩童把娃娃与幼稚、过时连接起来。因此，为了证明自己已经长大和不希望被朋友们嘲笑，孩童会以摧残娃娃来表达对娃娃的憎恨。

时下的小朋友都有很多机会接触到含有暴力和色情成分的歌曲，譬如布兰妮和 Jay －Z 所唱的歌词里都有很多不适合儿童的内容。不只是音乐，动画和电玩也充满着儿童不宜的内容。譬如电玩 GTA，游戏主题就是让玩家能够享受一切人不能在法制社会做的事。通过游戏，儿童可以做一些他们在现实世界做不到的事情，从而引出他们内在的黑暗面。当孩童大部分的时间花在音乐、动画和电玩上时，很自然地，孩童们天真无邪的心灵很容易会被接触到的内容所影响。

由此可见，孩童的心态及情感诉求，在聆听的歌曲、观看的电视节目和所玩的电玩及玩具都充斥着黑暗、暴力和色情的世界里，已经发生了巨大的改变。如今的孩童已经不再是单纯地向往拥有一个玩伴或者是把玩具当作自己的化身。也因为如此，在没有注意及掌握新一代孩童的需求下，芭比娃娃的销售情况开始恶化。相反的，也造就了另一款娃娃在美国崛起。

四、活死人娃娃的崛起

活死人娃娃（Living Dead Dolls）是在 1998 年由玩具公司 Mezco Toyz 带进美国玩具市场的。娃娃以暴力、血腥、恐怖为主题，设计仿造了死尸的模样，包装盒被设计成棺材的形态，而每一款娃娃都配有自己的死亡证书，描述娃娃生前的事迹以及死亡的原因。在推出那一年，娃娃获得热烈的反应，导致该玩具公司陆续推出更多不同款式和限量版娃娃。

在 1998～1999 年时，芭比娃娃及活死人娃娃在市场上有着截然不同的表现。为什么由一个默默无闻的玩具商生产的娃娃能够媲美一个由美泰生产、拥有 50 年历史、世界闻名的芭比娃娃呢？原因就在美泰没有掌握到孩童的心态变化（情感诉求的转变）。

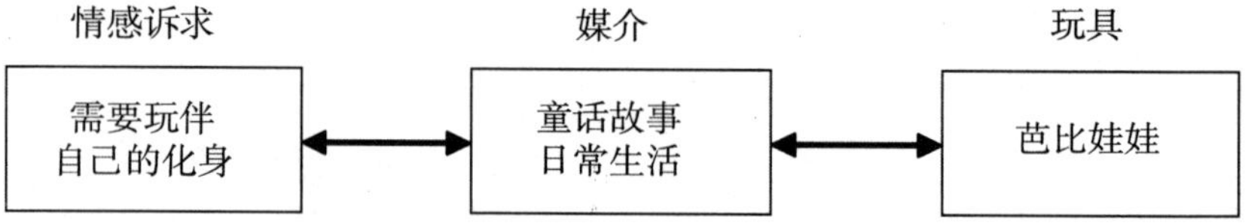

图 5－4　玩家和芭比娃娃关系示意图

相反的，生产活死人娃娃的 Mezco Toyz 掌握了这种变化，满足了消费者的要求。公司在娃娃身上的每个细节都下足了功夫以符合玩家的需要，不只娃娃本身和包装的设计像足死尸，每一款娃娃的名字都会与邪恶有关系。比如第七系列的七款娃娃分别以七宗罪命名。

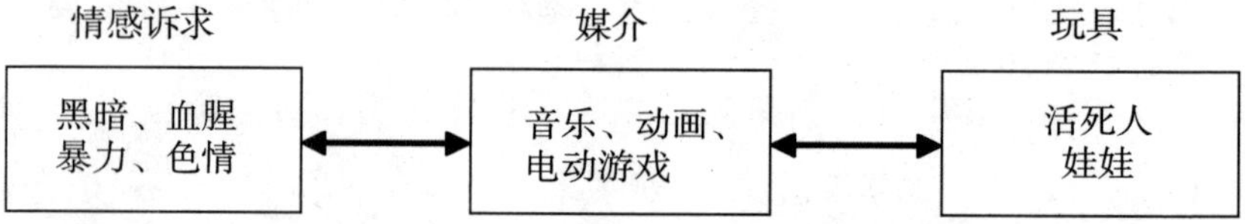

图 5－5　玩家与活死人娃娃关系示意图

第六章

软硬结合：法国 SEB 收购中国炊具业龙头苏泊尔

【本章导读】

一、炊具业：软件硬件都要硬

本章通过对炊具业的研究，归纳出了炊具市场的变化。首先，硬件在变，人们对厨具功能的要求在变；其次，软件在变，厨房地位在改变。在这样的一个变化的行业背景下，炊具企业要能长久立足就必须能够随机应变，炊具业的行业本质就是硬件软件双管齐下，配合应用。

从硬件来讲，炊具企业要通过产品设计提升炊具的功能。现代人要处理的各类事务越来越多，工作量繁重，而传统的厨房劳动繁杂而辛苦，而且日复一日年复一年，怎么才能让厨房劳动更轻松方便？炊具企业必须能够抓住硬件，就是应透过产品设计提升炊具的功能，提高工作效率，从而满足消费者期望通过更新换代的炊具来提高厨房劳动的效率，缩短劳动时间，使做家务能够更快、更容易、更轻松。概括来讲就是，炊具企业要通过炊具的功能增值，用硬件来吸引消费者。

从软件来讲，炊具企业要透过市场营销，建立起属于自己的、符合消费者期望的厨房文化。硬件是用功能增值来吸引消费者，软件则是用其塑造的厨房文化来打动消费者。人们期望厨房是轻松的、快乐的、温馨的家庭乐园。随着厨房地位的变化，炊具企业应该怎样去启动其软件呢？这就需要炊具企业去配合消费者对于厨房的期望，塑造属于自己的、能够满足消费者期望的厨房文化，通过市场营销的手段来传达这种厨房文化。简单来说就是，炊具企业要能够符合消费者对厨房的期望，彰显自己产品能够给厨房带来的乐趣，打动消费者。

并且，硬件和软件要联系起来，即要通过厨房文化来传达其产品功能。这便是炊具业的行业本质架构。作为炊具企业，是否拥有了硬件和软件，就抓住了行业本质呢？答案是否定的。单单拥有功能强大的产品和配合消费者期望的厨房文化是不够的，更重要的是硬件和软件要能够联系起来，软件要能体现出硬件优势，即将产品功能增值在厨房文化中传达出来。一味地倡导快乐温馨的厨房文化，而不将这种文化与其产品进行紧密联系，只会让消费者看到一个空洞、虚构、乏味的品牌，却不能让消费者了解其产品真正面向消费者的实际功能，不能满足消费者对厨房期望的根本。所以炊具企业不仅要拥有优势的产品，还要打造消费者所接受的厨房文化，更关键的是企业要能将两者配合运用，通过其所塑造的厨房文化最终成功地向消费者展示其产品强大的功能。

二、法国 SEB 收购中国炊具业龙头苏泊尔

我们用了四个案例来具体分析炊具业行业本质架构。其中包括成功抓住行业本质的炊具企业案例——法国 SEB；失败案例——沈阳双喜；2007 炊具业最瞩目的外资并购案的收购方——法国 SEB 在中国；以及被收购方——中国苏泊尔。通过这四个案例分析，我们不仅能够更加清晰地了解炊具业的行业本质，而且运用行业本质观点分析 2007 年法国 SEB 并购苏泊尔案的并购双方，我们也更加清楚地了解了这起并购案。

法国 SEB 在中国，拥有先进的产品设计，却没有建立起为中国消费者所接受的厨房文化，产品优势无法通过厨房文化向消费者传达，使得其优良的产品在中国市场无用武之地，最终无法占领市场，销售额一直在低位游走；苏泊尔在中国建立起了广为人知的“爱的厨房”文化。这样看来，有了 SEB 的硬件，有了苏泊尔的软件，再加上 SEB 联系硬件软件的能力，法国 SEB 并购中国苏泊尔就成功规避了 SEB 的短板，为 SEB 占领中国市场奠定了坚实的基础。

三、大树底下无丰草：6家炊具企业反对法国 SEB 收购苏泊尔

法国 SEB 看中的是苏泊尔在中国本土市场所打造的厨具品牌和为消费者所欣赏的厨房文化，借着苏泊尔的软件优势，在中国重新启动其硬件——上百种的各类炊具。而这样的结合，无疑是对中国炊具行业的一次巨大冲击。苏泊尔背靠着 SEB 的大树，有硬件，有软件，这无疑对其他炊具企业造成了巨大威胁。2007 年 8 月，在并购进行得如火如荼之际，包括爱仕达在内的 6 家炊具企业联合发出一份《关于反对法国 SEB 集团绝对控股苏泊尔的紧急联合声明》，公开反对法国 SEB 收购苏泊尔。

自2007年12月并购以来，我们从法国SEB的年报中看到，并购之后，在法国SEB控制下，苏泊尔新开启了越南生产基地，生产效率提高约20%；苏泊尔引进了加温红心不粘锅、搅拌机等SEB优势产品；另外，SEB帮助苏泊尔新开了400多家生活馆用来演示推广其产品功能，为苏泊尔设计了新的商标……

我们可以看到，SEB并购苏泊尔之后，硬件软件两手抓，雄心勃勃，希望成为炊具业霸主，只是此时的苏泊尔还是当年的那个苏泊尔吗？

第一节　炊具业：软件硬件都要硬

【本节导读】

你会赫然发现，不知从何时起，中国家庭的厨房早已不是那个只有一口锅，满是刷不净的油烟，母亲整日弯腰辛苦忙碌的小黑屋。取而代之的形容词是简单、明亮、时尚、方便、充满欢声笑语，厨房变了，或者说是人们对厨房、对炊具的要求变了。

变化的本质是消费者要求和体验的变化。在炊具这个传统市场，炊具行业企业要能够立足，制胜的关键是什么？关键就是必须抓住炊具业行业本质。什么是炊具业的行业本质呢？一句话，就是硬件、软件要配合运用，而应对这个变化最好的方法便是随机应变。

所谓硬件的变化，就是要求炊具企业透过产品设计提升炊具的功能，提高工作效率，从而满足消费者期望通过更新换代的炊具来提高厨房劳动的效率，缩短劳动时间，使做家务能够更快、更容易、更轻松。

而软件的变化，则是用其塑造的厨房文化来打动消费者，把厨房变成轻松的、快乐的、温馨的家庭乐园。

更重要的是，硬件软件要联系起来。软件要能体现出硬件优势，炊具企业不仅要拥有优势的产品，还要打造消费者所接受的厨房文化，更关键的是企业要能将两者配合运用（见图6-1）。

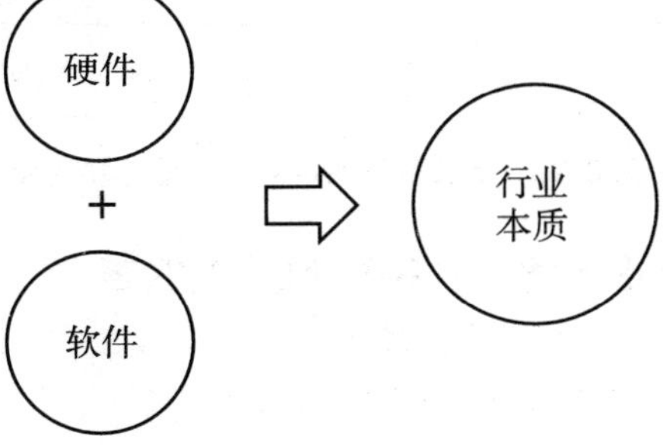

图6-1　炊具业行业本质元素组成

一、炊具业行业本质一：硬件

如今人们对于炊具功能要求在改变。一天只有24小时，现代人要处理的事物越来越多，工作量繁重，而传统的厨房劳动繁杂而辛苦，而且日复一日年复一年，怎么才能让厨房劳动更轻松方便？炊具企业必须能够抓住硬件，怎么做呢？炊具企业应透过产品设计提升炊具的功能，提高工作效率（见图6－2）。从而满足消费者想通过更新换代的炊具来提高厨房劳动的效率、缩短劳动时间的愿望，使做家务能够更快、更容易、更轻松。概括来讲就是，炊具企业要通过炊具的功能增值，用硬件来吸引消费者。

二、炊具业行业本质二：软件

硬件是用功能增值来吸引消费者，软件则是用其塑造的厨房文化来打动消费者。在第一部分中，我们把厨房在人们心目中地位的提升归为软件变。在旧式厨房文化中，下厨常常被人们当做是解决三餐的例行公事，过程枯燥而麻烦。而这种认识随着软件变而改变，人们期望厨房是轻松的、快乐的、温馨的家庭乐园。随着厨房地位的变化，炊具企业应该怎样去启动其软件呢？这就需要炊具企业去配合消费者对于厨房的期望塑造属于自己的、能够满足消费者期望的厨房文化，通过市场营销的手段来传达这种厨房文化。简单来说就是，让消费者看到其品牌的产品就能感觉到厨房是温馨、快乐、轻松、自在的，能感觉到这就是他们想要的厨房。总的来说，炊具企业要能够符合消费者对厨房的期望，彰显自己产品能够给厨房带来的乐趣，打动消费者。

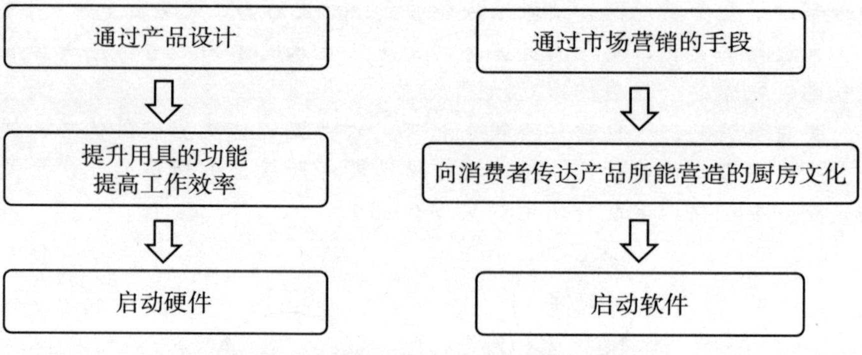

图6－2　炊具业行业本质——硬件和软件

三、炊具业行业本质三：硬件软件相联系

作为炊具企业，是否拥有了硬件和软件，就抓住了行业本质呢？答案是否定的。单单拥有功能强大的产品和符合消费者期望的厨房文化是不够

的，更重要的是硬件和软件要能够联系起来，软件要能体现出硬件优势，即将产品功能在厨房文化中传达出来（如图6－3）。一味地倡导快乐、温馨的厨房文化，而不将这种文化与其产品进行紧密联系，只会让消费者看到一个空洞、虚构、乏味的品牌。所以炊具企业不仅要拥有优势的产品，还要打造消费者所接受的厨房文化，更关键的是企业要能将两者配合运用，通过其所塑造的厨房文化最终成功地向消费者展示其产品强大的功能。

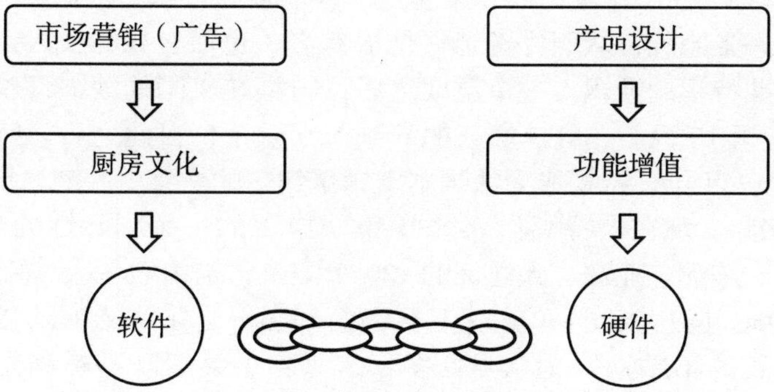

图6－3　炊具业行业本质架构

第二节　成功案例分析：SEB旗下国际品牌法国特福

【本节导读】

法国特福从一个小小的本土品牌，发展到风行全球的国际品牌，其中的秘诀是什么？

法国特福的成功就是因为它把握住了行业本质——变！在上一节，我们提过整个厨房文化以及厨房地位都在变。经济发展和生活水平的提高使人们要求更大的生活空间，更有效率的生活。

以上这些就带来了硬件变——炊具功能的提高。唯有抓到这个根本，才是成功的第一步！要实现这个目标，关键就在产品设计！

硬件变也要有软件变的配合，一个成功的炊具企业一定要配合到这个变化，使人们一看到这个品牌，就有情感的联想！而且，这个软件也是表现硬件功能的平台，将硬件带来的好处彰显出来。建立一个好的软件平台，就是要做好市场营销！

以上所说的变化，在发展比较快速和社会文化比较开放的西方社会出现得比较早。因此，像法国特福这些西方品牌，他们要成功，就要在多年前就发觉这些“变”，从而做出硬件和软件的变化。

特福通过具创意的产品设计，发展出省时省力省心的产品，满足消费者的要求。通过市场营销，发扬快乐的厨房文化。同时，特福通过软件平台，将省时省力省心的优势表现出来，宣扬特福能够带来简单生活。

一、法国特福简介

法国特福创立于1956年，到今天已经有超过50年历史。说到特福的成功，就得从1961年美国纽约发生的一件事讲起。那一年，美国的一本杂志刊登了一张照片，从照片看到一个很有名、也很有钱的女人，在梅西百货公司选购特福的炒锅。一个星期之后，特福在美国的炒锅订单就急升到7 500个！再10天后，订单疯狂飙升到100万个！自此之后，特福就声名鹊起。到1968年，特福成为法国本土销量第一的炊具生产商，销售额达到4 900万法郎。现在，特福作为SEB集团旗下的一个国际性的炊具品牌，销往欧洲、美洲、亚洲、大洋洲的120个国家，销售额高达几亿欧元。

从1956年开始，特福就以不粘锅而闻名。当年，特福以“特福的不粘锅是真正的不粘锅”为口号。多年来，除了继续以不粘锅作为招牌之外，也设计并生产了各种各样具创意的炊具及小家电。当中包括不锈钢锅、电蒸锅、电饭煲、电水壶、咖啡机、搅拌机、熨斗等等。全面的产品类型满足了家居生活不同方面的需要。

SEB将特福定位为中低端市场的品牌，一口不粘锅大概只要50欧元就可以买到，所以一个普通的家庭都可以负担。也因为它是中低端的品牌，特福不走高贵的路线，而给人一种有活力、有生气的感觉，为厨房带来轻松、欢乐的气氛。

法国特福从一个小小的本土品牌，发展到风行全球的国际品牌，其中的秘诀是什么？下面我们会详细分析法国特福的成功之道——牢牢地抓住了炊具业的行业本质！

二、法国特福的成功之道

法国特福的成功就是因为他们把握到行业本质——变！在上一节，我们提过整个厨房文化以及厨房地位都在变。第二次世界大战之后，城市人口不断增加，人们生活变得越来越忙碌，生活节奏也变得很急速，大家都希望可以更有效地做好事情，甚至于用更少时间做更多的事情。加上，随着教育越来越普及，女性可以得到同样的受教育机会，社会地位比以前大大提高。她们不再甘于做家庭主妇。相反，她们都想有自己的事业。当然，实际的经济需要也是她们工作的原因，因为单靠丈夫一人未必够糊口。然而，家务不会因此减少！还是要有人处理各种家务。因此，更有效率地做事变得更重要！

此外，因为经济发展和生活水平的提高，人们要求更大的生活空间。譬如说，人们希望在忙碌的工作后，跟家人或朋友好好地轻松一下。对于家庭主妇，尽管她们全职料理家事，她们也想多一点时间去逛街、美容、睡个午觉等等。说到底，这些娱乐也需要花时间才成。时间从哪儿来？就是靠节省既定功夫所花的时间。不但如此，近年来，人们对于健康生活越来越重视，避免一些长期或致命的疾病，例如糖尿病、高血压、癌症等。因此，饮食要求也大大地提高了。

以上这些就带来了硬件变——炊具功能的提高。唯有抓到这个根本，才是成功的第一步！要实现这个目标，关键就在产品设计！

硬件变也要有软件变的配合。厨房不再是一个充满油烟、令人辛劳痛苦的地方。反而，人们发觉厨房是一个带来欢乐、分享爱的一个地方。一个成功的炊具企业一定要配合这个变化，使人们一看到这个品牌，就有情感的联想！而且，这个软件也是表现硬件功能的平台，将硬件带来的好处彰显出来。建立一个好的软件平台，就是要做好市场营销。

以上所说的变化，在发展比较快速和社会文化比较开放的西方社会出现得比较早。因此，像法国特福这些西方品牌，他们要成功，就要在多年前就发觉这些“变”，从而做出硬件和软件的变化。

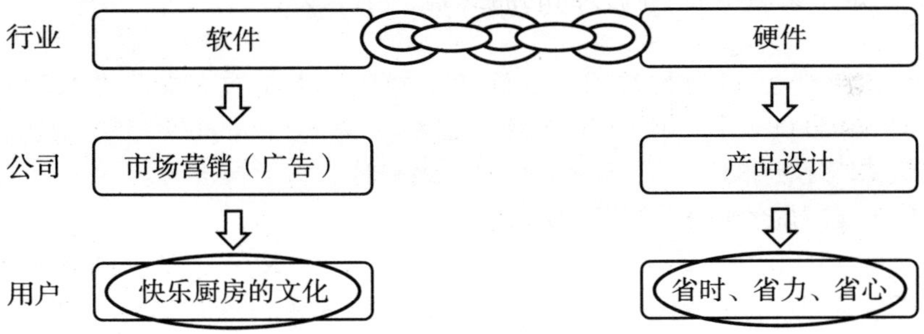

图6－4　炊具业行业本质——法国特福

特福怎样抓住行业本质的？从图6－4可以简略说明。特福通过具有创意的产品设计，发展出省时、省力、省心的产品，满足消费者的需求。同时，通过市场营销（主要是广告宣传），发扬快乐厨房的文化。同时，特福通过软件平台（广告），将省时、省力、省心的优势表现出来，宣扬特福能够带来简单的生活。

其实，特福最新的口号“少不了的好主意”（Ideas you can't live without）也隐隐带出了他们求变的经营理念。没有创意，哪有好主意？没有好主意，哪有变？在以下段落，我们会分硬件和软件两方面，通过不同的例子，来说明特福是怎么抓住这两方面的。

1. 法国特福的硬件建设

特福每一年花数千万欧元在产品设计上，使大众可以更省时、省力、省心。

（1）省时之例——3 秒超快热水器

相信我们每个人都烧过热水，都尝过焦急地等水烧开的滋味。对于很多上班人士来讲，早上上班前都想喝一杯暖暖的咖啡。但早上总是要赶时间准备出门，哪有空慢慢等水烧开泡咖啡？特福注意到传统热水器烧水太慢的问题，在 2006 年推出了一款可以 3 秒钟烧好水的热水器。

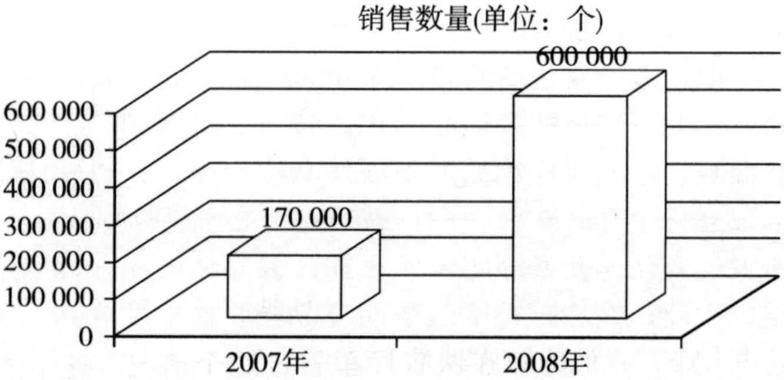

图 6－5　3 秒超快热水器销售数量

从图 6 －5 可以清楚看出，这款热水器在推出之后大受欢迎。2007 年全年卖了 170 000 个，到了 2008 年，已经卖了大约 600 000 个。销售地区更是从法国本土推广到了英国、德国、比利时、荷兰等地区。①

（2）省力之例——超顺滑熨斗

我们可能以为，熨衣服不用很大的力气。如果只是熨一两件衣服的话，相信这是对的。但是，对于一个家庭主妇来讲，这句话就是错了！为什么？因为主妇们要为全家每一位熨衣服。假如一家四口，每个家庭成员每天有一件衣服和一条裤子或裙子要熨，那已经有 8 件了！用的力可不少啊！还不要忘记，除了熨衣服，主妇们还要干这儿干那儿，不累才怪。特福的“求变”就在这些问题当中表现出来。特福竟然想到将不粘锅的原理用在熨斗上！这个原理简单来说，就是利用能够使表面顺滑的搪瓷（本来是用在不粘锅上面的），涂在熨斗上面，减少熨斗跟衣服之间的摩擦力，

① 资料来源：“2007 Annual results” Groupe SEB，2008 年 2 月 20 日，http：//www.groupeseb.com/UploadFiles/publications/1176/SEB%20SFAF%2013_ 02_ 08 – A.pdf.V3.aspx >。

熨衣服时更顺滑。① 相信生产不粘锅的公司都知道搪瓷在不粘锅上的用途，但将这技术用在熨斗上，特福是始创者。

（3）省心之例——加温红心不粘锅

如果我们平时有做菜的习惯，会发觉煎肉排是一件很不容易的事情。要把肉排煎得不老，温度是关键！这个温度不单单指烹调时的火力控制，而是包括锅子的预热温度。假如在锅子还没有热到一定程度就放肉排下去，就会煎得不好。但是，怎么可以知道锅子的温度呢？从前实在没有什么切实的办法，只能靠经验。没有经验，就从失败中吸取教训吧！法国特福告诉我们，烹饪不用这么劳心，没有经验的人也可以弄一道好菜！2000年，特福发明了“加温红心”技术，这是在锅面中心的标志。当锅子烧到理想温度时，鲜红色的红心会变成深红色，人们就知道这是放肉下去的时候了。这技术是特福的专利，将特福这个锅子专家的形象带到了一个新的高度。现在，特福已经将套用了“加温红心”的锅子销售到世界各地，成为特福的标记。

（4）省心之例二——省油炒锅

油是做菜不可或缺的东西。然而，近年来大家都关注吃太多油所带来的毛病，例如肥胖、高胆固醇、高血压等。健康饮食一定有少油这一项。不幸的是，好吃的东西都需要很多油来弄。就以炸薯条为例，一盘炸薯条就要用一锅油来炸，我们应该在快餐厅里看过这个情况。这个矛盾可以解决吗？特福于2006年推出省油炒锅，解决了这个问题。利用这个炒锅，炸一锅薯条只要一汤匙油，告别“油浸”的时代，好吃又健康！

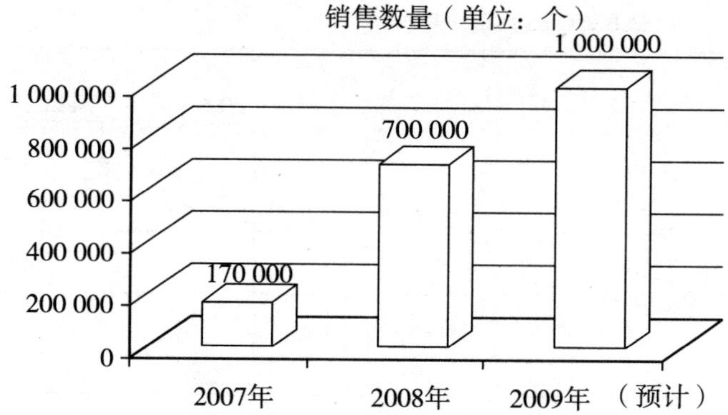

图6-6 法国特福省油炒锅销售数量

① 资料来源：Emmanuel Metais，“SEB Group：Building a Subversive Strategy”，Business Strategy Review，11.4（2000）：39-47。

从图6－6，可以看到这款炒锅在2008年卖了700 000万个，比2007年超出4倍。现在已经在超过11个国家售卖。

看过以上的例子，我们就会明白特福的成功，其中一个主因就是“求变”！经过多年，特福已经发展出很多产品，但他们不满足于此。在不粘锅上加上测温功能；在炒锅加上省油功能；在热水器加上快速功能。其实，特福的创意不限于以上几个例子，还有简易加水熨斗、易储藏不粘锅（锅柄可以拆下来）、维生素蒸锅（不会破坏食物的维生素）……

从图6－7、图6－8可以看出SEB对产品研发的重视：

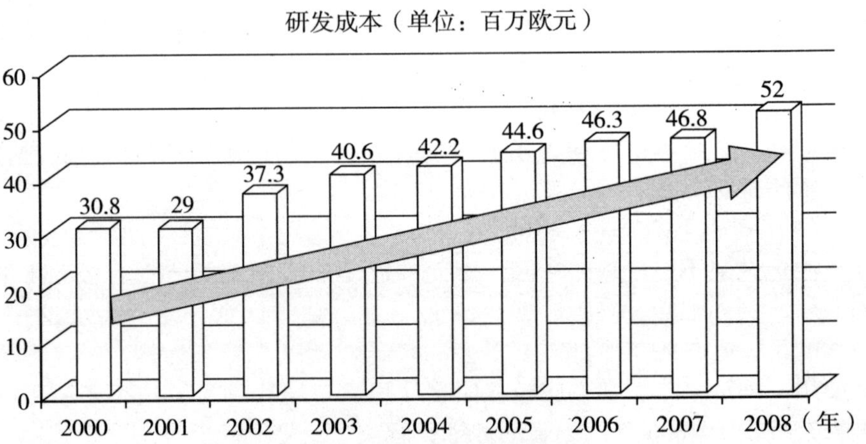

图6－7　SEB产品研发成本

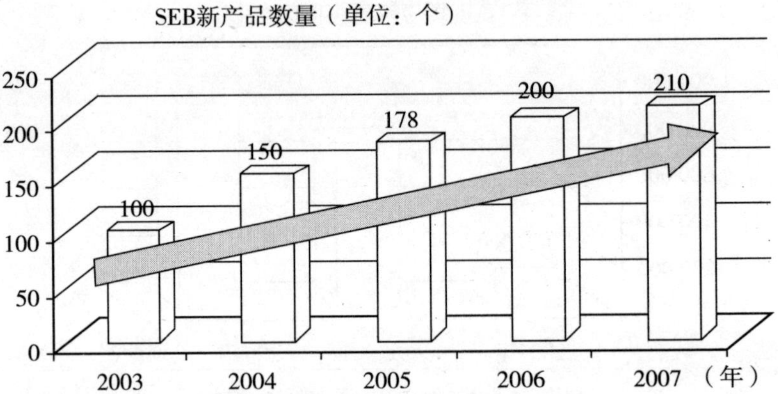

图6－8　SEB新产品数量

我们发现，SEB在过去多年对产品研发的投入一直在增加。到2008年，更超过5 200万欧元。不断地投入，当然带来成果。SEB的新产品数量从2003年的100个，大幅上升到2007年的210个。由于SEB对于旗下不同品牌采用技术共享的研发策略，因此，SEB整个集团的研发成果就等于特福的成果。

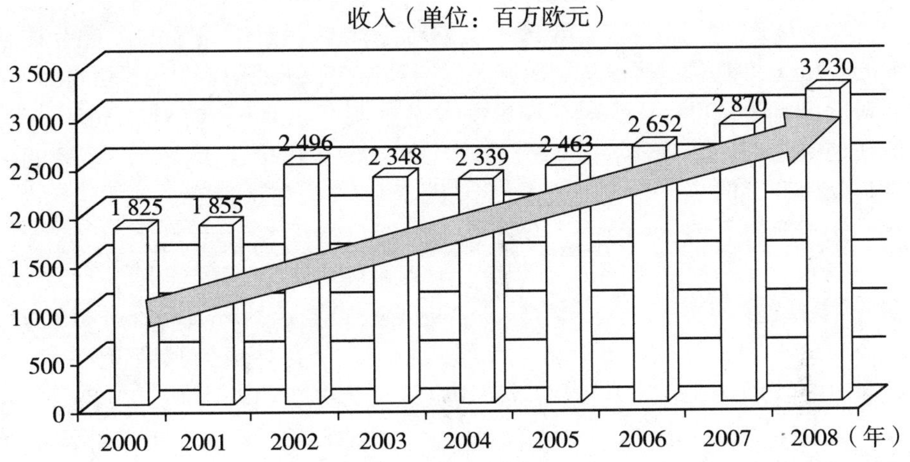

图6－9　SEB销售收入

图6－9显示SEB过去多年收入都呈上升势头，这跟它产品研发投入成正相关。虽然收入成长跟很多因素有关，但从几个图综合来看，产品研发是炊具公司的关键所在。

分析完特福的“硬件变”，接下来我们一起看特福的软件建设。

2. 法国特福的软件建设

特福的软件主要是通过广告和代言人来建立，当中有两个目的。第一是将硬件省时省力省心的优点表现出来，让人们认知道特福带来简单生活；第二是改变厨房文化，将厨房塑造成为一个能为人带来快乐的地方，使人将特福和快乐联系起来。

下面我们会从“简单生活”和“快乐厨房”两个方面来分析。

（1）特福与“简单生活”的联系

特福过去制作了一个个很富创意的广告。特福出色的地方就是从来不硬销自己的产品，取而代之的是，通过夸张、幽默、生动的手法来突出简单生活的概念。

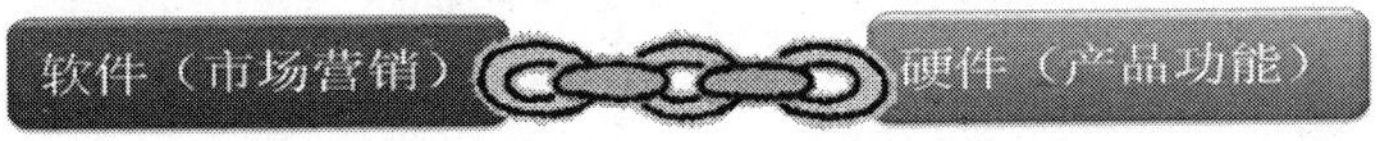

图6－10　省时、省心、省力与简单生活连接

图 6 -10 可以总结到，要将硬件和软件连接在一起才会成功。如果特福有很好的产品功能，但没有软件平台突出当中的功能优势，或是软件平台不能有效地反映出产品的实力，特福就不会有今天的成功。

（2）特福等于“快乐厨房”

“厨房不再枯燥”这个观念的建立对于炊具业是很重要的。唯有在功能的基础上添加情感元素，才可以为炊具业带来新的方向和发展。特福也深谙此理，于 2006 年与英国名厨杰米·奥利弗（Jamie Oliver）合作，让他在他的烹饪节目中用特福的产品。此外，特福也推出了一个新系列的厨具，以奥利弗的名字命名。是什么原因促使特福要选择和奥利弗合作呢？我们先了解奥利弗这个人，了解过后就会明白特福的用意。

杰米·奥利弗是英国人，因读写障碍未能在主流学校毕业。所以，他在 16 岁就进入了西门寺饮食学院，并在伦敦的主厨 Gennaro Contaldo 身边工作了七年。1996 年，他被电视制作人看中，被打造成为明星厨师。1998 年播出的《原味主厨》（*The Naked Chef*）广受欢迎。2001 年更在英国、澳大利亚、新西兰作巡回现场演出，在舞台上现场烹饪食物。2003 年获颁英帝国员佐勋章（MBE）。

他的烹饪节目都是反传统的。传统的烹饪节目都是一本正经地做菜，但奥利弗则在厨房里蹦蹦跳跳，一边做菜一边说笑。你看他的节目，不单学会做菜，还可以轻松一番。慢慢的，你会觉得做菜不是一件痛苦的事情，而是充满欢乐的。这种突破传统的烹饪风格就是“变”，郁闷厨房变成快乐厨房，提高了厨房在家庭里的地位！特福就是看中奥利弗幽默风趣的性格，找他当特福的代言人，在他的节目里用特福厨具，使观众见到特福厨具就想到奥利弗，见到奥利弗就想到特福厨具。他的节目又在美国 ABC 电视台播放，44% 看过他节目的人，可以指出特福跟奥利弗的联系。从中看到，特福不单是一个厨具品牌，而且还是一个带给人快乐的品牌。

看过他的节目的人，虽然对于快乐厨房有一定的概念，但特福怎样可以更加将这概念与自己品牌联系起来了？原来，特福除了将旗下产品放到奥利弗的节目中去，还特别设计了一套以奥利弗命名的厨具——杰米·奥利弗专业系列（The Jamie Oliver Professional Series）。人们不再虚无地透过电视机来感受快乐厨房，而是可以买特福的奥利弗系列厨具，将自己的厨房变为快乐厨房。能够让消费者亲身感受到特福跟快乐的联系，是打造品牌形象很重要的一步！

第三节　失败案例分析：中国炊具业鼻祖沈阳双喜

【本节导读】

沈阳双喜是中国最早的炊具生产企业之一，作为制造出中国第一口压力锅的企业，20世纪50~80年代，它在中国炊具市场叱咤风云。

如今，我们在炊具业年销量前10的品牌中早已看不见双喜的踪影了，就连其最核心、最引以为豪的压力锅的市场份额也一路下滑，原因何在呢？沈阳双喜的失败原因可以归结为两个字——不变。一是硬件“不变”，硬件的“不变”是双喜失败的主要原因，而另一原因便是其落伍的软件。双喜的“同一个双喜”的古旧文化早已不适用了，这使得它不仅渐渐失去了老顾客，更无法吸引年轻人，曾经的巨星双喜早已过气了。老品牌变成了无品牌，在不断变化的炊具市场中根本无力竞争。

一、沈阳双喜简介

沈阳双喜是中国最早的炊具生产企业之一，作为制造出中国第一口压力锅的企业，它在20世纪50~80年代的中国炊具市场叱咤风云。20世纪80年代末期，双喜在压力锅市场的市场份额超过了70%，就连如今鼎鼎大名的苏泊尔当初也只是它的小小贴牌生产商，可以说双喜曾经是中国炊具业中的雄鹰。

而如今呢？我们在炊具业年销量前10的品牌中早已看不见双喜的踪影了，就连其最核心、最引以为豪的压力锅的市场份额也一路下滑，曾经炊具市场的雄鹰沦落成了如今的一只小小鸟，原因何在呢？

在下面的部分里，我们将用行业本质架构对其作具体分析。

二、不变的沈阳双喜

沈阳双喜的失败原因可以归结为两个字——不变。在上节里，我们分析了炊具企业在这个不断变化的行业中立足必须要懂得“变”：硬件变和软件变。而沈阳双喜输就输在了“不变”二字上。

1．硬件不变

20世纪80年代，沈阳双喜在压力锅市场称王称霸。然而，市场上的压力锅存在严重的安全问题，每年压力锅爆炸伤人事件时常发生。一方面，消费者对能节省时间、节省能源的压力锅分外渴求，而另一方面，压力锅的安全问题也成为了主要考虑，消费者需要安全的压力锅。可以说，抓住了安全这一点，便可以抓住当时的市场。后来的炊具业龙头苏泊尔正是这样“变”了，在1994年国家出台压力锅安全新标准之前，苏泊尔早已开始研发符合新标准的压力锅，通过技术改良，大大降低了压力锅的爆炸隐患。然而我们的老沈阳双喜是“不变”的，直到新标准出台之后，双喜依旧生产着不安全的老式压力锅。结局便是，安全的苏泊尔在1995年一年内便卖出了400万口压力锅，由此，双喜的市场份额大幅下降，从1995～2000年，双喜的压力锅市场份额由75%跌至17%，可以说双喜是将自己的市场在“不变”中拱手让人的。

在随后的数年里，沈阳双喜也并未真正吸取教训。当其他炊具生产企业如苏泊尔、爱仕达等争相推出新产品，以不断更新换代的功能来扩大销售额时，当然沈阳双喜也“动”了，然而，它真的“变”了吗？观察其近些年的产品系列，我们很容易发现，沈阳双喜的“变”是不具增值的，从无手把压力锅到有手把，从铁的电饭煲到不锈钢电饭煲，沈阳双喜的产品更新仅局限于外观设计的小小改变和材料运用的替代。其产品系列单一、功能落伍，完全不具优势。

硬件的“不变”是双喜失败的主要原因，而另一原因便是其落伍的软件。

2. 不变的软件

打造厨房文化可以帮助炊具企业向消费者宣传其产品。在其他品牌努力使自己变得创新、时尚、快乐、活跃，从而配合消费者对厨房的期望时，双喜特立独行，打出的是“亿万个家庭，同一个双喜”，试图打老品牌来守住老顾客。然而，世界在变，中国在变，亿万人穿同一颜色的衣服，看同一部电影，用同样的锅，买同一个双喜的20世纪80年代早已一去不复返了，双喜的“同一个双喜”的古旧文化早已不适用了。这使得它不仅渐渐失去了老顾客，更无法吸引年轻人，曾经的巨星双喜早已过气了。老品牌变成了无品牌，在不断变化的炊具市场中根本没有竞争力。

第四节　收购方分析：法国SEB在中国

【本节导读】

上面我们曾以法国SEB旗下品牌特福的成功，来论证炊具业的行业本质。具有讽刺意味的是，我们可以同样用SEB在中国的失败来反面论证我们所提出的行业本质。

法国SEB进入中国市场的历史可以追溯到1996年。经历过合资，独自发展，直到2007年成功收购苏泊尔。2001年，SEB曾直接将旗下的特福和好运达两个品牌引进中国。然而，从2002～2006年，SEB一直停滞不前，好像水土不服一样。

是什么原因造成这个情况呢？其实，SEB在中国并没有抓到行业本质。特福的技术是没问题的，福特在中国失败的原因，在于没有做好软件，导致人们不清楚特福产品的功能优势。这情况就像有一部性能很好的电脑，但没有驱动程序去激活。另外，没有完善的软件，特福的厨房文化也不能在中国彰显出来。

一、法国 SEB 在中国的业务简介

法国 SEB 进入中国市场的历史可以追溯到 1996 年。那个时候，还不是直接将自己的品牌带到中国来。他们进入中国的方法是与国内的上海电熨斗总厂战略合作，合资组建上海赛博电器公司。SEB 出资 60%，中方则出资 40%。然而，合作后，公司年年亏损。到了 1999 年，中方无法承受巨额亏损而退出合资公司。① SEB 从此独自在中国发展，直到 2007 年成功收购苏泊尔。

经过一年多的重整，SEB 在 2001 年直接将旗下的特福和好运达两个品牌引进中国。然而，从 2002～2006 年，SEB 一直停滞不前，好像水土不服一样。

SEB 在 2002 年的盈利是 4 600 万欧元②，到了 2006 年，盈利下跌到 3 800 万欧元。③ 相反，中国厨具龙头苏泊尔在同期的盈利上升了差不多三倍！④ 从这个比较可见，SEB 在中国的表现真是不尽如人意。就连 SEB 亚太区营销总裁罗培佳先生也在上海举行的熨斗发布会上自嘲："你可能不知道我们。在中国，关于小家电你只知道飞利浦、松下这些品牌。"

是什么原因造成的这个情况呢？其实，SEB 在中国并没有抓到行业本质。

二、SEB 中国的失败原因

在硬件方面，SEB 中国是没有问题的，因为 SEB 在中国销售的产品跟在外国销售的产品是一样的。在上文，我们分析过文化生活的改变。其实，自从中国改革开放之后，经济发展快速，特别是最近几年的增长，所以中国也在经历这种文化改变。大家都因忙碌生活及追求生活空间而要求炊具功能提升，所以 SEB 已发展的产品符合中国市场需要。因此，SEB 中国的失败并不是因为硬件造成的。

---

① 资料来源：夏金彪，中方伙伴自揭合资伤疤力阻赛博并购苏泊尔，中国经济时报，2006 年 9 月 12 日。

② 资料来源：小家电乱世谁是英雄？精品资料，2007 年 2 月 6 日，http://cnshu.cn/info/jdhy/89070.shtml。

③ 资料来源：苏泊尔（002032）：收购百年老店 SEB 集团，波浪在线，2008 年 3 月 29 日，http://www.51doit.com/article/sort05/stockinfo-3852.html。

④ 资料来源：2002 年及 2006 年苏泊尔年度报告。

那如果不是硬件问题，那就是软件的问题了。SEB 中国没有做好软件，导致人们不清楚 SEB 产品的功能优势。这种情况就像有一部性能很好的电脑，但没有驱动程序去激活。另外，没有完善的软件，SEB 的厨房文化也不能在中国彰显出来。SEB 的软件有下面几个问题：

1. 次数少、范围小的电视广告

从 SEB 进入中国，到收购苏泊尔之前，多年来都只是做了一次广告！那个广告是在 2003 年播放的，用来推销旗下的电熨斗。SEB 在这次的推销中花费了 1 500 万人民币。① 以一次广告的投入来讲，投入金额也不算少。然而，对于进入中国多年的 SEB 来讲，只有一次广告的投入，实在不可能让人知道 SEB 的产品和品牌形象。还有，这唯一一次的广告，只在三个城市播放——北京、上海、广州。② 虽然这三个城市较发达，但消费者数目毕竟有限。范围小的广告推销，自然效果不大。

2. 被动的营销渠道

SEB 中国与他强大竞争对手飞利浦的渠道开发上的差距至少有两至三年。直到 2004 年，SEB 还没有全面进入电器连锁店或国内其他连锁卖场。在全国主要重点城市的商场，飞利浦的覆盖率达到 90%，但 SEB 只有 30% ③。除此之外，每一年只有总共数百万人民币投入在八个城市的店内促销及店面布置上。一方面，每一个省只分到数十万元，投入金额实在太少；另一方面，这两个推销方法都太被动了。如果人们不走进店内，根本收不到推销的效果。

3. 多品牌策略的弊病

法国 SEB 一直实行多品牌策略（如图 6 -11）。它旗下有十多个品牌，有一些是国际性的，有一些是地方品牌。当 SEB 要打中国市场时，在同一时间将两个国际性品牌带进来——特福和好运达。多品牌策略的好处是可以更细致地做品牌定位，突出每一个品牌的特点。然而，多品牌策略有它的弊病，就是要投放资源在不同品牌的推广，使资源分散。SEB 同时引进两个品牌，需要双倍的营销成本。在 SEB 中国市场本来已经缺乏资源的情况下，两个品牌更加分薄资源。结果是，消费者对于两个品牌的产品功能以至形象都不清晰。因此，多品牌策略是 SEB 进入中国后业务不成功的一个主要原因。

---

① 资料来源：赛博的中国烦恼："螺蛳壳里怎么做道场"，企业信息化联盟，http：//www.226e.net/article/22/Article2281_ 1.htm。

② 同上。

③ 资料来源：小家电乱世谁是英雄？精品资料，2007 年 2 月 6 日，http：//cnshu.cn/info/jdhy/89070.shtml。

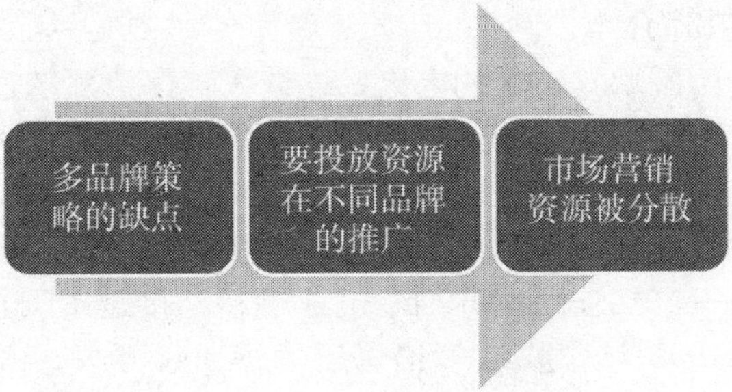

图 6－11　多品牌策略的缺点

让我们以飞利浦作一个对比，飞利浦运用相反的策略——单品牌策略。他们所有产品都是用飞利浦这个名字去销售。所以，他们可以集中资源去打品牌形象的广告，加深消费者对飞利浦的认识。这些投入可以辐射到所有产品。故此，不少人都知道飞利浦的口号“让我们做得更好”（Let's make things better）。

飞利浦在 2002～2006 的小家电销售额涨了 30%，比起 SEB 的成绩好得多。这实在跟他们的营销策略有关系。甚至 SEB 中国区营销总监汤先生也说：“SEB 知名度低跟我们的产品品牌策略不无关系。”

第五节　被收购方分析：中国炊具业龙头苏泊尔

【本节导读】

苏泊尔作为中国炊具市场的老大，连续 8 年保持了超过 30% 的高速增长。苏泊尔能够成为龙头，是因为它注意到国内炊具品牌的质量不过关、功能简单，未能解决做家务的困难等问题，通过新颖的产品功能设计吸引了大量消费者。另外，苏泊尔打出的口号是“创意厨房好生活”。对于家庭主妇来说，能够简单轻松地去做家务就是好生活。从硬件来讲，苏泊尔抓住了国内炊具产品功能质量无法满足消费者变化的需求，通过功能创意和改善质量来，务求令其产品做到简单、健康、安全。另外，在软件方面，苏泊尔大力打造了“爱的厨房”的品牌文化，从而塑造了一个中国百姓心中期望的厨房。

但苏泊尔背后的技术问题仍然不是完全过关的，这限制了它自身的发展，这就是为什么苏泊尔会爆发产品质量问题的特富龙事件，功能增值问题的陶晶技术骗局。

一、苏泊尔简介

苏泊尔作为中国炊具市场的老大，连续8年保持了超过30%的高速增长。其强势产品电磁炉和电饭煲稳居全国第二，而压力锅更高居全国第一。正如我们在沈阳双喜的案例里面看到，20世纪90年代初，苏泊尔率先研发生产了“安全压力锅”，通过这一“变”解决了消费者对于压力锅的安全顾虑，这一产品让民企苏泊尔迅速崛起，接过了国企双喜拱手相让的压力锅市场。1996年，苏泊尔销售压力锅400万只，占40%的市场份额。这样一路发展下来，苏泊尔能够成为龙头，是因为它注意到国内炊具品牌的质量不过关、功能简单，未能解决做家务的困难等问题，通过新颖的产品功能设计吸引了大量消费者。另外，苏泊尔打出的口号是“创意厨房好生活”。对于家庭主妇来说，能够简单轻松地去做家务就是好生活。她们要求的是高质量、功能上富创意的炊具，让他们可以简单而又安全地做出健康的饭菜，减轻她们在沉闷的家务方面的负担。从硬件来讲，苏泊尔抓住了国内炊具产品功能质量无法满足消费者变化的需求的契机，通过功能创意和改善质量使其产品做到简单、健康、安全。另外，在软件方面，苏泊尔大力打造了“爱的厨房”的品牌文化，从而塑造了一个中国百姓心中期望的厨房。

在这里，先来透过三个例子看看苏泊尔在硬件方面是怎样做到简单、健康、安全，接着看看其软件是怎样体现“爱的厨房”这种文化。

二、看似完美的苏泊尔

1. 苏泊尔的硬件建设

对比其竞争者，苏泊尔的一个重要优势便是能够不断地推出各种新功能的产品。通过与各高校的合作，苏泊尔吸取新技术运用于其产品，创新的产品设计，使得苏泊尔能迅速推出各类新功能产品，改善旧式炊具的问题，用硬件来吸引消费者。下面我们将通过三个例子来看看苏泊尔怎样通过产品设计来建设其硬件。

（1）简单烹饪之例：“聪明火”智能烹饪法

聪明火的技术是苏泊尔华中农业大学的研究成果，利用储存在电脑芯片中不同食物烹饪的最佳营养曲线来控制不同食物的最佳烹饪时间。苏泊尔巧妙地把这种革命性的技术应用在电饭煲及电压力锅上面，令家庭主妇不用看火也能够煮出营养美味的饭菜，亦不怕饭菜煮过火。她们不用再长期对着炊火做黄脸煮饭婆，因此多了私人空间和时间去装扮、美容，做到简单烹饪。在推出的短时间内，单在河北市场，聪明火美味系列的电压力锅每月销量就达2 000多只。

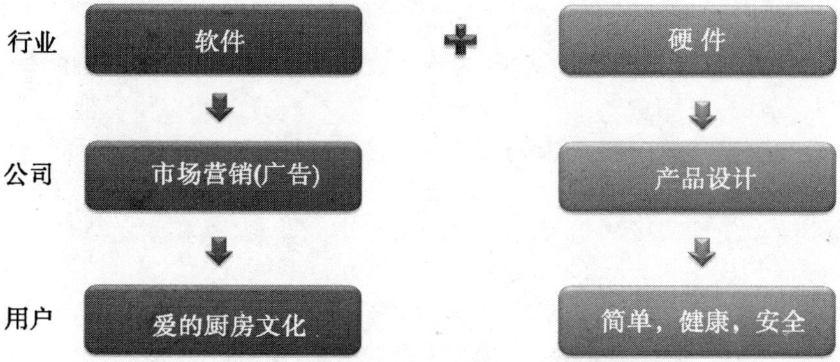

图 6－12　炊具业行业本质——苏泊尔

（2）健康烹饪之例：陶瓷无油烟炒锅[①]

苏泊尔引用了自己首创的陶晶技术，在炒锅表面涂了一层陶瓷晶体来加厚锅身，令加热的时候更加均匀，在少油的情况下，食物仍然不易粘在锅上，也可以减少油烟，妇女们在下厨的过程不用吸入大量油烟，也不用再跟厨房顽固油渍搏斗，做到健康烹饪。

（3）安全烹饪之例："赛福提"（Safety）压力锅

压力锅的安全问题一直是消费者所关注的。苏泊尔在推广其主打产品压力锅的时候，一直强调它的安全性。而当中赛福提系列的压力锅，锅口更采用了全立牙的结构。所谓的牙，就是锅身跟锅盖咬合的地方，这样的结构令锅身跟锅盖更紧密地咬合，不用再担心压力锅会爆炸，食物四飞。此外，该种压力锅更有 360°随意盖上锅盖，向右旋转，"咔嚓" 一声即可，操作更加简单，不像传统压力锅一定要对准卡口才能关紧锅盖，做到了安全烹饪。

从以上的例子可以看到，苏泊尔在产品设计上善于采用新技术，发展新功能。每年，苏泊尔新产品层出不穷，通过建设硬件来达到消费者对简单、健康、安全的要求。接着，再看看苏泊尔在软件——厨房文化——推广方面的努力。

2. 苏泊尔的软件建设——推广"爱的厨房"

苏泊尔由 2003 年开始推广"爱的厨房"，提倡的是厨房不再是主妇辛苦劳作、汗流浃背的田地，而是轻松、快乐地及全家人一起娱乐的地方，烹饪不仅是为了烹调饭菜，而是为了家庭的温馨和表达对家人的关爱。这样做的目的是提升厨房在消费者心目中的地位，令厨房变得重要起来。

---

① 资料来源：http：//www. supor. com. cn/news/view. asp？id＝1155。

为了打造“爱的厨房”这样的厨房文化，苏泊尔特别用了刘仪伟做代言人为其品牌作推广。刘仪伟曾主持《天天饮食》这个烹饪节目，以轻松、幽默的主持风格，给观众留下了“轻松快乐下厨房”的深刻印象，成为“轻松快乐下厨房”的生活观念代言人。在观众的心目中，他是一个家里家外都听老婆话，爱做饭的好男人，这正好符合了“爱的厨房”的概念。他成为苏泊尔与消费者之间的记忆点，活化了“创意厨房好生活”的品牌形象，使消费者对苏泊尔产生轻松、快乐、幽默和爱家人的品牌联想，令他们在用其产品的时候感到厨房有爱，不再沉闷。苏泊尔的软件建设是很成功的，其“爱的厨房”深入人心，据权威机构 2002 年的咨询调查，苏泊尔品牌知名度达 82%，品牌美誉度达 71%。

从上面的分析我们看到，在中国市场，苏泊尔不仅有着创新的产品，还成功打造了自己的厨房文化，似乎真的很完美，然而真的是这样吗？

三、苏泊尔背后的问题

1. 硬件不过关

尽管苏泊尔每年投入产品研发费用超过人民币 2 000 万元，尽管苏泊尔每年推出数十种新产品，然而我们看到的却并不是一个如法国 SEB 一样能为消费者提供有质量保证、功能真正增值、创新的炊具的企业。消费者对于苏泊尔产品质量的投诉、功能的质疑经常见于各地报纸，由于没能掌握核心技术以及产品设计能力的薄弱，苏泊尔的硬件并不过关。

（1）产品质量问题——特富龙事件

虽然不粘锅是苏泊尔的强势产品之一，但原来它一直依赖美国杜邦公司提供的不粘锅涂料——特富龙。不幸的是，2004 年发现特富龙含致癌的物质，不粘锅销量因此次事件至少下降一半，而刚上市的苏泊尔在上市当天股价亦大跌 8.27%。除了反映在销量及股价上面，亦影响到消费者对不粘锅炊具的信心，他们的需求转移到别的炊具，例如紫砂电饭煲开始取代有不粘锅涂层的电饭煲。

（2）功能增值问题——陶晶技术的骗局

上文提到的陶瓷无油烟炒锅在推出后，各地消费者投诉无油烟锅并非“无油烟”。原来陶瓷无油烟锅并不是真的无烟，只是做到比传统炒锅少油烟，温度一高都冒烟。经检验这个号称“陶瓷”的锅并非真的采用陶瓷晶体，原来只是铝、铝合金，用不到一个月就剥落，然后锅子就会变得很黏。苏泊尔并没有真正掌握到核心技术，却贸然推出“新”产品，最后苏泊尔及有生产类似产品的爱仕达自己都承认“无烟锅”的宣传有夸大成分，只属商业炒作，台州市工商局已对爱仕达涉嫌虚假宣传的产品进行了查封。

除了上述两个例子外，消费者指出还有其他很多零零碎碎的问题存在于苏泊尔的产品中。例如，电磁炉机械强度不符合国家标准，电压力锅密封固定圈的支架断成好几节，精铁锅一烧就变形等。这表现了苏泊尔的生产技术不到家，导致新产品时常出现问题。

2. 软件未能联系硬件

一家炊具企业要成功，硬件软件做得好那是必须的，但更不能忽视它们之间的连接，软件如果不能传达出硬件优势，那一切功夫也只是事倍功半。苏泊尔要面对的情况正是这样。

（1）厨房文化没有传达出产品优势

除了请代言人刘仪伟来推广“爱的厨房”外，苏泊尔亦通过广告来打造“爱的厨房”。就像“爱是天下最美的味道”这个广告，广告描写了母亲对一个忙于应酬的儿子的爱，展现了母亲怎样辛苦地为儿子准备他喜欢的饭菜等儿子回家吃，儿子在外头怎么应酬，吃尽天下佳肴，最想念的还是妈妈煮的菜——这样塑造出爱的厨房。

这一广告正如苏泊尔的很多广告一样，一味地宣传“爱心”，却忽略了联系产品功能，只在广告末段才提到苏泊尔的品牌，因此观众看完广告后光知道什么是“爱的厨房”，但却不知道苏泊尔的产品怎么带来“爱的厨房”，看不到其产品跟“爱的厨房”有什么关系，可见软件与产品及品牌的联接薄弱。它这样做只是在为整个炊具业做广告，并没有凸显出自己的产品优势和功能增值。最终，观众买单的也只是“充满爱的厨房”，而并非苏泊尔。

（2）自相矛盾的厨房文化

苏泊尔广告与其打造的厨房文化也经常出现矛盾。在苏泊尔的“真不锈无涂层铁锅”广告中，用了大量铁人来串联，最终铁人变成了铁锅，整个广告只是单一的凸显“铁”这个制锅的元素，强调其用的铁怎样的好，没有体现产品功能，没有展现出好的铁才能造出好的锅，好的锅才能弄出美味饭菜，观众看完广告之后不能体会用这样的铁所造的锅是否可以帮他们煮出好菜。再者，广告中所用的铁人给人的感觉很冰冷，偏离了它一直所提倡的“爱的厨房”，看不到软件。软件、硬件之间再一次缺乏联系。

简而言之，苏泊尔虽然抓住了软件，成功地打造了“爱的厨房”，塑造了消费者所期望的厨房文化，提高了厨房的地位，硬件方面也做到了功能的创新。

然而其产品质量功能不过关，厨房文化和产品中间的联接也很薄弱。硬件不过关，软件不能联系硬件，苏泊尔并没有真正掌握到炊具业的行业本质。与特福在中国的情况相反，苏泊尔欠缺的是优秀的产品和将厨房文化与产品相联系的能力，这限制了它的发展。

第六节　完美结合

【本节导读】

法国 SEB 在中国，拥有先进的产品设计，却没有建立起为中国消费者所接受的品牌厨具文化，产品优势无法通过厨具文化向消费者传达，使得其优良的产品在中国市场无用武之地，最终无法占领市场，销售额一直在低端游走；而苏泊尔拥有的是已经被中国消费者所熟悉的品牌和为人所称道的厨房文化，这正是法国 SEB 的弱点，收购了苏泊尔，正好弥补了它的弱点。借着苏泊尔的软件优势，法国 SEB 在中国重新启动其硬件，一举推出上百种各类炊具产品。而这样的结合，无疑是对中国炊具行业的一次巨大冲击，对其他炊具企业造成了巨大威胁。2007 年 8 月，在并购进行得如火如荼之际，包括爱仕达在内的六家炊具企业联合发出一份《关于反对法国 SEB 集团绝对控股苏泊尔的紧急联合声明》，公开反对法国 SEB 收购苏泊尔。

一、并购原因

通过四个案例的分析，我们深入探讨了炊具业的行业本质：硬件和软件双管齐下。只有硬件，没有软件，正如法国 SEB 在中国，拥有先进的产品设计，却没有建立起为中国消费者所接受的品牌厨具文化，产品优势无法通过厨具文化向消费者传达，使得其优良的产品在中国市场无用武之地，最终无法占领市场，销售额一直在低端游走。只有软件，没有硬件，正如苏泊尔在中国虽然建立起了广为人知的“爱的厨房”文化，但因其没能真正掌握核心技术优化产品设计，产品问题重重，硬件不过关，始终无法站稳脚跟。而软件不能与硬件联系起来，也正如苏泊尔，辛辛苦苦花大把金钱打造“爱的厨房”文化，却没能将其产品通过“爱的厨房”表现出来，消费者看懂了厨房有爱，却看不出苏泊尔的产品能够创造“爱的厨房”，苏泊尔兜了一大圈只是打了打品牌，提高提高厨房的地位，却没能够从中推广其产品，所谓事倍功半。

而这也正解释了法国 SEB 并购苏泊尔的原因了。在中国，SEB 拥有硬件优势，它掌握先进的产品设计研发能力，拥有一系列功能增值的炊具产品；而苏泊尔拥有的是已经被中国消费者所熟悉的品牌和为人所称道的厨房文化；而且从前面案例中我们看到，SEB 擅长的便是将厨房文化和产品功能相联系。这样看来，有了 SEB 的硬件，有了苏泊尔的软件，再加上

SEB 联系硬件软件的能力，法国 SEB 和中国苏泊尔并购的背后是一场完美结合。

法国 SEB 看中的是苏泊尔在中国本土市场所打造的厨具品牌和为消费者所欣赏的厨房文化，借着苏泊尔的软件优势，在中国重新启动其硬件——上百种的各类炊具产品。而这样的结合，无疑是对中国炊具行业的一次巨大冲击，苏泊尔背靠着 SEB 的大树——有硬件、有软件，这无疑对其他炊具企业造成了巨大威胁。2007 年 8 月，在并购进行得如火如荼之际，包括爱仕达在内的六家炊具企业联合发出一份《关于反对法国 SEB 集团绝对控股苏泊尔的紧急联合声明》，公开反对法国 SEB 收购苏泊尔。

而 SEB 一路走来，经历了 1996 年第一次尝试并购苏泊尔未成功，1997 年与合资的上海红心电熨斗厂分道扬镳，2005 年欲收购爱仕达被拒，最终在 2007 年 12 月份以平均每股 30. 5 元，斥资人民币 23. 72 亿元成功收购苏泊尔 61% 的股权，成为苏泊尔第一控股股东。

二、并购之后

自 2007 年 12 月并购以来，我们从法国 SEB 的年报中看到，并购之后，在法国 SEB 领导下的苏泊尔新开启了越南生产基地，生产效率提高约 20%；苏泊尔引进了加温红心不粘锅、搅拌机等 SEB 优势产品；另外，SEB 帮助苏泊尔新开了 400 多家生活馆用来演示推广其产品功能，为苏泊尔设计了新的商标……

我们可以看到，SEB 并购苏泊尔之后，硬件软件两手抓，雄心勃勃。然而，他们能够在这个不断变化的市场中，牢牢把握行业本质，成为炊具霸主，创出一片炊具行业的新天地吗？

并购刚刚一年半，故事还在继续，我们拭目以待……

图书在版编目（CIP）数据

产业链阴谋.3：新帝国主义并购中国企业的真相/郎咸平 等著.—北京：东方出版社，2009
ISBN 978-7-5060-3749-5

Ⅰ.产… Ⅱ.郎… Ⅲ.①产业经济学—研究—中国②外资公司—企业合并—研究—中国
Ⅳ.F121.3 F279.21

中国版本图书馆 CIP 数据核字（2009）第235040号

产业链阴谋Ⅲ：新帝国主义并购中国企业的真相

作　　者	郎咸平 等
责任编辑	姬　利　汪晓晨
出　　版	东方出版社
发　　行	东方出版社　东方音像电子出版社
地　　址	北京市东城区朝阳门内大街166号
邮政编码	100706
印　　刷	北京智力达印刷有限公司
版　　次	2010年1月第1版
印　　次	2010年1月第1次印刷
开　　本	710毫米×1000毫米　1/16
印　　张	14.75
字　　数	150千字
书　　号	ISBN 978-7-5060-3749-5
定　　价	38.00元
发行电话	（010）65257256　65245857　65276861
团购电话	（010）65230553